잭의 가르침

잭의 가르침

발행일 2024년 10월 2일

지은이 잭(Jack)
펴낸이 손형국
펴낸곳 (주)북랩
편집인 선일영   편집 김은수, 배진용, 김현아, 김다빈, 김부경
디자인 이현수, 김민하, 임진형, 안유경, 한수희   제작 박기성, 구성우, 이창영, 배상진
마케팅 김회란, 박진관
출판등록 2004. 12. 1(제2012-000051호.)
주소 서울특별시 금천구 가산디지털 1로 168, 우림라이온스밸리 B동 B111호, B113~115호
홈페이지 www.book.co.kr
전화번호 (02)2026-5777   팩스 (02)3159-9637

ISBN 979-11-7224-150-6 13320 (종이책)   979-11-7224-151-3 15320 (전자책)

잭의 가르침

잭
지음

북랩

『잭의 가르침』을 쓴 이유

부자 되는 책을 많이 읽었지만, 공감이 많이 되는 책은 거의 보지 못했다. 보통은 모두 뜬구름 잡는 말뿐이었다. 하루에 4시간 정도 자며 남들보다 노력하라는 둥, 긍정적으로 생각하라는 둥, 일하지 않아도 돈이 열리는 나무를 심으라는 둥, 간절하게 빌면 이루어진다는 등 등…. 워렌 버핏도 이런 말을 했다.

"잠자는 동안에도 돈이 들어오는 방법을 찾아내지 못한다면
당신은 죽을 때까지 일을 해야만 할 것이다."

다 맞는 말이다. 부자 입장에서 보면 말이다. 그러나 부자 되는 책을 보는 사람들은 부자가 되고 싶은 사람이지 부자가 아니지 않나…? 부자가 아닌 사람은 부자인 관점에서 책을 쓴 부자가 되는 책들을 이해하지 못할 것이다.

우리는 1+1=2라는 사실을 누구나 알고 있다. 그런데 산수를 배우지

않는 어린이에게 1+1이 뭔지 물어봐라! 십중팔구 "귀요미"라고 대답할 것이다. 그래서 나는 성공할 수 있는 비법을 사린이(사업 초년생) 관점에서 노골적으로 쉽게 전수할 것이다. 사린이들이 보다 빨리 성공할 수 있는 실질적인 노하우를 전수하고자 책을 썼다. 또 부자 되는 책들은 모두 공통점이 있다. 부자가 된 후에 여유로워졌을 때 책을 썼다는 점이다. 세상은 매 순간 변한다. 낡고 낡은 옛날 방식으로 부자가 되기 어렵다. 부자가 되는 책을 읽는 사람 전부 부자가 되던가? 지금의 나는 부자가 아니지만, 나는 어차피 부자가 된다. 부자가 되는 과정에서 부자 되는 책을 쓴 사람은 아무도 없다. 그러나 나는 부자 되기 직전에 책을 써서 현실적으로 부자 되는 방법을 알려줄 수 있다. 당신은 책을 다 보고 내가 하라는 대로 했을 때, 정말로 부자가 될 수 있는 길이 열릴 것이다.

나도 사실 부자가 된 다음 여유로울 때 인생을 살면서 책 한 권 멋있게 남기면 좋겠다는 심정으로 좋은 말만 해주고, 멋있는 말만 하여 대필 작가에게 돈 주고 감동적으로 써 달라 부탁하려 했다.

보물 지도로 따지면 내 책은 곰팡이로 문드러져 있고, 먼지가 수북이 쌓여 있고, 고대 문자로 적혀져 있는 문서가 아니다. 누구나 알기 쉽고, 누구보다 빠르게 부자가 될 수 있는 최신 스마트폰이다. 다들 한 번쯤은 들어 봤을 것이다. '왕년에 우리 집에 금송아지 한 마리씩 다 있었다' 누구나 못 살라는 법이 없다. 기회는 항상 오며(물론 준비가 된 자만 잡을 수 있지만…) 그 기회를 간신히 잡아 성공했어도 망하지 않아야 꿈에 그리던 부자가 될 수 있다.

나도 기회를 잡아 성공을 몇 번 했지만 결국 부자가 되지는 못했다. 내가 부자(멘토)를 진작에 만났더라면 조언을 받아 성공하고 망하지 않았을 것이다. 땡전 한 푼 없는 당신이 부자가 되려면 멘토가 필요하다. 그렇지만 멘토를 구하는 게 쉽지 않다. 아무것도 없는 당신한테 누가 멘토를 하겠으며, 멘토가 정말 부자인지? 당신에게 사기치지는 않는지? 당신을 이용하는 것이 아닌지? 불신이 생기는 것은 어쩔 수가 없다. 그렇기에 당신은 부자가 되는 책을 읽는 게 아닌가? 멘토가 옆에 있으면 부자 되는 책을 볼 필요도 없을 것이다. 궁금하거나 막힐 때마다 물어보면 되니까 말이다.

나는 현재 교도소 안에 수감 중이며 감옥 안에서 책을 쓴다. 지금 나에게 있는 것은 글을 쓸 수 있는 종이와 펜이 전부다. 인터넷도 없고, 핸드폰도 없다. 그래서 내가 겪었던 성공과 실패의 경험으로만 이 책에 담았다. 컴퓨터도 없고, 책상도 없는 지옥 같은 삶이 연속인 이 감옥 안에서 책을 쓰기란 쉽지 않았다. 책상이 없어, 라면 상자 위에 종이를 올려놓고 책을 쓰고 있노라면, 내가 너무 비참해 눈물이 왈칵 쏟아진 적도 많았다. 여기서 아무것도 할 수 없는 나 자신이 너무 한스러운 적도 많았다. 실패를 많이 했어도 항상 성공해 왔던 나도, 감옥 안에선 숨만 쉬고 있는 고깃덩어리나 마찬가지였다. 대체 여기서 무엇을 할 수 있겠는가?

여태껏 나와 항상 함께해 온 수많은 실패와 실패 속에서 항상 나를 끌어 올려 준 '잭의 사업 철학 5가지'가 힘내라 응원해주었다. 그래서 책을 쓰기로 결심했다. 감옥에서도 기필코 성공하는 모습을 보여 주리라고….

　부자들은 성공을 지켜내어 결국 부자가 되었고, 나는 수없이 성공하고도 성공을 지키지 못해 지옥의 구렁텅이에 빠졌다. 성공하고도 자만하거나 오만하면 나처럼 실패를 언제든지 할 수 있다는 것도 알려주고 싶다. '교도소에 있고 실패한 놈이 무슨 돈 버는 책을 쓰냐?' 욕하고, 손가락질해도 좋다. 여긴 전쟁터이다. 다들 총칼을 들고 싸우는데… 내 두 손엔 종이와 펜밖에 없다. 어떻게 하든 적군(실패)과 싸워 승리할 것이다.

　당신은 내 책을 끝까지 읽었을 때 대단히 놀랄 것이다. 나는 이 책으로 돈 벌기로 작정했고, 돈을 벌려면 진짜로 성공하는 법을 써야 했다. 그 어떤 책보다 확실하게 성공하는 법을…. 쓸데없는 소리 안 하고 날것 그대로 알려주겠다. 내 피와 땀이 모두 들어 있는 나만의 성공 비결을 전부 낱낱이 쓰겠다. 그만큼 나는 간절하다. 내 모든 것을 당신에게 알려 줄 만큼 절실하다. 나는 현재 감옥에서 책을 쓰고 있어 참고할 정보도 없고 검색도 못 한다. 나는 주제만 알려주면 책을 쓸 수 있는 대필 작가도 없다. 나는 책을 써본 적도 없다. 그래서 글의 흐름과 문맥이 엉성할 수도 있고, 맞춤법도 틀릴 수 있다. 내 사정을 고려해 이해해주기를 바란다. 대신 순전히 깨달은 내 경험과 나의 노하우를 토대로 글을 썼다.

나는 물론 이 책을 최고 전성기인 매출 100억 가까이 벌고 있을 때 쓰려고도 했었다. 당시 책값도 10만 원 정도 생각했었다. 그만큼 내 성공 비결이 완벽했으니까… 하지만 현재 내가 제일 나락일 때 책을 쓰는 것이라 책값을 16,700원에 책정했다. 책값을 최대한 낮추고 싶었지만 출간을 위해 드는 기본적인 비용이 있어 더 이상 책값을 낮추기는 어려웠다.

사람들은 뭐든지 잘 된다 싶으면 다들 따라한다. 따라하는 것이 나쁜 것만이 아니다. 강릉에서 바다를 보며 커피를 마시는 카페가 명성을 얻자 너도나도 카페를 차려 커피 거리가 생겨 관광객이 급증했고 국내 대기업들도 서로 베끼고 따라하며 경쟁하다가 세계 최고 수준으로 성장했다.

부자가 되려면 각 분야에 1위가 되려 하지 말고 1위가 걸어갔던 길을 그대로 따라가 2위가 돼라. 즉 부자(1위)가 되려면 부자가 갔던 길을 그대로 가라는 뜻이다(1위만 부자냐, 2위도 부자다). 이 세상에서 당신이 특별한 존재라 생각하지 마라. 당신이 가는 길이 잘될 거라 착각하지도 마라. 부자가 되려면 부자가 갔던 길로 그대로 가야 한다.

이 책이 어느 부자가 되는 책보다 월등히 좋은 책이라 확신한다. 그래서 힘들어하는 당신에게 성공하는 방법을 꼭 알려주고 우리나라의 부자가 많아져 우리나라가 좀 더 잘 살았으면 좋겠다. 당신이 내 덕에 성공하여 부자가 되었다면, 나에게 오히려 금덩이를 주고 싶을 것이다.

그만큼 내 책은 좋은 책이다.

나는 부자가 아니다. 하지만 성공하는 법을 안다. 나는 항상 돈 없이 사업했고, 하는 사업마다 각 분야 1위였다. 사업이 안돼서 망한 적은 단 한 번도 없었다. 다 나의 허세와 자만, 욕심 때문에 망했다. 나는 이 책이 나에게 돈을 많이 벌어다 줄 것을 확신한다.

다시 말하지만, 나는 돈 없이도 성공하는 법을 잘 안다. 이 책을 사준 당신에게 내가 성공과 실패를 반복하여 쌓인 부자가 되는 엄청난 노하우를 전해주겠다.

이제, 내 이야기를 시작하겠다.

목 차

매우 빠르고 쉽게 성공하는 법

:

　서두에도 잠깐 내 소개를 할 때 말했듯이 1위가 잘 닦아 놓은 길을 그대로 벤치마킹하여 따라가는 것이 제일 쉽고, 제일 빠르게 성공하는 방법이다.

　그렇게 1위를 따라가다 보면 1위가 잘못된 점이 보인다. 좋은 것을 따라하고 잘못된 것을 보완하면 어느새 1위를 앞지르게 된다. 당신도 생각해 봐라. 항상 후발 주자가 1위를 앞질러 왔다. 처음부터 1위를 한다는 것은 없는 길을 스스로 개척해 나가야 한다는 말이다. 만약 정글에 당신이 떨어졌다면 길을 내기 위해 우거진 나뭇가지를 베면서 길을 낼 것이다. 그럼 엄청난 에너지가 소모될 것이고, 이 길이 맞는지 시행착오도 많이 겪을 것이다. 여기서 말한 소모된 에너지와 시행착오는 모두 돈이다.

　만약 A라는 사람이 죽을 고비를 넘기며 힘들게 길을 내고 있는데, 당신은 뒤에서 멀찌감치 앉아 쉬면서 지켜보다가 에너지 소모와 시행착오 없이 A가 길 낼 때 도와주지도 않고, 주머니에 손을 넣고 뒤에서 A가 나뭇가지 꺾는 법, 길을 내는 법, 길 찾는 법, 시행착오, 문제점

등을 다 보았기에 결국엔 A보다 빨리 마을에 도착할 것이다. 그런데 1위를 앞지르라고 권유하고 싶지 않다.

1위가 2위에게 자리를 뺏기면 다시 1등이 되고 싶어 더 열심히 노력할 것 같냐? 2위를 없애려고 눈에 불을 켤 것이다. 나는 그렇게 1위 자리를 뺏는 순간 교도소에 들어왔다. 1위를 벤치마킹하여 2위 자리까지 올랐다면 그냥 2위로 만족해라. 망하지 않으려면 2위로 만족하는 것이 신상에 좋을 것이다. 당신이 새로운 분야를 맨땅의 헤딩으로 개척하여 올라온 것이 아니라면 1위가 되는 순간 여태껏 보지도 못한 엄청난 일을 겪게 될 것이다. 세무조사 및 민·형사는 물론이며 자칫 잘못하다가 나처럼 될 수 있다. 업계 2위만 해도 성공한 것이다. 2위는 1위의 길을 그대로 따라가기만 하면 돼서 시행착오를 겪지 않아 매출은 1위보다 작아도 순수익은 많을 것이다. 어느 정도 자리를 잡으면 다른 사업 분야로 확장하거나 1위를 하고 싶다면 법률 자문을 얻어 충분히 검토 후 당신이 경쟁업체로부터 공격을 받았을 때, 리스크가 발생하지 않겠다고 판단되면 실행해라.

욕심부리지 마라

:

'돈을 쫓지 말고 돈이 나를 쫓아오게 만들어라'는 말을 많이 들어 봤을 것이다. 어떡하면 돈을 쫓지 않고 돈이 나를 쫓아오게 할까? 그건 바로 욕심을 부리지 않으면 당신이 어디에 숨어 있던 돈은 반드시 당신을 찾아 따라다닐 것이다.

참 쉽다고? 그걸 누가 모르냐고? 성공과 실패는 단 하나의 차이에서도 발생한다. 지갑을 똑같은 소가죽으로 만드는데 명품인지 가품인지는 누구나 판별할 수 있을 것이다. 바로 실밥에서부터 차이가 명확하다. 옳고 바르게 일정하게 박음질 된 것은 명품이고 삐뚤빼뚤한 것은 가품이다. 왜? 명품 만드는 곳의 실밥은 한 치의 오차도 없이 만들고 짝퉁은 삐뚤빼뚤 만들까? 명품은 명품이니까. 한마디로 설명되지만, 짝퉁은 짝퉁이니까, 한마디로 설명이 될까? 만약 당신이 가품 만드는 공장 사장이라면 박음질하는 사람에게 "명품처럼 박음질 똑바로 해"라고 하지 않을까? 누구나 그렇게 생각할 텐데 이왕 만들 거 일정하게 박음질하는 게 뭐가 어렵다고 삐뚤빼뚤하게 만들까(실밥 박음질해 보면 안다. 숙달되고 집중한다면 일정하게 박음질할 수 있다)? 그 이유는 명품은 돈이 나를 쫓아오게 했고, 짝퉁은 돈을 쫓아서 그렇다. 명품은 브랜드에 자부심이 있어 한 치의 오차가 발생하면 브랜드 가치가 떨어질 것을 염두에 둬서 돈보다 브랜드 가치를 선택해 비싼 값이라도 소비자들이 안 사면 안 될 것 같이 만든다. 반면 짝퉁은 브랜드 가치보다는 실밥이 삐뚤빼뚤해도 1개라도 더 만들어 팔려는 욕심 때문이다.

그럼 당신도 명품처럼 브랜드 자부심을 느끼고 브랜드 가치를 선택해 한 치의 오차 없이 만들면 되겠냐고? 내 대답은 "맞다"이다. 단, 조건이 있다. 브랜드 가치를 인정받을 때까지 지금 말한 것을 지켜라. 그럼 성공한다. 그렇지만 이 방법은 아쉽게도 성공 가능성이 희박하다. 돈이 많으면 모를까. 부자가 되고 싶어 이 책을 보는 당신은 아마도 수중에 돈이 얼마 없거나 아예 없을 것이다. 그러니 브랜드 가치를 올려 명품이 되기는 힘들다. 브랜드 가치가 올라갈 때까지 제품은 팔리지 않을 것이고, 재고는 쌓이는 악순환이 발생한다. 그리고 이미 명품이 즐비해 있는 지갑 핸드백 쪽은 명품 반열에 오르긴 더욱 어렵다. 그래서 어쩔 수 없이 당신도 짝퉁을 파는 사람처럼 될 수밖에 없다. 그러면 어떡하란 말이냐고? 걱정하지 마라, 내가 하나부터 열까지 모두 알려주겠다.

1위가 되려고 하면 욕심은 한도 끝도 없이 생긴다. 당신이 10억을 벌면 100억을 가진 자를 앞지르고 싶고, 100억을 가지면 1,000억을 가진 자를 앞지르고 싶어진다. 1위는 끝도 없다. 1위가 잘 닦아 놓은 길로만 가라. 다행히 부자는 1위가 아니어도 부자다.

욕심은 사업을 하다 보면 어쩔 수 없이 생길 것이다. 돈을 좀 벌다 보면 금방 부자가 될 것 같아 신나게 일을 한다. 그러다가 하루빨리 부자가 되고 싶은 마음에 당신보다 매출이 많은 경쟁업체를 없애려 할 것이다. 경쟁업체를 없애야 당신의 회사가 매출이 더 높아질 것 같기 때문이다. 그리고 당신을 따라하는 후발 주자들이 생겨나면 또 후발 주자들도 없애고 싶어진다. 부자가 빨리 되고 싶은 욕심에서 비롯된다. 그렇지만 사업의 확장과 욕심은 엄연히 다르다. 착각하지 말라.

사업의 확장은 남에게 해를 입히지 않는 것이고, 욕심은 남에게 해를 입히는 것이다. 당신이 사업을 확장하고 있을 때 남들은 당신에게 돈독이 올랐다며, 욕심쟁이라고 할 것이다. 괘념치 말아라, 욕심이 아니다. 그러니 욕심의 개념을 잘 파악하고 남의 말에 휘둘리지 말아라.

눈높이를 낮춰라

:

  내가 예를 명품을 들었다고 명품시장에 뛰어들라는 것이 아니다. 당신이 돈이 있나, 명예가 있나, 인맥이 있나, 처음부터 크게 사업할 생각은 꿈도 꾸지 말아라. 앱을 만들겠다고? 아이디어만 있으면 스티브 잡스나, 구글 공동 창업자 래리 페이지, 세르게이 브린처럼 돈 없이 차고에서 시작하면 된다고? 물론 그렇게 해서 성공한 사례도 있다. 우선 그러려면 영화에서 보던 MIT 나온 천재 기술자와 동업해야 하고 투자자라도 있어야 가능한 일이다. 앱 개발할 줄은 알고? 홈페이지 하나 만들 줄 모르면서 무슨 큰 사업이냐, 아이디어 하나 있다고 다 성공하면 원숭이도 부자가 되었을 것이다.
  나도 멋지게 IT나 벤처기업 사업가로 성공하고 하루빨리 은퇴(Fire족)하여, 슈퍼카를 타며 호화롭게, 불쌍한 사람들 도와가며, 살고 싶었다. 내가 다 해 봐서 안다. 당신의 그릇은 아직 큰 사업가가 아닌데 아이디어 하나로만 사업을 하여 크게 성공한다면 그보다 더 큰 재앙이 없다. 이런 말도 있지 않던가, 젊을 때 크게 성공하는 것은 3대 재앙 중 하나라고, 젊을 때 크게 성공하면 반드시 '크게 망한다'는 말이다.

그러니 눈높이를 낮춰라. 작은 실패도 맛보고 작은 성공을 먼저 해봐라! 그래야 당신의 그릇이 커질 것이다. 한 번에 부자가 될 수는 없다. 당신의 그릇이 부자가 될 그릇이 아닌데 부자가 된들 담을 수 있겠는가? 그릇을 키울 방법은 성공과 실패에서 배우는 경험뿐이다. 작은 실패를 해야 금방 일어날 수 있다. 크게 성공하려다 크게 실패한다. 빨리 성공하려다 아까운 젊은 인생만 다 날린다. 그러니 내 말을 믿어라.

　목표를 높게 가져야 절반이라도 가고, 큰 꿈을 가져야 큰 사람이 된다고? 맞는 말이다. 그러나 한 번에 높은 목표, 큰 꿈에 도달하려 하지 말고, 눈높이를 낮추고 작은 실패와 작은 성공은 부자(높은 목표, 큰 꿈)가 되기 위한 빌드업이라 생각해라. 작은 성공 한번 했다고, 그만둘 건 아니지 않는가? 기본기부터 닦고, 부자가 될 그릇도 먼저 키운 다음 천천히 부자가 되자(당신이 지금 20~30대라면 부자 되는 최고로 좋은 시기는 40~50대이다).

잭의 사업 철학 5가지

:

첫 번째, 돈 없이도 할 수 있는 사업

보통 사업할 때 시드머니(종잣돈)가 어느 정도 있어야 사업을 할 수 있다. 시드머니 1억을 모으려면 한 달에 200만 원씩 4년을 모아야 한다. 사업하려면 시드머니부터 모으라고 들었을 것이다. 아무리 투잡을 뛰고 안 먹고 안 써도 한 달 200만 원 모으기 힘들다. 그것도 4년을 해야 하니 병이 안 걸릴 수가 없다. 약값에 병원비가 더 안 나오면 다행이다. 4년 동안 시드머니를 1억 모았다 치자, 아까워서 사업할 수 있을지 모르겠다. 또 매우 소심해질 것이다. '사업하다 돈 날리면 어떡하지? 망하면 지옥 같은 짓을 4년이나 또 하란 말인가?' 이렇듯 나약해진다. 성공하려면 남의 말(당신의 행동거지에 대한 충고 제외)에 흔들리지 않는 결단력이 있어야 한다. 그리고 지금 같은 고물가 시대에 1억 가지고 어떤 사업을 할 수 있겠는가? 제대로 된 음식점 하나 차리려 해도 1억 가지고 어림도 없다. 그런데도 시드머니 모으려 4년간 뼈빠지게 일하겠다고? 몸 쓰는 일은 해봤고? 나는 어릴 적 홀 서빙 아르바이트를 한 적 있는데 일하는 내내 앉아 있지도 못했고, 그릇만 서빙했는데도 허리가 아파 한 달도 이어 나가지 못한 적이 있다. 그때부터 아픈 허리가 지금도 아픈 것 같다. 사업은 아이디어 하나로 성공을 좌우한다. 사업 아이디어는 어디서 나오겠는가? 머리에서 나온다. 몸 쓰는 일을 하면 머리가 굳는다. 그렇다고 아예 일하지 말라는 것은 아니다. 일하면서 생각, 또 생각해라. 설거지하면서 사업 아이디어를 생각하고, 홀 서빙을 하면서 사업 아이디어를 떠올릴 영감을 얻어라. 한숨 쉰다고 변하는 것은 없다. 당신이 성공할 길은 남들 다 하는 장사가 아니다. 남들이 생각 못 하는 획기적인 사업 아이디어를 생각해라. 내가 당신이 획기적인 사업 아이디어를 생각할 수 있도록 무슨 사업을 해야 하는지. 폭이 너무 넓어 안개만 뿌옇게 껴있는 당신에게 한 줄기 빛을 내려 줄 것이다. 돈 없이도 할 수 있는 사업 아이디어를 생각해라. 그런 게 어디 있느냐? 고 할 게 뻔해서 돈 없이 할 수 있는 사업 아이템 몇 가지를 잭의 사업 철학 5가지에 대해 설명 후 바로 공개하겠다. 돈 없이 사업해야 실패하더라도 무너지지 않고 다시 일어날 수 있다.

그리고 돈이 있으면 사업 아이디어를 생각할 때 시야가 좁아진다. 1억이 있으면 1억으로 창업할 수 있는 사업 아이템이 아닌 장사를 생각하게 되고, 5억 있어도 마찬가지로 5억으로 창업할 수 있는 장사를 생각하게 된다. 1억 있을 땐 1억으로 할 수 있는 음식점을, 5억 있을 땐 5억으로 할 수 있는 더 큰 음식점 밖에 생각하지 못한다는 말이다. 돈이 들어가지 않는 사업 아이디어가 있을 때 무궁무진한 사업 아이템을 생각할 수 있게 된다.

나는 아직도 교도소에 있다. 이곳은 사업할 수 있는 수단이 아무것도 없다. 나는 현재 연로하신 부모님의 피를 빨아 먹고사는 벌레와 다를 바가 없다. 인생을 포기하고 다 집어치우고 싶었지만, 항상 성공으로 이끌어준 나의 사업 철학 5가지를 떠올리며 생각하고 생각했다. 내 앞에 종이와 펜이 있다. 그래서 책을 쓰기로 결심했다. 나의 피땀으로, 완성된 경험, 실패할 때마다 나락에서 날 건져 올려 준 나의 사업 철학, 값으로 매길 수 없는 나의 노하우, 진실되고 간절하게 책으로 남기겠다. 주변 환경을 탓하지 않고 지옥에서도 사업하여 돈을 벌겠다. 그러니 당신도 남 탓만 하지 말고 돈 없이 사업할 수 있는 사업 아이디어를 구상해라.

두 번째, 누구나 할 수 있는 쉬운 사업(날먹사업)

누구나 할 수 있는 쉬운 사업이라 말하면 당신은 의문을 많이 가질 것이다. '남들이 하지 않는 사업을 해야 성공하고, 쉽게 따라하지 못하는 사업을 해야 경쟁력 있는 게 아닌가?'라고 생각할 수 있다. 당신 말도 맞는 말이다. 하지만 잭의 사업 철학 첫 번째가 무엇인가? '돈 없이도 할 수 있는 사업'이 조건부로 붙는다. 돈이 많으면 남들이 하지 않는 사업과 쉽게 따라올 수 없는 사업영역에 뛰어들 수 있다. 상대적으로 돈이 많은 사람이 많겠는가? 돈이 없는 사람이 많겠는가? 돈이 많으면 많을수록 경쟁자가 줄어들어 돈 벌 수 있는 기회가 많아진다. 이런 말도 있지 않은가? 돈이 돈을 벌어다 준다고 안타깝게도 당신은 돈이 없기에 누구나 할 수 있는 쉬운 사업 아이템으로 포커스를 맞추고 사업 아이디어를 생각해야 한다. 그리고 쉬운 사업 아이템의 장점은 준비기간도 적게 들고 바로 시작하여 돈을 바로 벌 수 있다는 점이다. 사업 아이템이 어려울수록 준비기간만 오래 걸린다. 그 시간만큼 돈을 벌기는커녕 오히려 가지고 있는 돈마저 계속 까먹는 시간이다. 아무리 획기적인 사업 아이템이라도 소비자 및 고객으로 하여금 인식이 없거나 어려우면 팔리지도 않고, 영업하려면 오히려 부연 설명도 많이 해야 하고 이해를 못 시키면 영업도 되지 않는다. 지름신(구매 욕구)은 구매하려는 물품을 보러 오셨다 5분 내로 가신다.

즉, 부연 설명 없이도 직관적으로 그 물품을 어디에 사용하는지 보자마자 알아야 소비자 및 고객이 지갑을 연다. 그러니 사업의 구조와 방식은 직관적이고 쉬워야 한다. 이해를 돕기 위해 사례를 하나 설명하겠다.

예전에 포도를 먹을 때 껍질을 벗겨 알맹이만 쏙 빼먹었다. 포도는 당연히 (귀찮아서 껍질째 먹는 사람도 있긴 했지만) 껍질을 '벗겨 먹는 과일'로 인식되었다. 어느 사업가가 칠레에 간 적이 있는데 칠레에 있는 포도를 보고 깜짝 놀랐다. 한국 포도는 껍질이 두꺼워서 질기고 쓴맛이 나서 껍질을 벗겨 먹었는데 칠레산 포도는 껍질이 얇고 포도 씨도 없어 껍질째 포도를 먹는데 번거롭지도 않고 한국 포도 보다 훨씬 달았다. 더군다나 가격도 쌌다. 칠레산 포도를 수입해서 한국에서 팔면 대박이겠다 싶어 컨테이너에 칠레산 포도를 가득 실어 한국에 들어와 팔았지만 하나도 팔지 못하고 다 상해서 망했다고 한다. 왜 그럴까? 고정관념과 인식 때문이다. 한국에서 포도 껍질을 벗겨 알맹이만 먹고 알맹이 안에 포도 씨는 골라 뱉어서 먹는 고정관념과 인식 때문에 칠레산 포도는 맛은 있지만 포도 껍질을 벗기려 해도 껍질이 얇아 벗겨지지도 않고 알맹이 안을 아무리 찾아봐도 포도 씨가 없어, 기존에 먹던 방식이 아니라 생소하고, 거부감이 들어 결국 팔리지 않아 망한 것이다. 포도를 씨 없이 껍질째 먹게 되기까지 얼마 되지 않았다. 칠레산 씨 없는 포도는 옛날부터 있었는데도 말이다. 백종원도 그랬다. 음식점을 할 때 너무 앞서가면 안 된다고 한다. 한 박자도 아니고 반 박자만 앞서가야 성공한다.

누구나 할 수 있는 쉬운 사업을 하라고 하는 또 다른 이유도 있다. 사업이 어느 정도 자리를 잡으면 사업을 확장하거나 다른 분야로 눈을 돌려 더 큰 돈을 벌어야 하지 않겠나? 부자가 되려면 말이다. 그런데 사업의 구조와 방식이 어렵고 복잡하면 당신이 없을 때 회사가 정상적으로 돌아가지 않을 것이다. 다른 사람에게 맡기고 사업을 확장하거나 다른 분야로 눈을 돌려야 하는데 그럴 수가 없다. 당신이 없으면 회사가 망하기 때문이다. 그러다 당신이 사고가 나서 다치거나 병에 걸려 아프다면? 대체할 수 있는 사람이 없어 또 망하게 될 것이다. 그러니 사업의 구조와 방식이 쉽고 간결해야 한다. 그래야 다른 사람에게 맡기고 사업확장을 할 수 있다. '쉬운 사업이면 나를 따라하는 사람이 많을테고 그렇게 되면 경쟁자가 오히려 많이 생기지는 않을까?'라고 생각이 들 수 있다. 경쟁자가 오히려 많을수록 고객도 많아지고 시장의 영역이 커진다. 치킨 시장 봐라, 이제는 치킨 프랜차이즈가 너무 많아 셀 수도 없다. 그럴수록 치킨을 더 많이 먹게 되지 않았나? 나도 일주일에 1~2번은 시켜 먹는 것 같다. 치킨의 맛도 다양해지지 않았는 가 예전엔 후라이드와 양념밖에 없었다. 치킨은 생일 아니면 기념일에 만 먹는 음식이었다. 그리고 당신이 하나부터 열까지(사업의 방향부터 쓰레기통 위치까지 모두 당신이 세팅해야 한다) 모든 업무를 모두 직접 하다 보면 분명 황금 비율 법칙(세상의 이치 - 황금 비율 법칙 편 238p 참조)으로 사업구조와 방식을 누구나 하기 쉽게 만들 수 있다. 나는 이런 행동을 '노하우'라 부른다. 남들이 보기엔 쉬워 보여도 막상 노하우가 없으면 따라하기 힘들다. 만약 당신이 먼저 없는 시장을 개척했는데 사업이 잘되어서 경쟁자가 많이 생겼다면 원조는 웬만하면 망하지 않는 불변 의 법칙도 있다.

누구나 할 수 있는 쉬운 사업 중에 무엇보다 내가 제일 중요하게 생 각하는 것은 손 안 대고 코 푸는 사업이다. 만약에 일의 강도와 돈의 수치가 1~10까지라면 당신이 일을 1 정도의 강도로 했어도 돈이 10만 큼 벌리는 사업이다. 일이 고되고 힘들어도 돈이 잘 벌리는 사업도 있 지만 내가 정한 잭의 사업 철학에 해당하지 않는다.

즉, 날로 먹는 사업을 해야 한다. 일의 강도가 낮으면서 쉽고, 돈이 잘 벌리는 사업 아이템을 생각해야 한다. 그래야 계열사를 여러 개 만 들어 대기업을 만들 수 있는 발판이 된다.

세 번째, 돈이 바로 되는 사업

돈이 바로 되는 사업이란 물건을 팔 때 선불로 받거나 물건을 팔자
마자 돈을 바로 받을 수 있는 사업을 말한다. 즉, 돈 떼일 걱정 없는
사업이다.

사업의 종류와 분야는 다양하고 많다. 그중에 물건을 먼저 만들어
주고 월말에 한 번에 결제를 해준다는 둥, 우리 회사 정책상 일정한 날
짜에 결제를 해준다는 둥, 세무 문제로 결제할 날짜가 따로 있어 나중
에 해준다는 둥, 결제를 미루는 사업 분야들이 있다. 당신 돈으로 빚
까지 내서 물건을 보내줬는데 결제일에 결제를 안 해주면 망할 수도
있다. 당신은 신뢰가 생명이라 생각해서 힘들게 납기일까지 맞추어 물
건을 보냈는데 물건값을 제때 안주면 어떡하란 말인가? 돈 달라고 찾
아가 멱살을 잡겠는가? 고소하겠는가? 이번에 사정이 어려워 다음 달
에 한 번에 준다는데… 아무리 사정을 말해도 소용없다. 그나마 다음
달에 주면 다행인데 또 힘들다고 계속 미루면 어떡할 것인가? 고소하
면 된다고? 그래, 고소해서 승소했다고 치자. 우리나라 법은 1심, 2심,
3심(대법원)까지 있다. 1심에서 승소했다고 해서 돈을 바로 받는 게 아
니라, 피고인(고소당한 쪽)이 항소(1심 판결 불복)를 할 수 있으며 2심(고등
법원)에서 또, 똑같은 재판을 해야 한다. 2심이 끝나면 3심도 기다리고
있다.

또 3심이 끝날 때까지 시간이 얼마나 걸릴지 모른다. 재판마다 변
호사도 선임해야 해서 변호사 비용도 만만치 않다 재판 끝날 때까지
신경 쓸 게 많아 다시 사업할 마음의 여력조차 없을 것이다. 3심이

겨우 끝나 최종 승소했다 해도 피고인이 돈 없다. 배 째라고 나오면 어떡할 것인가? 이런 일이 있을 수 있냐고? 가까운 법원 아무 곳이나 가서 재판하고 있는 법원에 들어가 방청석에 앉아서 사기 사건 위주로 참관해 봐라. 법원에서 재판 중인 것 중, 특이 사항을 제외하고는 누구나 방청석에 앉아 참관할 수 있다. 아마 당신의 생각보다 많을 것이다. 그리고 아직까지 결제를 바로 안 해주고 다음 달에 결제해주는 사업 분야들이 많다. 남에 밑에서 일해보지 않았는가? 급여는 일하기 전에 주지 않고 다음 달에 준다(급여도 주지 않아 고용노동부에서 고용자와 분쟁도 어마어마하게 많이 한다). 그래서 선불로 받거나 돈 떼일 걱정 없는 사업 분야를 해야 한다. 음식점도 식사를 다 한 후 계산했지만 요즘엔 선불로 계산하는 음식점이 갈수록 늘어가는 추세이다. 그러니 사업 아이디어 생각 시 돈이 바로 되는 사업을 하여 당신이 잘 못 하지 않는 한, '망하지 않는' 사업 아이디어를 생각해야 한다. 당신이 잘못하지도 않았는데 타인에 의해서 망하면 얼마나 억울할까….

네 번째, 망해도 리스크 없는 사업

부자 되는 길은 성공과 실패를 수없이 해야 부자가 될 수 있다고 했다. 사업하다가 빚을 지고 망하거나 엄청난 채무를 지고 망한다면 나락에 빠져 다시는 재기 불능 상태가 될 수도 있다. 운이 좋아 빚이 적어 몇 년만 일 하면 갚을 수 있더라도 빚을 갚기 위해 몇 년 동안 일만 해야 한다. 당연히 빚 갚는 동안 사업을 할 수도 없어 나이만 계속 먹게 된다.

요즘 한참 잘 나오는 연예인 '이상민'을 보면 안다. 예전에 프로듀서 및 엔터테인먼트를 운영할 때 YG엔터테인먼트, JYP엔터테인먼트 같은 대단한 사업가였다. 그러다 망하고 빚만 어마어마하게 지고 사업은 하지도 못하고 일만 죽어라 하여 조만간, 모든 빚을 다 갚는다 한다. 거의 20년이 흘렀다.

내 생각인데 이상민은 사업을 망하고 빚을 많이 질 당시에는 어떻게든 다시 사업해서 제기해 예전보다 훨씬 많은 돈을 벌 것이라 다짐했을 거다. 하지만 빚을 거의 다 갚은 시점에서는 빚을 다 갚아도 이상민은 더 이상 사업을 하지 않을 것이다.

사업도 때가 있는 법이다. 나이가 한 살씩 많아질수록 사업에 대한 열망이 식어간다. 사람은 망각의 동물이라 안락하고 편한 길을 좋아한다.

잘나가는 연예인으로서 현재의 삶과 현실을 타협했을 것이다. 무슨 부귀영화를 누리려고, 부자가 돼서 뭐 하려고…. 당신도 '사업은 내 길이 아니다'며 다 집어치우고 현실과 타협할 가능성이 높다. 부자가 되고 싶어 간절한 당신의 처음 모습은 어디 갔는가? 초심을 잃지 말길 바란다.

잭의 사업 철학 중 첫 번째 '돈 없이도 할 수 있는 사업'에 충실했다면 망해도 리스크가 크게 없을 거라고 믿는다. 그러니 머리를 쥐어짜서라도 계속 생각해라. 망해도 리스크 없는 사업 분야도 많으니 익숙

하고 관심 있는 분야만 보지 말고 시야를 넓혀야 한다. 성공은 보물찾기와도 같다. 그러니 찾아라. 숨겨진 보물을….

다섯 번째, 합법적인 사업

합법적인 사업, 너무 당연한 말 하는 거 아니냐고? 누가 모르냐고? 일단 불법은 안 한다고 해서 다행이다. 나는 잭의 사업 철학 5가지 중의 다섯 번째인 합법적인 사업을 하는 게 제일 중요하다고 생각한다. 사업이 커질수록 자칫 잘못하다가 스쳐도 교도소행이고 당신의 모든 재산은 국고로 환수되고 평생 갚지 못할 세금이 나오며 당신의 주변 지인을 몽땅 잃을 수도 있다.

우리나라에서 제일 어려운 시험이 고시였다. 지금은 없어졌지만 고시 합격만 해도 변호사가 되어 당시엔 신분이 바뀌었다는 소리를 들을 정도로 대단했다. 지금도 변호사라 그러면 대우부터 다르다. 은행만 가도 대출한도가 일반인이랑 다르다. 내가 왜 뜬금없이 변호사 얘기를 하냐고? 사업과 법은 뗄 래야 뗄 수 없다. 사업함에 있어 웬만한 변호사보다 법을 잘 알고 있어야 한다.

전문가인 변호사, 세무사, 회계사보다 법을 더 잘 알고 있는 사업가들도 많다. 그만큼 법이 중요하다. 하지만 처음 사업하는 사람들 대부분 어릴 때 학교에서 도덕과 윤리를 배웠으니 그 잣대로 사업을 할 것이다. 법은 전문가들이나 다루는 것이지 나한테 필요한가? 사업 준비하기도 바쁜데…라며 법을 등한시한다. 나도 그랬으니 이해한다. 일반인들은 법 없이도 잘 살 수 있다. 일반인 중에 경찰서 한번 안 가본 사람들이 많으니, 법과 범죄는 뉴스에서나 나오는 나와는 거리가 먼 세상이라 생각한다. 하지만 당신은 이제 일반인이 아니다. 부자가 되려고 마음을 먹었으니 이제 사업을 해야 한다. 부자가 되려면 로또 1등을 한 번도 아니고 수십 번 당첨되어야 한다. 그럴 확률이 없기에 사업을 해야 부자가 될 수 있다.

식당에 가서 밥을 먹고 계산할 때 카드 말고 현금으로 결제한 적이 있을 것이다. 그럼 식당 주인이 "현금 영수증 해드릴까요?"라고 물어본 적이 있는가?

레스토랑 같은 고급 음식점이야 물어보겠지만 분식점 같은 곳에서 현금으로 음식값을 결제해도 현금 영수증을 자발적으로 발행하는 분식점은 거의 없을 것이다. PC방이나 오락실, 코인노래방 등은 어떤가? 현금 영수증을 발행해주는가? 언제 한번 롤(리그오브레전드)을 하러 PC방에 간 적이 있었다(나는 게임을 좋아한다. 롤, 스타크래프트를 잘한다. 스타크래프트는 길드장인 적도 있었다). 만 원을 주고 충전해달라고 한 뒤, 갓 20살 된 아르바이트생에게 현금 영수증을 발행해달라고 하였다. 아르바이트생이 눈만 끔뻑거리며 "그게 뭐예요?"라고 하더라. 그때부터 PC방 갈 일 생기면 카드로 결제한다(카드로 결제하면 자동으로 세금 공제를 받을 수 있다). 내가 이 이야기를 왜 했냐면 사업장에서 소득이 생기면 국세청에 세금 신고를 해야 한다. 단돈 100원도 예외가 없다. 세금 신고를 하지 않는 사업장은 국세청에 세금 신고를 안 했으므로 법 위반은 물론이고, 범죄를 저지른 것이다. 내가 PC방에서 만 원을 현금으로 결제했는데 현금 영수증을 발행해주지 않았다며, 국세청에 신고하면 국세청에서는 PC방에 세무조사가 나올 수 있다. 사업개시일부터 조사하여 세금 탈세가 심하면 구속도 될 수 있다. 하지만 아직도 현금으로 결제하면 현금 영수증을 먼저 해주는 매장이 많이 없다. 현금 영수증을 발행해주면 소득이 잡혀 세금을 내야 하기 때문이다. 사업을 하면 사업 분야에 따라 다르겠지만, 알게 모르게 수많은 법을 지켜야 한다. 내가 또 다른 사례를 들어 보겠다.

A는 음식점을 하고 싶어 마음에 드는 상호를 정하고 사업자등록증을 발급받으러 세무서에 갔다. 세무서에서 상호명은 정했냐면서 서류에 개인정보와 상호명을 적고 음식점 오픈 시 필요한 서류를 주면 바로 사업자등록증을 발급해주겠다면서 따끈따끈한 사업자등록증을 발급해주었다.

사업자등록증을 발급받았으니 다음날 음식점을 오픈했다. 몇 달째 장사가 너무 잘되어 금방이라도 부자가 될 것 같았다. 얼마 후 경찰서에서 전화가 왔다 법을 위반했으니 경찰서로 출석하라고 너무 놀라서 전화를 끊고 근처 변호사 사무실이 있어 찾아갔다. "경찰서에서 음식장사를 하는데 법을 위반했다며 출석하라고 연락이 왔었다. 혹시 무슨 일인지 아느냐" 하고 변호사에게 상담 요청했다. 현금 영수증도 다 발행해주고 세금 처리도 완벽하고, 원산지 표시 등 정직하게 성실히 장사했으니 별거 아니라 생각하라고 변호사에게 상담받고 경찰서에 출석했다(변호사라 해서 모든 법을 알지 못한다. 변호사마다 잘 아는 전문 분야가 다르다. 자신의 분야가 아니면 일반인보다 모를 때도 있다). 경찰서에서 "상표법 위반으로 신고가 들어 왔다"면서 "신고한 사람이랑 합의하지 않으면 구속을 시킨다"고 했다. 상표법 위반이라니… 세무서에서 분명 현재 운영하는 음식점 상호를 등록해 줬다며 사업자등록증을 경찰관에게 내밀었다. 경찰관이 방긋 웃으며 "음식점 상호는 특허청에 상표 등록을 하고 음식점을 개업해야 한다"란다. 음식점 사장인 A는 "그런 법이 어디 있느냐"고, "학교에서도 배운 적이 없었다. 누구라도 알려줬으면 특허청에 상표등록하고 그때 음식점을 오픈했을 것이다" 억울하다고 우겨 봤자 소용없었다. 하는 수 없이 신고자인 상표권자에게 전화해서 합의를 보려 했으나 상표권자는 본인 상표로 돈을 벌었으니 음식점을 오픈하고부터 지금까지의 매출을 합의금으로 달라고 했다. 음식점 사장인 A가 거절하자 상표법 위반으로 구속되고 구속상태에서 민사 소송까지 들어와 아무 대응을 할 수 없어 결국 많은 금액에 손해배상까지 해줘야 했다. 이렇듯 수많은 법 중의 한 가지라도 잘못 걸리면 망한다. 법은 배운 적 없다고 몰랐다고 하면 오히려 안일하고 게으르고 반성의 기미가 보이지 않는다며 괘씸죄가 적용될 수도 있다.

예를 들면 뉴스에서 음주하고 운전한 사람이 스쿨존에서 아이를 다치게 한 경우 음주 운전자가 "앞에 아이가 있는 줄 몰랐다. 알았으면 브레이크를 밟았을 것이다"고 주장한다면 당신은 뉴스 보다가 그럴 것이다. '저런 쳐 죽일 놈 평생 감옥 가서 콩밥 먹어야 한다'고 말이다. 그러니 사업을 하려면 법을 잘 알아야 한다. 인터넷에서 법 관련 검색

후 공부하거나 대법전을 사서 시간 날 때마다 읽어라. 앞으로 살아가면서 도움이 정말 많이 된다.

특히 세법을 잘 알면 절세할 수 있는 방법들이 많아 당장의 이익으로 돌아온다. 반대로 생각하면 세법을 모를 경우 세금 폭탄을 맞을 수도 있다는 말이다. 유튜브가 활성화되면서 부업 할 수 있는 고급 정보들을 쉽게 배울 수 있어 'N잡러(복수의 직업을 가진 사람)'가 늘어나고 있다. 부업을 하여 대박을 치는 경우도 적지 않지만 세법을 잘 모르는 경우 늘어난 소득 때문에 세금 폭탄을 맞을 수 있다.

B는 9년 차 직장인이다. 대학생 때부터 꾸준히 웹소설을 써왔다. 처음에는 취미였지만 유료 연재를 하게 되면서 대박이나 웹소설 인세로만 1억 원을 넘게 벌었다. 하지만 직장생활만 하여 세금에 대해 무지했다. 종합소득세 신고 날이 다가왔고 국세청에서 3,000만 원을 소득세로 납부하라고 고지서가 날아왔다. 사업에 있어 세금은 크게 종합소득세와 법인세로 나뉜다. 사업자등록증이 개인이면 종합소득세(사업자등록증 없는 프리랜서도 종합소득세로 납부해야 한다)이고, 법인이면 법인세를 국세청에 6개월에 1번씩 납부해야 한다. 개인사업자인 경우 세율은 6~45%이고, 법인세율은 9~19%이다(매출에 따라 세율이 다르므로 자세한 것은 인터넷이나 유튜브에서 직접 찾아봐라). 사업하는 회사일 경우 웬만하면 최고 세율을 납부한다 보면 된다. 개인일 경우 순수익의 45%를 국세청에 세금으로 납부해야 하고, 법인일 경우 19%를 납부해야 한다. 1년에 10억이 순수익으로 발생했다면 납부할 세금이 개인은 4억 5천만

원이고, 법인은 1억 9천만 원이다. 이제 약간 감이 오는가? 같은 돈을 벌어도 법인사업자일 때보다 개인사업자일 때 2배가 넘는 세금을 납부해야 한다. 즉, 법인을 설립하는 것만으로 2억 6천만 원가량 절세 효과를 볼 수 있다.

법인을 설립하는 것도 어려울 것 하나 없다. 자본금도 100원이면 법인을 설립할 수 있다(법인 설립하는 것 역시 인터넷이나 유튜브에서 알아봐라). 간이과세자(매출 8,000만 원 이하 개인사업자)를 제외하고 사업 시 무조건 법인사업자로 사업을 해야 한다.

이렇듯 법 조항 하나에 지출이 좌지우지되고, 사업도 한 번에 망할 수 있다. 사업하면서 법을 알고 모르고 사업하는 것은 천지 차이다. 법 공부를 게을리하지 말길 바란다.

남의 돈을 갈취하거나, 사기를 친다거나, 절도 등 같은 상식적으로 당연히 알고 있는 불법 행위는 안 할 것이다. 하지만 사업하면서 지켜야 할 법은 너무 많고 애매모호한 것들이 많아 당신도 모르게 불법을 저지르며 사업을 하는 경우도 있다. 전문가들도 당신의 사업이 불법인지 합법인지 100% 확신할 수도 없고 잘 모르기 때문이다. 당신이 만약 송사에 휘말려 제일 좋은 로펌에 제일 좋은 변호사를 선임했다고 치자. 당신의 사건을 100% 승소할 수 있는지 물어봐라. 백이면 백 100%는 장담하기 어렵다고 할 것이다. 왜냐면 모든 책임은 당신이 짊어져야 하기 때문이다. 그래서 합법적인 사업이 제일 중요하다. 당신이 하려고 한 사업이 법을 위반했는지 안 했는지 확인할 수 없다면 1위가 갔던 길을 그대로 가라. 그러면 문제가 크게 없을 것이다(남들이 하고 있는 사업 중에 많이 알려지지 않았지만, 비전이 괜찮은 사업을 찾아 따라하면 금방 성공할 수 있다). 사업이라 해서 무에서 유를 창조하고 남들 안 하는 길만 가려 하면 크게 성공할 수도 있겠지만 크게 망해 다시는 사업할 수 없는 재기 불능 상태에 빠져 헤어나오지 못할 수도 있다. 사업의 종류도 많고 세상은 항상 변한다. 분명 내가 말한 많이 알려지지 않고 비전이 괜찮은 사업이 분명히 있다. 유튜브도 생각해 보면 활성화된 지 얼마 안 되었다. 초반부터 유튜브에서 방송한 사람들은 다들 돈을 많이 벌었을 것이다. 최초로 한 사람만 돈을 번 게 아니다. 최초로 한 사람을 보고 벤치마킹하여 그 길 그대로 따라가 돈을 번 유튜버들도 많다.

내 이야기를 잠깐 하겠다. 나도 어릴 때 사업에 대해 알려준 사람이 없었다. 사업은 남들이 안 하는 것, 무에서 유를 창조하는 것, 최초인 것 등 없는 길을 스스로 개척하라는 말을 주워듣기는 했지만 사업하면서 법이 중요하다는 말은 들어본 적도 없었고 법은 나와는 상관없는 세상이라 생각하고 등한시했다.

2002년도 월드컵이 한참이었을 때 우리나라가 기적 같은 4강에 오르면서 붉은 악마가 전국을 감쌌다. 응원 열기도 대단했다. 나는 당시에 어려서 TV로 축구를 봤다. 응원석 사람들은 물론 길거리 사람들 온통 붉은 악마가 되어 악마 뿔 머리띠 등 응원 용품을 온몸에 휘감고 다녔다. '악마 뿔 머리띠를 월드컵 때 팔았으면 부자가 되었겠다'라는 막연한 생각을 하고 있었다. 그러다 남아공 월드컵 때 어릴 적 TV

봤던 게 생각나 악마 뿔 머리띠를 팔면 돈이 될 것 같아 수소문 끝에 동대문 도매업자가 있어 악마 뿔 머리띠를 샀다. 몇 개 산지 정확하게 기억나지 않으나 수은건전지가 3개 들어간 악마 뿔 머리띠는 1개당 180원에 샀다. 나중에 알고 보니 1개당 90원이었단다. 내가 어리고 어리숙해 보였나? 왜 그때 흥정할 생각을 못 했을까⋯ 수중에 5만 원밖에 없어 5만 원어치 악마 뿔 머리띠를 사고 어디서 팔면 잘 팔릴지 고민 후 건대입구역 안에 환승하려는 사람들이 정말 많아 여기서 팔면 되겠다 생각 후 팔았다. 가격은 1개에 3,000원으로 1시간 동안 팔았는데 딱 1개 팔았다. 생각해 보니 사람은 많아도 나한테 와서 사는 게 눈치 보이고 민망했나 보다. 그때 깨달았다. 물건도 자리 봐가면서 팔아야 한다는 것을. 여기는 안 되겠다 싶어 삼성역 코엑스에 응원하는 사람들 모이는 장소인 삼성역으로 곧장 갔다. 삼성역으로 가자마자 깜짝 놀랐다. 응원하는 사람보다 월드컵 응원용품 파는 사람이 훨씬 많았다. 심지어 악마 뿔 머리띠를 500원에 파는 사람까지 보였다. 건대입구역에서 깨달은 바를 토대로 이대로 안 되겠다 싶어 자리를 옮겼다. 삼성역에 사람이 많아 한 정거장 전에 내리는 사람도 있을 것 같아 그쪽으로 옮겨 자리를 잡아 팔았다. 내가 자리 잡는 곳에는 한 명도 월드컵 용품을 파는 사람이 없었다. 내 생각은 적중했고 단시간에 모두 팔렸다. 약 100만 원 조금 안 되게 번 거 같다. 그렇게 월드컵 축구 경기 일정 잡힌 날이면 월드컵 용품을 팔았고, 마지막 경기 날일 때는 더이상은 월드컵 용품이 안 팔릴 것 같아 쉬려고 했는데 일기예보에 마지막 경기 날에 비 올 확률이 70%라 하여 월드컵 용품 대신 우비를 1개당 500원에 샀다(그 당시에 우비가 도매로 500원이면 엄청 비싸게 주고 산 것 같다). 월드컵 축구 경기 당일 구름만 잔뜩 끼고 비가 안 와서 재고 처리도 못할까 봐 우비를 원가에 팔고 있었다. 비도 안 오는 데 누가 우비를 사겠는가…. 그런데 경기 1시간 전 하늘에서 비가 한 두 방울씩 떨어지기 시작했다. 얼른 판매가를 500원에서 5,000원으로 고치고 팔았음에도 우비를 나 혼자 팔고 있어 줄까지 세우고 판매하 는 진귀한 현상도 생겼다.

월드컵 용품 판매한 돈으로 온라인 쇼핑몰을 시작하였고, 또 성공 을 맛보았다. 그때부터였을까…. 내가 손대기만 하면 성공하니 빌 게 이츠도 우습게 보였다. 자신감은 하늘을 찔렀고 주변에서 조언하거나 쓴소리하면 오히려 "성공해 본 적도 없는 것들이… 뭘 안다고 씨부렁 거리냐?"면서 남의 충고는 전혀 듣지 않았다. 특히 법은 아예 볼 생각 도 하지 않았다. 다음 사업으로 무엇을 할지 구상 중에 장사가 안되는 곳을 컨설팅해주어 장사를 잘되게 해주면 어떨까 싶어 컨설팅 및 마케 팅 회사를 설립했다. 남들이 가지 않는 길을 가야 부자가 된다고 해서 어떤 분야를 하면 좋을까 구상 중 변호사와 변리사 사무소 분야를 컨 설팅 및 마케팅을 하면 좋겠다고 생각했다. 아무리 실력이 좋고 뛰어 나도 공부만 한 변호사와 변리사들은 마케팅을 못할 것 같아 내린 결 론이고 돈도 될 것 같아 수소문 끝에 실력 좋지만, 매출이 낮은 변호 사와 변리사 사무소에 찾아가 컨설팅 및 마케팅을 제안했고, 매출에 일정액을 수수료로 받기로 했다. 수수료는 후불로 받기로 하고 매월 말일 날 정산하기로 했다. 내가 변호사와 변리사 일을 해보지 않았지 만, 당시 변호사와 변리사들은 법원 앞에 사무소를 차려 해당 법원에 서 소송 중인 사건만 맡거나 지역주민 상대로만 사건을 맡았다. 나는 전국으로 영역을 넓히면 수입이 더 많이 될 것 같고, 온라인 쇼핑몰 한 경험이 있어 온라인 홈페이지를 만들어 온라인으로 고객을 받기로 하고 온라인에 광고한 게 끝이다. 당시 변호사와 변리사들은 "온라인으로 어떻게 수입을 받냐", "당신이 고객이면 얼굴 한번 안 본 사람에게 사건을 맡기고 수임료를 주겠냐?"며 온라인에 대해 부정적 측면이 많아 홈페이지조차 없는 곳이 대부분이었다. 내가 컨설팅 및 마케팅을 해주던 변호사와 변리사 사무소의 수입 건수가 다음 달에 바로 꼴찌에서 전국 1등을 한 것이다. 그 후 소문을 듣고 찾아온 변호사와 변리사들이 많았고 서로 컨설팅 및 마케팅을 해 달라 요청이 많았다. 하지만 나는 몸이 하나였고 상담하는 기법 및 고객을 대하는 자세 등도 컨설팅해 줘야 했기에 아무리 많이 해도 5개 사무소 정도밖에 할 수가 없었다. 내가 컨설팅 및 마케팅해준 변호사와 변리사 사무소가 업계에서 온라인 부분을 독식하자. 경쟁 변호사와 변리사 사무소에서 변호사와 변리사 협회에 진정 및 민원이 빗발쳤고 결국 변리사 협회에서 검찰에 고발이 들어갔다. 컨설팅하기 위해서는 내가 컨설팅받는 변호사와 변리사 사무소의 사정을 알아야 했기에 관여를 많이 했다. 그래야 매출을 올릴 것이 아닌가….

내가 했던 사업방식이 유례에 없던 비즈니스 모델이다. 나는 결국 검찰에 출두했고, 변호사와 변리사의 자격증 명의 대여라는 말도 안 되는 죄명으로 재판에 넘겨져 오랜 재판 끝에 변호사법 및 변리사법 위반으로 징역을 받아 현재까지도 교도소에 살고 있다. 재판 당시 내가 했던 비즈니스 모델이 유례가 없는 사업이었기 때문에 재판을 정말 오래 했었다. 변호사와 변리사들 컨설팅해주고 마케팅해 준 게 무슨 변호사와 변리사 자격증 명의대여냐는 말인가···. 그럼, 변호사와 변리사 사무소에서 일하는 사무장이나 직원들도 자격증 명의대여로 처벌해야 하고 변호사와 변리사들은 직원을 두면 안 되고 하나부터 열까지 모두 변호사와 변리사가 직접 일해야 하는 거 아닌가···. 이는 모두 변호사와 변리사 업무이기 때문이다. 내가 구속되면서 해외 상표등록 대행(내가 추가로 했던 사업이다. 해외 상표등록 대행 서비스 86p 참조) 시장도 중국으로 넘어갔다.

내가 이 이야기를 왜 했냐면··· 그만큼 법이 중요하기에 경각심을 가지고, 없는 길을 가려 하지 말고 2위 3위도 좋으니 남이 했던 길을 가라고 말해주고 싶기에 내가 당했던 일까지 사례로 빗대어 말해주고 싶은 것이다.

약산 오거리 살인사건을 아는가? 억울하게 감옥에 평생 동안 옥살이를 하다 재심을 통해 무죄로 풀려났다. 무죄 받으면 무얼 하나, 내 인생과 세월은 다시 돌아오지 않는다. 아무도 가지 않는 길을 가다. 아무것도 모르고 나처럼 지옥(감옥)이라는 나락에 빠질 수 있다는 말이다. 어릴 때 성공했다고 자만하지 말아라. 그 자만이 결국 당신의 발목을 잡는다. 위기는 항상 잘되고 고요할 때 찾아오는 법이다. 부자가 되기까지 더 겸손하고 더 공부해라.

잭의 사업 철학 5가지를 모두 살펴보았다. 사업 아이디어를 생각할 때 잭의 사업 철학 5가지 모두 해당하는 사업 아이템을 생각해야 한다. 당신이 생각한 사업 아이템이 잭의 사업 철학 중에 4가지는 해당하는데, 1가지가 해당이 되지 않으면 안 된단 말이다.

　나는 사업도 많이 해보았고, 성공과 실패의 연속이었다. 내가 사업만 하면 항상 업계 1위였다. 사업이 안돼서 망한 적은 단 한 번도 없었다. 배신, 동업자와의 불화, 법, 세금, 사기 등을 나는 항상 겪고 갔었다. 미리 예방할 수 있는 것도 안일해하고 귀찮아했다. 사업하기도 바쁜데 앞만 보고, 달려야지 뒤를 돌아보면서 달리기 싫었다. 나는 사업가라는 망상에 빠져 조언과 충고를 듣기 싫었고, 법 공부라든지 옆에 사람 챙기는 것도 하찮게 느꼈다. 계속 망하고 실패해도 나를 다시 정상에 끌어올려 준 것은 잭의 사업 철학 5가지였다. 이를 대입해 사업 아이디어를 생각하여 사업을 하면 항상 성공했다.

　내가 현재 교도소에 있어 사업할 수 있는 것이 너무 한정적이다. 내 진심과 노하우를 담았다지만 이 책이 잘 팔릴지는 모르겠다. 하지만 여기에서도 끝까지 포기하지 않고 뭐라도 하려고 하는 나의 모습이 가상하지 않은가?

　당신도 어떤 역경이 와도 나를 생각하며 끝까지 포기하지 말고 꼭 성공해 부자가 되었으면 좋겠다. 나는 글을 쓰는 지금도 책상이 없어 라면상자 위에서 글을 쓰고 있다. 바닥은 차디찬 마룻바닥이고 쭈그리고 글을 써야 해서 다리도 저리고 목과 어깨는 담이 온 듯 뻐근하다. 컴퓨터도, 핸드폰도, 타자기도 없어, 펜으로만 글을 써서 손가락도 아프다. 한번 글을 쓰면 수정하고 다시 쓰고 끼워 넣고 지웠다 다시 쓰기도 힘들다. 맞춤법도 맞는지 모르겠다. 또, 한 글자를 수정하려면 글을 처음부터 끝까지 1번 읽어야 하고, 한 줄을 수정하려면 3~5번,

한 페이지를 수정하려면 10번을 읽어야 한다. 여기는 감옥이라 온전히 책만 읽기는 쉽지 않다. 교도 작업도 해야 하고, 온갖 권모술수와 괴롭힘이 난무하는 곳이라 내 개인 시간은 잠자는 시간뿐이다. 잠자는 시간도 아껴가며, 책을 쓰고 있지만 같은 내용이 반복해서 나올 수도 있고, 문맥도 엉성하고 글이 앞뒤가 안 맞아도 내 글을 보는 당신은 이해해주길 바란다. 그만큼 악조건 속에서 누구보다 열심히 최선을 다해 쓰고 있다.

당장 시작할 수 있는
사업(장사)

:

    내가 생각한 사업과 장사의 차이는 사장이 없어도 회사가 알아서 잘 돌아가면 사업이고, 사장이 없어, 회사가 잘 돌아가지 않으면 장사다. 그러니 당신은 사업을 하기 위한 장사부터 해야 한다.

    내가 현재 부자가 아니라서 당신에게 내 실력부터 보여 줘야 했기에 '당장 시작할 수 있는 사업(장사)'부터 글을 썼다. 그래서 글의 흐름이 맞지 않을 수도 있다. 내 책을 다 읽고 난 후, 마지막에 읽는 것을 추천한다. 하지만 아직도 나를 온전히 믿기란 힘들 것이다. 그런 생각이 들 경우 내 실력부터 검증할 겸 먼저 읽어도 된다. 그래야 내 실력에 감탄하여 내 글이 금덩이라도 되는 양, 귀에 쏙 박힐 것이다.

    나에게는 사업 철학 5가지가 있다.

    첫 번째, 돈 없이도 할 수 있는 사업
    두 번째, 누구나 할 수 있는 쉬운 사업

세 번째, 돈이 바로 되는 사업

네 번째, 망해도 리스크 없는 사업

다섯 번째, 합법적인 사업

위 5가지 잭의 사업 철학을 대입하여 장사를 시작해 보자. 나에겐 수많은 사업 아이디어가 있지만 경험 없는 당신이 하기도 힘들고 이해하기도 어려워 경험 없는 당신도 당장 시작할 수 있는 사업 아이템을 알려주겠다.

온라인 판매(스마트 스토어, 쿠팡, 지마켓 등)

인터넷이나 유튜브에서 한 번쯤은 들어 봤을 것이다. 돈도 없고 경험도 없는 당신이 당장 시작할 수 있는 장사 중에는 온라인 판매가 있다.

온라인 판매는 크게 해외 직구 대행업, 사업 판매, 위탁판매 3종류로 나뉜다. 그중에 '해외 직구 대행업'을 먼저 시작해라.

해외 직구 대행업이란 국내 시세보다 저렴하거나, 국내에서 구할 수 없는 제품을 스마트스토어나 쿠팡 등 온라인 쇼핑몰에 등록하여 직접 해외 직구하는 것이 어렵거나 해외에 있는 제품을 필요한 고객이 구매를 원하면 대신 구매해주어 고객 명의로 수입 통관하고, 고객이 원하는 곳에 직배송될 수 있도록 하는 대행업이다. 해외 국가 중 그나마 쉬운 미국이나 일본을 추천하고 중국은 추천하지 않는다.

중국 해외 직구 대행이 프로그램과 인터넷 강의 등 쉽게 접할 수 있고 엄청난 제품의 종류가 있지만 배송이 2~3주 이상 느린 경우도 많아 배송 관련 고객 CS(고객관리)도 많고 가끔 짝퉁을 팔거나 불량 제품을 파는 악성 판매자들도 있어 스트레스를 많이 받고 잡일이 많아 추천하지 않는다. 그리고 지식 재산권을 침해하는 일도 많아 조심해야 한다. 미국과 일본은 평균 5~10일 내 빠른 배송과 믿을만한 품질의 상품을 취급하므로 미국과 일본 해외 직구 대행을 추천한다.

내가 해외 직구 대행을 추천하는 이유는 아래와 같다.

첫째, 자본이 거의 필요 없다

해외 직구 대행업은 집에서 사업자등록증 발급이 가능하며, 집에서 쓰던 컴퓨터나 노트북만 있으면 된다. 고객에게 전화가 가끔 올 수 있으니 인터넷 전화가 있으면 좋고 핸드폰만 있어도 충분히 가능하다. 그리고 신용카드가 있어야 한다.

당신이 상품 등록한 온라인 쇼핑몰에 고객이 선결제하면 그 이후에 당신은 해외 사이트에서 신용카드로 같은 상품을 결제하면 된다. 스마트스토어는 빠른 정산을 받을 수 있고 빠른 정산 적용한 판매자면 배송 완료 이후 다음 날 정산된다.

빠른 정산 대상자가 아니더라도 배송 완료 후 15일 내 정산받을 수 있다. 평균 배송일+정산일을 계산해도 다음 달 카드값이 나오기 전에 정산받을 수 있다. 쿠팡이나 다른 판매 사이트 등 정산이 1~2달로 느린 곳도 있는데 자본이 모자르면 요즘 선 정산 서비스가 잘되어 있어 정산 금액에 1~2%를 수수료로 제외하고 나머지 금액을 미리 선 정산받을 수 있다. 신용카드 한도만 된다면 무자본으로 할 수 있다.

둘째, 쉽다

사입 같은 경우 재고관리도 해야 하고, 상세 페이지도 꾸며야 하고, 광고도 해야 하고, 돈도 많이 들고 어렵다. 해외 직구 대행업은 해외 아마존이나 브랜드 공식 홈페이지에서 한국 카드 결제할 수 있는 해외 사이트를 찾아 해당 사이트에서 팔고 있는 상품의 배경 없는 누끼 사진만 다운로드해 스마트스토어 등 상품을 등록해서 물건을 쉽게 팔 수 있다. 미국이나 일본 해외 직구 쪽은 보통 브랜드 제품인 경우가 많아 상세 페이지를 많이 안 꾸며도 이미 해당 제품을 알고 구매하는 고객이 더 많다.

다만, 온라인 판매의 숙명인 지식 재산권 침해는 조심해야 한다. 이 부분은 글로 쓰기에는 너무 광범위하여 유튜브나 인터넷에 검색을 해라. 쉽게 알 수 있다.

셋째, 일반 도소매업보다 해외 직구 대행업은 세금이 적다

사입판매나 위탁판매는 판매금액을 모두 매출로 신고해야 되어 부가가치세와 종합소득세 등 세금이 많이 발생한다. 해외 직구 대행업은 일반 도소매업과 세금 산출 방식이 다르다.

예를 들어, 당신이 고객에게 판매할 제품의 금액이 10,000원일 때, 당신이 해외에서 제품을 구매한 금액과 배송비가 8,000원이고 수익이 2,000원인 경우

사입판매나 위탁판매는 판매금액인 10,000원을 매출로 세금 신고하지만 해외 직구 대행업은 판매금액이 아닌 수익인 2,000원만 매출로 세금 신고하면 된다. 그래서 사입판매나 위탁판매는 10,000원에 대한 세금을 납부해야 하고, 해외 직구 대행업은 2,000원에 대한 세금만 내면 된다. 국세청에서도 해외 직구 대행업자는 사이트 전체 판매액이 아닌 수익 부분만을 매출로 신고해도 된다고 명시하고 있다.

그래서 해외 직구 대행업은 제품을 미리 사입해 두면 세금 탈루이기 때문에 불법이다. 명심하자.

넷째, 의외의 수익이 발생한다

제품의 구매를 신용카드로 결제하기 때문에 카드사 포인트 또는 마일리지 적립을 받을 수 있다. 신용카드 포인트의 경우 카드사마다 다르지만, 보통 해외 구매 금액의 2~3% 적립 혜택이 많고 마일리지는 1

천 원당 1마일리지 적립 혜택인 경우가 많다.

월 매출이 2,500만 원이고, 마진을 20%로 계산하여 수익이 500만 원이라고 가정했을 때 당신이 고객에게 해외 직구 대행할 제품 구매로 신용카드 결제는 2,000만 원이다.

생각해 봐라, 카드사에서 월 2,000만 원씩 결제한 당신을 VVIP로 대접할 뿐만 아니라 카드사에서 제공하는 각종 혜택도 엄청나게 많을 것이다.

위 네 가지 사유로 해외 직구 대행업을 추천하고 아래 4가지는 꼭 명심해야 한다.

1. 해외 물품이 국내 통관될 때 국내 구매자 명의로 통관되어 구매자에게 직배송되게 할 것.
2. 국내에 창고 등의 보관 장소가 없어야 하고, 별도로 재고를 보유하지 않을 것.
3. 당신의 판매 사이트에 해외 직구 대행임을 명시할 것.
4. 주문 건별로 대행 수수료를 산출하고, 해당 산출 근거 및 증빙을 보관할 것.

온라인 판매 시장이 늦었다 생각지 마라. 온라인 시장은 매년 꾸준히 성장하고 있다. 그러니 걱정만 하지 말고 시작하자. 중요한 것은 처음부터 돈 없이 했던 사업이라 망해도 전혀 리스크가 없다. 혹시 아는가? 잘 되어 사업으로 확장할 수 있고, 연 매출 100억이 넘을 수도 있다 땡전 한 푼 없이 온라인 판매업을 시작하여 연 매출 100억 넘는 사람을 내 눈으로 직접 본 적도 있다.

잭의 사업 철학 5가지 - 해외 직구 대행업

첫 번째, 돈 없이 할 수 있는 사업

해외 직구 대행업은 사무실조차 필요 없다. 지금 당신이 살고 있는 집에서 사업이 가능하다. 집에서 쓰는 컴퓨터나, 노트북만 있으면 된다. 인터넷만 되면 돼서 고사양의 컴퓨터나 노트북은 필요 없다.

당신의 해외 직구 대행 쇼핑몰도 대형 온라인 쇼핑몰(스마트스토어, 쿠팡 등)에 입점할 시 무료로 제작할 수 있다. 자본금도 필요 없다. 신용카드만 있으면 돈 없이 충분히 사업이 가능하다. 신용불량자나 신용이 안 돼서 신용카드가 없다고? 엄빠의 신용카드라도 빌려서 시작해라. 추후 정산 날 갚으면 된다.

두 번째, 누구나 할 수 있는 쉬운 사업

인터넷이나 유튜브에서 해외 직구 대행업을 시작하는 법은 검색만 하면 하나부터 열까지 상세히 알려준다. 고객이 주문하면 해외 쇼핑몰에서 구매대행만 해주고 고객 정보만 입력하면 고객에게 바로 배송

되어 재고관리 물품관리 등 할 필요도 없다. 누구나 할 수 있을 정도로 쉽다.

세 번째, 돈이 바로 되는 사업

대형 쇼핑몰에서 정산일이 되면 즉각 돈이 입금된다.

네 번째, 망해도 리스크 없는 사업

고객이 선결제하고 주문이 들어오면 그때 해외 구매대행을 해주면 된다. 당신의 돈으로 선 주문하는 것도 아니고, 당신이 제품을 만드는 것도 아니고, 물건을 쌓아놓고 파는 것이 아니라 망해도 리스크가 전혀 없다.

다섯 번째, 합법적인 사업

해외 직구 대행업은 대형 오픈 쇼핑몰에서 법적으로 문제가 되지 않는지 철저한 심사를 거쳐야 입점하여 해외 직구 대행업을 할 수 있다. 당신이 악의적으로 불법(짝퉁 판매 등) 및 세금 탈루만 하지 않으면 된다.

배달 전문 음식점(가맹 사업)

사업이든 장사든 영업을 잘해야 한다. 또 영업을 잘하려면 마케팅을 잘해야 한다.

음식점이야말로 당신이 사업을 하면 성공할 수 있는지, 없는지를 판 가름내는 좋은 기준이 될 것이다. 음식점을 차려 3달 안에 맛집 랭킹에 못 들어가면(나는 개인적으로 한 달 안에 들어가야 된다고 생각한다) 아직 멀었다. 하지만 내가 있지 않은가, 걱정하지 말라.

당신이 세상의 이치를 깨닫지 못하는 한 사업을 하면 반드시 망할 것이다. 운 좋게 성공하더라도 경쟁자가 많이 생겨서, 트렌드가 끝났다는 이유로, 원자잿값 상승으로 인해, 정부 규정이 변경되어서, 동업자 배신으로, 사기를 당해서, 세무조사로 인해, 법 위반인지 몰랐다. 등등… 수만 가지 이유로 망할 것이다. 그땐 세상 탓하며 억울해 봤자 망한 사업을 되돌릴 수 없다. 다시 돈 없이 사업해야 한다(다시 사업할 멘탈은 있고?). 그렇기에 사업에 성공하더라도 망하지 않고 부자가 되려면 기본이 탄탄해야 한다(세상의 이치 - 돈 버는 이치와 같다 편 128p 참조).

기본이 탄탄하게 하는 것은 음식점만큼 좋은 공부가 없다. 음식점은 제조, 도매, 소매, 고객 응대, 마케팅, 영업, 디테일, 감각, 시장 흐름 등 모든 게 축약되어 있는 작은 기업이다. 당신은 나한테 따져 물을 것이다. 음식도 못 하고 손에 물 한 방울 묻혀 본 적 없는데 어떻게 음식점을 차리냐고? 음식점 차리는 데 돈도 많이 드는데 무슨 돈으로 차리냐고?

그러니 당신은 행운아다. 내 책을 구입한 만큼 내 노하우를 뜬구름 잡지 않고 몽땅 알려줄 것이다.

첫 번째, 음식점 차리기

돈 없는 당신에게 돈 없이 음식점을 차리는 내 노하우를 공개하겠다. 나는 실제 이 방법으로 1년 만에 가맹점 200개 가까이 모집했다. 물론 나는 음식점을 차려본 적도 없고, 음식도 해본 적이 없다. 그전에 사업이 망해 수중에 돈이 없었다. 어떻게 돈도 없이 가맹점 200개 가까이 모집했냐고? 이제부터 피가 되고 살이 되는 내 이야기를 잠깐 하겠다. 새겨들어라.

2020년경 나는 교도소에서 보석이 허가되어 재판 기간 잠시 석방이 되었다. 밖에 나오니 전 세계는 코로나로 몸살을 앓고 있었다. 위기는 기회라 했던가…. 재판 준비도 잊은 체 잠시 사업구상을 했다가 사업보다 재판이 무죄가 나와 하루라도 빨리 온전하게 석방되는 것이 시급하기 때문에 이 좋은 기회를 뒤로하고 재판에만 집중하였다. 무죄 다툼이고 판례에도 없는 첫 사례이기 때문에 변호사 비용은 천문학적으로 들어갔다.

이미 세무조사, 추징 등 내 모든 자산은 압류가 된 상태였고 그마저 있던 돈까지 변호사 비용으로 날려 진심 빈털터리가 되었다. 1심에서 유죄가 떨어졌지만 다행히 불구속 재판으로 2심을 받게 되었다. 1심

때 할 수 있는 것을 다해서 2심 때 할 수 있는 게 없었다. 더 중요한 것은 변호사 살 돈도 없었다 진짜 먹고 살 돈도 없어 돈을 벌어야 했기에 다시 사업 구상을 했다(어느 정도 세상의 이치를 깨달으면 절대 남에 밑에서 일하지 않는다).

코로나가 대유행이라 이 위기에 맞는 사업을 생각해야 했다. 또, 내가 돈이 없기에 바로 돈이 되는 사업을 해야 했다. 음식 한번 제대로 해본 적 없었지만, 잭의 사업 철학 5가지에 모두 해당하는 사업으로 배달전문점을 하기로 결정했다. 그리고 사업 시작 후 1년 만에 가맹점 200개 가까이 달성했다. 내가 단기간에 성공한 노하우를 이제부터 알려주겠다.

음식점을 하려면 음식 선정이 중요하다. 어떤 음식점을 차릴 것인가? 당신이 김치찌개를 잘 끓인다는 이유로 김치찌개 전문점을 차릴 것인가? 그것도 아니면 고기를 잘 굽는다는 이유로 고깃집을 차릴 것인가? 음식점은 당신이 잘하는 메뉴로 음식점을 차린다면 남부럽지 않게 살 수는 있어도 절대 부자가 될 수 없다. 당신이 하는 음식이 맛이 좋아 소문이 나서 맛집이 되었다 치자. 그래봤자 월 매출 1억이다. 그리고 당신은 불구덩이 동굴(주방)에서 평생 뼈 빠지는 일만 해야 한다. 당신이 가게를 비우는 순간 음식점은 망해갈 것이기 때문이다.

위 같은 경우의 실제 사례가 있다. C라는 사장은 음식을 너무 잘해 음식점을 차렸는데 대박이 나서 유명한 맛집이 되었다. C사장은 사업 수완도 좋아 근처에 직영점을 3호점까지 오픈하였다. 3호점을 오픈하자 D라는 사람이 때마침 점심시간이라 3호점에서 밥을 먹었다. 메뉴도 기발하고 맛도 괜찮아 본점까지 찾아가서 음식 맛을 보았더니 3호점에 비교조차 안 될 정도로 뛰어난 맛이었다. 이거다 싶어 D는 C사장의 음식점을 벤치마킹하여 같은 메뉴로 음식점을 차렸다. D가 차린 음식점은 C사장이 차린 음식점보다 맛은 없었지만, 가맹사업을 해서 가맹점이 300호점 가까이 늘어나 기업이 되었다.

D가 차린 음식점이 바로 '연안식당'이다. D는 C사장보다 음식 맛도 떨어지는데 어떻게 가맹점을 300호점까지 모집하여 기업이 되었고, C사장은 음식을 잘함에도 3호점밖에 오픈을 못 했을까? C사장은 음식을 너무 잘했지만 본인이 음식을 만들지 않고 다른 사람에게 맡기면 맛이 바로 떨어졌다. 그래서 혼자 3호점까지 음식 맛을 관리해야 해서 3호점 이상 음식점을 늘릴 수가 없었다.

하지만 D는 맛은 좀 떨어지지만 음식을 규격화하고, 음식을 못 하는 사람이라도 만들 수 있게 상품화하여 공급하였다. C사장에게 음식을 배우려면 수개월이 걸리지만, D는 밀키트로 만들어 데우기만 하면 돼서 요리를 배우지 않아도 누구나 손쉽게 조리할 수 있었다.

그래서 음식 선정이 중요한 것이다. 추후 가맹 사업으로 확장하려면 처음부터 체계를 잘 잡고 시작해야 한다. 나는 오히려 음식을 한 번도 안 해봤거나 음식을 못 하는 사람이 더 성공할 가망성이 높다고 본다. 음식 만드는 과정에 대한 아집이 없기 때문이다. 음식점을 해서 성공하려면 아직도 맛이 좋아야 한다고 생각하는가? 내가 당신의 고정관념을 깨주고, 내 노하우도 노골적으로 알려주겠다. 이제부터 집중해라.

배달 앱을 켜고, 맛집 랭킹을 봐라! 지역별로 맛집 랭킹이 다 다르므로 인구수가 많은 지역 위주로 맛집 랭킹을 검색해 제일 만들기 쉽고, 마진율이 좋을 것 같은 음식을 선정한다. 음식을 선정했으면 인구수가 많은 지역 중에 선정한 음식이 없는 지역을 선택한다. 선택한 지역에서 선정한 음식을 팔 것이다. 예를 들어 타코야키로 설명하겠다. 내가 2021년도 음식 선정을 했을 당시 똑같은 방법으로 음식 선정 시 타코야키도 좋겠다는 생각이 들었다. 내가 선정한 음식은 타코야키보다 더 괜찮아 보여 그 음식을 선택했다. 이 방법은 서두에 말했듯이 1위가 잘 닦아온 길을 휘파람 불며 그대로 걸어가는 방법이다.

다시 본론으로 들어가서 타코야키를 선정했다면, 지역별 맛집 랭킹 타코야키를 모두 배달시켜 보아라. 포장지 하나부터 포장을 어떻게 했는지도 꼼꼼히 보고 메뉴 구성을 어떻게 했는지도 보아라 맛도 보고 배달시킨 타코야키 중 제일 잘나가는 메뉴를 선택해라. 컨택이 끝났으면 타코야키 만드는 법을 유튜브에 검색 후 타코야키 만드는 법을 보고 배워라. 타코야키 전문점에서 단기간 아르바이트하는 것도 좋다. 특히 타코야키 반죽을 직접 만들지 말고 인터넷에서 제조공장이 다 만들어 놓은 반죽을 그대로 사서 굽기만 해라. 당신이 만든 것은 당신만 맛있지, 대중들에게는 맛이 없을 수도 있다. 그리고 제조공장에서 만든 식품을 써야 하는 이유가 있다.

첫째, 당신이 만든 것보다 맛있다

제조공장에서 만든 식품은 전문가들이 밤새워가며 연구 끝에 만든 것이기 때문에 음식 한번 제대로 만들어 보지 않은 당신이 만드는 것보다 무조건 100배 맛있다. 옛날 제조공장처럼 비위생적이고 대충 만드는 시대는 끝났다.

둘째, 유통기한 및 보관 방법이 정확하다

제조공장에서 만든 식품은 포장지에 유통기한 보관 방법이 확실하게 붙어 있다. 당신이 만든 타코야키 반죽 또는 타코야키 소스는 유통기한도 모르고 어떻게 보관할지도 알 수가 없다. 음식점은 위생이 아주 중요하다. 당신이 만든 타코야키 반죽은 대충 김치통에 넣고 냉장고에 보관한다면 제대로 된 보관법이 아니라 재료가 금방 상할 수 있다. 음식이 상했는지 안상했는지를 고객은 금방 안다. 만약 상했다면 상한 음식점이라 소문날 것이고 상한 타코야키 사진과 욕을 하는 글에 더해 별점 1점 리뷰가 달린다. 그럼, 회복이 불가하다. 바로 망하고 만다. 식품위생과 위생점검은 보너스다.

셋째, 가격이 저렴하다

당신이 백날 싼 재료로 만들어 봐라. 대량으로 만드는 제조공장 단가보다 저렴하게 만들 수 없다. 내가 음식점을 했을 당시 제조공장에서 만드는 1개는 단가가 90원 남짓이었다. 그것을 타코야키처럼 구워서 팔 때 3,000원에 팔았다. 타코야키도 크게 다르지 않은 것으로 기억한다. 10알인가 배달앱에 8,000원 정도에 팔았던 것 같다(내가 현재 교도소에서 책을 쓰고 있어 정확한 정보를 줄 수 없어 참 속상하다. 정확한 정보는 검색만 하면 쉽게 알 수 있으니 직접 검색해라). 타코야키 10알이면 반죽 양이 얼마 들어가지 않고, 따라서 분명 마진이 좋을 것이다.

넷째, 편리하다

당신이 직접 타코야키 재료를 만든다면 만드는 시간을 생각해 봐라. 아침 일찍 장도 보고 재료 준비하고 만들고, 시간은 돈이다. 재료 준비하고 만드는 시간까지 다 돈으로 계산해야 한다. 잭의 사업 철학 두 번째. '누구나 할 수 있는 쉬운 사업'

에도 맞지 않는다. 언제 장을 보고 언제 재료 준비하고 언제 팔 참인가? 그냥 제조공장에서 만든 것을 인터넷에서 구입해서 편리하게 만들어라.

다섯째, 미래에 있을 가맹 사업도 염두에 두어야 한다

맛집 랭킹이 되면 가맹점 문의 전화가 많이 올 것이다(가맹 사업은 준비가 되어 있지 않으면 안 되기에 가맹 사업 쉽게 하는 법, 가맹 사업 72p 참조). 그럼 가맹점이 생길 테고, 타코야키 반죽 및 소스를 가맹점에 공급해 줄 때 당신이 만든 것을 가맹점에 납품해 줄 수 없어 가맹점의 최대 수익인 물류 마진을 벌 수가 없다. 왜냐하면 가맹점에 식품을 납품해주려면 제조 시설(제조공장)을 합법적으로 갖춰야 한다. 그래야 가맹점으로부터 본사에서 만든 식품을 납품해 줄 수 있다. 물류 마진을 볼거라고 정부에 허가 없이 가맹점에 본사에서 만든 식품을 납품해주는 순간… 내 교도소 옆자리에 당신이 앉을 수 있다(교도소로 철컹철컹한다는 소리다. 진짜 오면 내가 잘해 줄게^^). 그렇기에 합법적으로 허가받고 운영하는 식품 제조공장을 통해 가맹점에 공급해서 주면 문제없다. 그때부터 식품 제조공장이랑 딜을 할 수 있다.

"원래 타코야키 반죽 1kg에 10,000원인데 너희 제조공장이랑 전속 계약하여 우리 가맹점에 너희 공장제품을 납품할 거니까 7,000원으로 단가를 낮추고 포장지는 우리 본사에서 새로 디자인한 것으로 타코야키 반죽을 포장해 줘."

그리고 새로 디자인해서 포장한 타코야키 반죽 1kg를 가맹점에 12,000원으로 납품하면 된다. 가맹 계약상 모든 제품(식품, 물품 등)은 본사에서만 구매해야 한다. 가맹점이 본사 제품이 비싸 똑같은 제품 또는 비슷한 제품을 본사 허락 없이 사입하면 본사에 위약금도 물어야 하고 법적인 책임도 질 수 있다.

그럼 본사는 가맹점에 타코야키 반죽 1kg 팔 때마다 5,000원에 마진을 남길수 있다. 이런 제품군이 수십 가지니까 프랜차이즈화만 해도 성공할 수 있다. 일례로 치킨 한 마리에 20,000원 할 당시 본사에서 공급하는 치킨 재료, 포장지, 배달료 등을 제외하면 가맹점에서 치킨 한 마리 팔 때 2,000원 정도 남는다고 한다…

이제, 타코야키 재료 준비는 끝났다. 그럼 포장지를 선택해야 하는데 너무 어려울 것 없다. 우리는 배우지 않았는가? 1위가 잘 닦아 놓은 길을 그대로 따라가자. 지역별 맛집 랭킹에 있는 타코야키를 배달시켰을 때 제일 괜찮고 가성비 좋게 포장한 타코야키 전문점을 선택해 그 포장지를 인터넷에 검색 후 최대한 비슷한 것을 찾아 그대로 포장해서 팔면 된다.

아, 참고로 타코야키 만드는 기계는 제조공장이나 판매처에 직접 가본 후 타코야키 기계마다 장단점을 설명 듣고 괜찮은 타코야키 기계의 모델명을 적어 중고 거래 플랫폼이나 폐업한 주방 기계 파는 곳에 가서 사면 된다. 나도 처음 음식 장사를 시작했을 때 기계는 모두 중고로 샀다. 반자동 커피머신 10만 원, 제빙기 50kg짜리를 모두 20만 원에 샀다. 그런데 기계들이 오래되고 주문량이 원체 많아서(하루에 200건 정도 주문이 들어오니 고장 안 날 리가 있나…) 고장이 자주 났다. A/S 비용도 아깝고 A/S 나올 때까지 며칠이 걸린다는데 장사도 안 하고 기다릴 수 없어 직접 뜯어보고 고치며 사용했다. 뜯어보니 생각보다 원리가 너무 단순했다. 고장 날 때마다 직접 고쳐가며 사용하니 가맹점 100개 모집할 때까지 사용했다(당신도 한 번이라도 망해 봐라. 없던 능력도 신기하게 생긴다. 나는 벌써 6번 정도 망했기에 그 정도 일은 식은 죽 먹기다. 유튜브에 검색하면 웬만한 고치는 것이 다 나온다).

음식, 포장지, 지역을 선택했다면 이제 배달전문점을 할 상가를 구해야 한다. 나는 서울에 있었고, 상가 구할 돈이 없어 당시 사는 보증금 500만 원짜리 월세방을 빼서 1층에 있는 보증금 300만 원짜리 배달전문점을 할 상가를 구했다. 어떻게 서울에 위치하고 1층에 보증금 300만 원짜리 상가를 구했냐고? 이래서 경험이 중요한 것이다. 건축법상 원룸 건물 1층은 건물용도가 대부분 '근린생활시설'이다. 음식점은 건물용도가 '근린생활시설'이여도 음식점을 할 수 있는 허가를 내준다.

건물도 층마다 용도가 다르다 주거만 할 수 있는 층이 있고 음식점을 할 수 있는 층도 따로 있다. 당신이 아파트에 사는데 옆 호실에서 주거는 하지 않고 음식점이라고 음식 냄새 풀풀 날리고 시끄럽게 떠든다면 가만히 두고 볼 수 있겠는가?

그래서 건물 용도를 법으로 정해 둔 것이다. 원룸 건물은 보통 먹자골목 및 유동인구가 많은 쪽에 있지 않아 원룸 건물 1층이 근린생활시설(건축 대장을 꼭 발급해

보고 용도를 확인해야 한다)임에도 장사할 사람이 없어 1층도 보통 주거로 임대하는 경우가 많다. 부동산에서 내 사정을 말한 뒤 1층에 있으며, 원룸이고 용도가 근린생활시설이고, 보증금 500만 원 이하로 구해 달라고 하면 그런 게 어디 있냐고 비웃는 경우도 있다. 찾아보지도 않고 하는 소리다. 원룸 1층은 대부분 근린생활시설로 되어 있다. 원룸에 배달음식점을 차리는 게 좋은 이유도 거기에 있다.

첫째, 우리의 주 고객은 유동 인구가 많은 먹자골목이 아니다

집에서 편하게 쉬고 있는 주거 밀집 지역이다. 원룸은 보통 주거 밀집 지역에 있어 배달료를 아낄 수 있어 참 좋다. 그렇게 나는 보증금 300만 원, 월세 25만 원(저렴한 이유는 근린생활시설 용도라 1층에 돌출되어 있어 주거용으로 살면 프라이버시가 전혀 없다. 그래서 비어있는 곳이 많다)짜리 1층에 있는 음식점을 할 수 있는 상가를 구했다.

둘째, 원룸은 어디를 가나 풀 옵션이다

하지만 시스템 에어컨, 벽걸이 TV, 삼성 그랑데 세탁기와 건조기 일체형 등 이런 건 없다. 기대하지 마라. 그래도 내가 풀 옵션이라 하는 것은 가스레인지, 주방 후드(음식 냄새 빼는 환풍기), 싱크대, 수도, 화장실, 보일러, 에어컨, 도배 등 기본적으로 되어 있다. 물론 낡은 거지만 말이다. 당신이 원룸에 음식점을 차리지 않고 상가에 차려봐라. 아~무 것도 없다. 에어컨, 난방시설, 싱크대, 수도, 도배, 주방 후드, 이것만 설치해도 수천만 원은 든다. 그리고 1층 상가라면 보증금도 많고 월세가 비싸다. 또한, 권리금 있는 상가도 많다. 근린생활시설 원룸에 음식점 차리는 것만으로 몇천만 원을 아낄 수 있다.

셋째, 인테리어 비용이 들지 않는다

일반 상가에 음식점을 차리면 바닥공사부터 모든 시설을 해야 한다. 어떤 상가는 정화조도 안 되어 있어 오·폐수 시설은 물론이고 수도 배수구도 없어 하나부터 열까지 전부 공사해야 하는 곳도 있었다. 근린생활시설 원룸도 앞서 말했듯이 풀 옵션이라 하지 않았던가. 모든 게 다 되어 있다. 심지어 벽마다 콘센트를 꼽을 수 있게 되어 있다. 냉장고, 주방기기 등도 굳이 업소용 냉장고로 살 필요 없다. 나는

500만 원 중, 보증금 300만 원을 쓰고 남는 200만 원으로 주방기기, 집기류, 음식 재료, 포장지, 배달 앱 광고료를 충당했다. 냉장고는 중고 플랫폼에서 무료로 구했다. 이사 가는 날 의외로 냉장고를 버리거나 무료 나눔이 많다. 왜냐하면 이사가는 새집에 새 냉장고를 대부분 구매하기 때문이다. 양문형 냉장고라 엄청나게 크고 좋았다. 작업 다이는 5,000원짜리 책상을 중고로 구매하고 POS는 구매하지 않고 집에 있는 컴퓨터를 사용했다. 원룸에 라꾸라꾸 침대도 중고 플랫폼에서 구해 24시간 배달 앱을 켜놓고 장사하며 먹고 자고 했다.

두 번째, 상호명 결정하기

상호명을 결정할 때 추후 프랜차이즈도 생각해야 하고 법적으로 보호 받으려면 식별력이 있는 상호를 결정해야 한다. 김밥천국은 누구나 사용할 수 있는 상호였기 때문에(식별력 없는 상표는 누구나 사용할 수 있어야 해서 법적으로 보호 받을 수 없다) 법적인 제재를 할 수 없어 너도나도 김밥천국을 따라 했던 것으로 기억한다.

누구나 사용할 수 있는 식별성 없는 단어란, 원조, 최고, 지역명, 관련이 있는 음식 이름 등이다. 상호를 특허청에 상표 등록하면 누구도 상표등록권자의 허락 없이 사용할 수 없다. 만약에 당신이 타코야키 장사를 하는데 내가 타코야키를 특허청에 상표 등록하여 당신에게 타코야키를 사용하지 말라고 내용증명도 보내고 더 이상 사용하면 손해배상도 청구한다면? 얼마나 억울하겠나 음식 이름을 사용하지 말라니 아마 잠도 못 잘 것이다. 원조, 최고 등도 마찬가지다. '음식이 맛있다'

고 인식되어 누구나 사용하는 단어로 특허청에서 개인이 단독으로 쓸 수 있게 허가를 내주지 않을 것이다. 김밥천국이라는 상호명도 보면 '김밥'은 음식 이름이고 '천국' 또한 천국의 맛 최고의 맛 등으로 천국이라는 단어는 '최고'라고도 표현할 수 있어 식별성이 없어 상표등록이 거절되어 누구나 사용할 수 있게 된 것이다. 사업이 성공하더라도 이런 사소한 것 하나 때문에 망할 수도 있다. 또, 떡집 이름을 루이비떡이라 상호명을 지은 떡집 사장도 루이비통에서 상표법 위반으로 고소를 당한 적 있다. 루이비통은 패션 브랜드이고, 떡은 음식인데 무슨 관련이 있어 고소를 당한지 의문일 것이다. 유명한 브랜드뿐만 아니라 웬만한 기업은 모든 업종, 제품군에 상표를 모조리 등록한다. 추후 새로운 분야에 진출할 수도 있고, 다른 업종이라도 자신의 브랜드를 다른 사람이 마음대로 쓰다가 브랜드 이미지에 타격받는 것을 원하지 않는다. 그러니 부자 되는 것이 얼마나 힘들고 어려운 것인가(신문, 뉴스에서 본 것 빼고 20~30대에 불알 두 쪽만으로 부자 된 사람은 나는 보지 못했다. 부자는 40대부터 된다. 부자는 몇 살에 되는 게 좋을까? 294p 참조).

상호명을 정했어도 이미 특허청에서 등록된 상표는 사용할 수 없다. 특허청에 등록되어 있는 것도 모르고 상호명이 마음에 든다는 이유로 사용하다 손해배상은 물론이고 운 나쁘면 구속도 될 수 있다. 등록된 상표를 상표권자 허락 없이 무단으로 사용하면 7년 이하의 징역과 1억 이하의 벌금을 받을 수 있다. 생각보다 형량이 무겁다. 그러니 상호명을 결정할 때는 신중해야 한다. 상호명을 정할 때, 등록되어 있는 상표도 고려해 상호명을 몇 가지 정하고 전문가에게 상표등록이 가능한지 조언을 얻어야 한다.

인터넷에 '상표등록'이라고 검색하면 여러 특허법률사무소가 나온다. 10군데 정도 전화해서 당신이 정한 상호명을 몽땅 불러주고 상표등록이 가능한지 문의 해라 상표검색은 전문가가 무료로 해주기에 눈치 보지 않아도 된다. 가능성이 높고 마음에 드는 상호를 결정했다면 특허청에 가서 직접 등록신청 해 봐라 전문가에게 맡겨도 큰돈이 들지는 않지만, 모든 사업에 있어 이름(브랜드)이 제일 중요하다. 직접 등록도 해 봐야 경험도 쌓이고 당신의 사업에 있어 무조건 도움 된다. 그리고 전문가에게 맡기면 약 상표출원부터 등록까지 1개당 50만 원 정도 발생한다. 그 비용도 아낄 수 있다. 상표 등록하는 게 생소하고 처음이라 어려울 것 같다고? 특허청 가 봐라(특허청은 대전, 서울에 있다). 하나부터 열까지 다 알려준다. 알고 나면 초등학생이 할 정도로 쉽다.

모든 업무는 A/S 센터 직원이 제일 정확하고 제일 잘 알려준다. 나는 무슨 일이든 사업할 때 모르는 분야는 전부 A/S 센터 직원에게 물어보며 시작했다. 상표를 신청했어도 등록까지 심사를 거쳐야 하니 약 1년 정도 걸린다. 그렇다고 상표 등록되기 전 사업을 하고 있기엔 법적으로 문제가 될 수 있다. 상표를 빠르게 등록할 수 있는 '우선심사'라는 제도가 있다. 추가 비용을 내고, 사업을 준비 중이거나 영위하고 있다는 증거자료를 특허청에 제출하면 된다. 그리고 3~5개월 정도면 등록해주는 제도인데 사업자등록증만 제출하면 우선심사를 신청할 수 있다.(자세한 것은 특허청에 문의해라. 특허청 고객센터 1544—8080)

상표등록이 사업에 있어 매우 중요하여 장황하게 설명하였다. 그만큼 어떤 사업이든 상표등록은 필수이다. 당신이 만약 힘들게 맛집 랭킹이 되었는데 상표등록이 안 되어 있어 다른 사람이 당신의 음식점 이름을 그대로 따라 해서 당신의 음식점 바로 옆에 차린다면? 고객들이 바로 옆집이 맛집 랭킹인줄 알고 음식을 사 먹어 당신 음식점의 매출이 떨어진다면? 법적으로 해결할 수 없어 미치고 환장할 것이다. 영업비밀 보호에 관한법률 및 부정경쟁 방지법으로 법적인 제재를 할 수 있는 법 조항이 있지만 실제로 영업비밀 보호에 관한 법률 및 부정경쟁 방지법으로 제재하긴 힘들다. 그 이유는 국내에서 널리 알려져 주지 저명해야 하고, 사용기간, 방법, 사용량, 거래 범위, 매출 등 사회 통념상 객관적인 근거가 있어야 한다.

즉, 당신 음식점이 매우 유명해야 하고, 따라하는 음식점이 어디서부터 어디까지 따라 했는지도 밝혀내야 한다는 말이다. 실사례로 1983년부터 서울 종로구 경복궁 인근에서 40년째 영업 중이고, 최근 10년간 평균 100억 원대 연 매출을 내고 있는 '토속 삼계탕'을 따라하여 2020년 12월부터 서울 중구에서 운영 중인 '엄마 토속촌 삼계탕'은 토속촌 삼계탕 앞에서도 가맹점을 모집한다는 공고를 붙이기도 했다. 이에, 토속촌 삼계탕은 엄마 토속촌 삼계탕을 상대로 아주 비싼 돈을 지불해가며, 법무법인 태평양을 법률 대리인으로 선임하고 동일·유사한 상표(상호)를 무단으로 사용했다며 고소를 하였다. 기나긴 재판 끝에 간신히 영업 비밀 보호에 관한 법률 및 부정경쟁 방지법으로 제재를 할 수 있었다.

애초에 상표등록만 했으면 비싼 돈을 지불해가며, 법률대리를 맡길 필요도 없었고, 남들이 따라하지도 못하고 따라 한들 바로 법적인 제재가 바로 가능했다. 내가 하고 싶은 말은 토속 삼계탕 정도로 유명해야 상표등록이 되어 있지 않아도 영업 비밀 보호에 관한 법률 및 부정경쟁 방지법으로 간신히 인정받아 법적인 제재가 가능하다는 말이다. 그러니 무슨 사업을 하던 상표등록이 필수다. 영업 비밀 보호에 관한 법률 및 부정경쟁 방지법으로 법적으로 모두 제재가 되었다면 음식 메뉴 중 히트치고 있는 음식을 너도 나도 따라하지 못했을 것이다. 결국엔 상표등록으로 제재할 수밖에 없다. 또한 프랜차이즈 본사에서 가맹점에게 로얄티를 받는데 뭐 때문에 로얄티를 받는지 알고 있나? 바로 등록된 상표를 사용하는 대가로 받는 것이다. 이제 상표등록의 중요성을 알았겠지? 아… 그리고 상표출원이 안 되어 있으면 공정거래위원회에서 가맹 등록도 안 해준다. 참고해라.

세 번째, 세팅하는 방법

배달 전문점을 차리고 배달앱에 광고를 해도 주문이 바로 들어오는 것이 아니다. 처음 시작은 리뷰 0개, 별점도 0점으로 시작하니 한 번도 주문해 본 적 없는 당신 가게에 누가 선뜻 시켜 먹는단 말인가? 리뷰도 별점도 0점 아닌가?

첫 번째로 중요한 것은 리뷰 수랑 별점이다. 리뷰, 별점은 주문한 고객들이 달아 주는 거라 어쩔 수 없다. 하지만 메뉴 사진, 사장님 글,

리뷰이벤트 등은 당신이 하는 것이다. 메뉴 사진은 고객이 주문할 때 중요하게 보는 요소 중 한 가지이다. 핸드폰 카메라로 대충 찍지 말고 전문가에게 요청해라. 메뉴사진 만큼은 돈을 아끼지 말아라. 크몽이나 숨고 등에서 요청하면 생각보다 저렴한 금액에 사진을 찍고 포토샵까지 해주어 먹음직스럽게 해준다. 아니면 배달 앱에서 무료로도 메뉴 사진을 찍어 주니 이용하면 좋다. 지인 중에 사진을 잘 찍고, 포토샵도 잘하는 사람은 주변에 1명씩은 꼭 있다. 절대 맡기지 마라. 전문가 보다 형편없다. 괜히 전문가겠는가? 돈도 생각보다 많이 줘야 한다. 돈 잃고 지인도 잃지 말길 바란다. 사장님 글은 내가 생각하기에 정말 중요하다. 다들 보면 대충 남기는 음식점들이 많은데 왜 그런지 이해를 못 하겠다. 나는 음식점 할 때 고객들이 주로 여성들이 많아 모성애와 동정심을 유발했다. 내가 볼 땐 내 얼굴이 괜찮아 훈남 사장님이 정성스럽게 만든 음식이니 한 번만 시켜 달라고 글도 쓰고 내 사진도 올리고 했었다. 당신도 컨셉을 잘 잡아 글을 쓰길 바란다. 고객들이 안 보는 것 같아도 재미있고 재치 있는 글은 다 본다. 리뷰이벤트도 중요 요소 중의 하나다. 내가 할 당시만 해도 리뷰이벤트로 주는 것은 고작 캔 음료, 1,000원 할인, 사리 추가 등이 전부였다.

맛집 랭킹들을 봐라. 리뷰이벤트부터 다르다. 고객이 재주문을 안할 수 없게 만들고 리뷰에 별점 5점을 안달 수가 없게 만든다. 나는 리뷰이벤트로 메뉴 1가지를 서비스로 줬다. 그리고 리뷰를 달던 달지 않던 무조건 메뉴 1가지를 서비스로 줬다. 메뉴 1가지를 팔면 3,000원이었다 그럼 1,000원 할인해주는 게 손해인가 메뉴 1가지를 주는 게 손해인가? 당연 1,000원을 할인해주는 게 손해이다. 사장은 판매가를 생각하는 것이 아니라 원가를 생각해야 한다. 메뉴 1가지 원가는 90원이다. 다시 묻겠다 어떤 것이 더 손해인가? 고객 입장에서도 1,000원 할인은 와닿지도 않고 성의도 없어 보인다. 타코야키 1인분 10알 정도에 8,000원이라면 원가가 얼만지 생각해 보고 5알이든 리뷰이벤트로 줘라. 대박 난 족발집도 족발 주문하면 리뷰이벤트로 족발 크기를 업그레이드하여 줬다.

리뷰이벤트 나갈 때 편지글도 중요하다. 장사 초반에 주문 없을 때 나는 고객 한 분마다 손 편지글을 썼고 전화도 해서 "제가 장사는 처음이라 부족한 게 많습니다. 그렇지만 정성스레 만들었습니다. 드셔 보시고 부족한 게 있으면 바로 연락해주시면 시정하겠습니다. 바쁘신데 죄송하지만 리뷰 및 별점 5점 꼭 부탁드립니다"라는 식으로 전화하면 리뷰를 정성스레 달아주시고, 별점 5점도 주신다. 처음이고 간절해 보이고 착하다고 생각되면 도와주고 싶고, 실수해도 이뻐 보이는 법이다. 그리고 별점도 0점이고 리뷰 수도 0개인 당신의 음식점에 음식을 주문하는 고객들은 보통 그 지역에 토박이 이거나, 배달 음식을 많이 시켜 먹는 사람이다. 이런 사람들의 특징은 새로운 맛집을 찾는 것을 좋아하고 새로운 맛집을 찾으면 지인들에게 소문을 낸다. 이런 사람들에게 무조건 합격점을 받아야 된다. 그래야 맛집 랭킹에 들 수 있는 초석이 된다. 처음 신장개업하고 손에 익지 않아 주문이 몰리면 실수(음식을 대충 만든다든지, 사이드 메뉴를 누락한다든지, 숟가락 젓가락을 빼먹는다든지, 포장지에 음식 자국을 묻힌다든지 등등)를 할 수도 있다. 초반에 음식 주문을 1개 더 받는 것이 중요한 것이 아니다. 맛집이 되느냐 안되느냐는 오픈 초기에 벌써 판가름 난다. 매출은 신경쓰지 말고 한 분 한 분에게 최선을 다해라. 주문이 몰리면 욕심부리지 말고 오히려 품절을 걸어라. 또한, 배달 앱에 모든 음식점들은 배달료를 포함한 음식 가격을 표기한다. 보통의 음식점 사장들은 배달료가 너무 비싸 일부 부담하기도 한다. 그리고 고객도 배달료가 비싸면 시키지 않는다. 음식 가격이 10,000원이고 배달료가 7,000원이면, 배달 앱에서 합계 금액은 17,000원이다. 고객 입장에선 음식 하나 시키는데 17,000원이 든다면 상당히 부담이 될 것이다. 사장 입장에선 음식 가격이 10,000원일 때 재료비 인건비 등을 제외하면 얼마 남지도 않는다. 그리고 배달료는 사장이 갖는 돈도 아니고, 고객이 편의를 위해 배달음식을 주문하는 것이므로, 당연히 배달료는 고객이 부담하는 것이라 생각하는 사장과 고객 간에 딜레마 또는 모순에 빠진다.

그래서 지금 든 생각인데 내가 만약 다시 배달 전문점을 한다면 배달료를 뺀 음식 가격만 배달 앱에 표기하고 배달료는 고객에게 "배달료가 얼마 나올지 나도 몰라 배달기사가 오면 직접 줘라"고 조삼모사 마케팅을 할 것이다. 17,000원을 한 번에 결제하는 것과 음식값 10,000원, 배달료 7,000원을 각각 결제하는 것은 별거 아니라 생각하면 안 된다. 천지 차이다. 음식값만 받으면 일단 고객은 음식값이 상당히 저렴하게 생각한다. 그리고 고객에게 배달료를 배달기사에게 직접 결제하게 하면 고객은 음식점을 투명하게 생각하고 배달료는 당연히 고객이 결제하는 것으로 인식이 바뀐다. 고객은 배달료가 훨씬 저렴한데 배달료를 음식점 사장이 더 높게 측정하여 배달료를 더 챙기는 것이 아닌지 항상 불신에 차 있다. 이런 이치만 깨달아도 돈은 조만간 뭉터기로 굴러들어 온다.

아직도 마케팅을 할 줄 모르고, 어렵게 생각하고, 이미 누구나 다 하고 있다 보는가? 세상은 항상 딜레마와 모순의 연속이다. 딜레마와 모순을 정확히 꿰뚫고, 딜레마와 모순을 해결해야 돈이 들지 않는 진정한 마케팅이라는 아이템을 장착할 수 있다(마케팅 홍보하고 싶은데 돈이 없을 때 176p 참조).

네 번째, 서비스

이건 말하면 입 아프다. 그런데도 서비스를 제대로 하는 배달 전문점을 많이 못 봤다. 친절한 멘트, 나긋나긋한 말투 이건 당연하다. 당연한 것을 서비스라 하지 말자. 서비스란 감동을 주는 게 서비스다. 남들 다하는 것을 하면 그게 서비스냐? 당연한 거지, 내가 예를 하나 들어 보겠다. 배달 음식을 시켰는데 고객이 머리카락이 나왔다고 전화 왔다. 긴 머리카락이고 갈색으로 염색이 되어 있다. 누가 봐도 내 것은 아니다. 난 머리도 짧고 검은색 머리니까. 당신이라면 어떻게 대처할 것인가?

1. 내 머리카락 아니다, 그러니 그냥 먹어라. 안 죽는다.
2. 아 그래요? 환불해 드릴게요. 죄송해요.
3. 정말 죄송합니다. 혹시 사진 좀 찍어서 보내 줄 수 있나요? 사진 보니깐 저희 머리카락이 아니에요. 저희는 엄청 청결하게 음식을 만드니까요, 그래도 환불은 해 드릴게요.

보통은 셋 중 하나일 것이다. 만약 당신도 셋 중에 하나라면 답이 없다.

첫 번째 유형은 욕도 아깝다. 그냥 나가 죽어라.

두 번째 유형은 고객 입장에서는 기분 나쁘다 '돈으로 해결하려고 하네…? 그럼 나의 아주 중요한 식사 시간을 망쳤으니 정신적 피해 보상도 받아야겠어. 제대로 한번 싸워보자' 고객 잃고 돈 잃는다.

세 번째 유형은 이제 갑을이 바뀐다. 사장은 탐정이 되고, 고객은 범인 취급받는다. 움직이지 마! 범인은 이 안에 있어! 나도 음식 먹을 때 머리카락이 나와 몇 번 따져 봐서 안다. 그냥 먹어도 안 죽는 거 알고 환불 안 해줘도 된다. 이런 사소한 거에 내 감정 낭비하지 않고 오늘 하루도 좋은 기분으로 보낼 수 있게 진심 어린 사과를 받고 싶을 뿐이다. 나는 컴플레인 전화가 오면 순진한 어리바리 사장이 된다. 말도 살짝 더듬는다. "머… 머리카락이요…? 죄… 죄송합니다. 어… 어떻게 해 드릴까요? 원하시는 대로 다 해드릴게요…"라고 하면 99%는 "아니에요. 그냥 먹을게요. 그럴 수도 있죠"라고 한다. 그러면 나는 다시 정중한 말투로 "다음에 주문해주실 때 사장님에게 보내는 글에 멘트 남겨

주시면 서비스 왕창 드릴게요, 감사합니다. 열심히 살겠습니다!!" 이렇게 하면 4가지 이익이 생긴다. 환불도 막고, 재주문도 일어나고, 고객은 나의 서비스에 감동하여 충성고객이 되고, 주변 사람들에게 우리 음식점을 입이 닳도록 칭찬하고 다닌다. 서비스는 말 한마디에 천 냥 빚을 갚는다. 명심해라. 간혹 말도 안 통하는 진상이 있다. 진상은 말대꾸하는 것을 엄청나게 싫어한다. 그리고 말꼬리 잡아 성질만 나게 하고, 바빠 죽겠는데 전화를 끊으려 하지 않는다. 내가 했던 방법은 절대 끝까지 말대꾸하지 않고, "죄송합니다. 제가 처음이라 고객님에게 실수했습니다", "죄송합니다. 원하시는 것이 있으시면 무엇이든 하겠습니다" 이 말만 적절하게 섞어 가며 반복했다. 얼마 안 있다가 스스로 화를 풀더니 다시 가져다 달라해서 주문한 거보다 서비스를 듬뿍 드렸다.

그리고 나서 바로 리뷰가 달렸는데 살다 살다 그렇게 정성스레 찍은 사진과 장문의 리뷰는 처음이었다. 진상들은 본인이 더 잘 안다. 본인 성격 받아줄 곳 없다는 것을 말이다. 진상들은 적이 될 때는 무섭지만 내 편이 될 때 그렇게 든든하다.

마지막으로 디테일이다. 귀찮다고 힘들다고 장사가 잘된다고 대충하면 안 된다. 명품과 가품 차이는 디테일 차이다. 명품이 되어라.

다섯 번째, 가맹 사업

맛집 랭킹이 되면 가맹 문의도 많이 올 것이다. 하지만 가맹 사업은 준비 없이 무턱대고 가맹점을 받으면 안 된다. 작게 가게를 운영하는 것은 법적으로 크게 문제가 되지 않지만, 가맹 사업은 다르다. 민·형사에 휩싸이기 쉽다. 자칫 잘못하다 형사처벌(구속)을 받을 수도 있고 손해 배상도 물어줘야 될 수도 있다. 이쯤 되면 '몰랐다고 알면 내가 그랬겠냐, 누구도 알려준 사람이 없었다. 억울하다' 이런 말들이 전혀 통하지 않으며 오히려 괘씸하게 봐서 괘씸죄가 추가 될 수도 있다. 그러니 이제 정신 똑바로 차려라. 성공의 초입에 들어섰지만 여기서 무너지면 끝없이 추락한다. 어쩌면 일어나지 못하는 회복 불능 상태에 빠진다. 나 봐라, 뭣도 모르고 했다 콩밥 먹고 있다. 그래도 어쩌겠는가? 부자가 되려면 모든 함정과 지뢰를 피하고 이겨내야 한다.

그래서 잭의 사업 철학 다섯 번째, '합법적인 사업을 해라' 처럼 법적으로 문제가 없어야 한다. 문제가 없으려면 법을 잘 알아야 하고 가맹 사업할 때 법적인 등록은 문제없이 해야 한다(대 법전을 사서 읽어라. 모든 사업의 유의사항이 다 담겨 있다. 읽다 보면 재미있다. '아… 이런 것도 있구나 신기하다'며 감탄사가 수없이 나올 것이다). 법적인 등록은 가맹거래사와 충분히 상담해라. 우리나라 법은 애매모호한 게 많아서 같은 글인데도 누가 보는 관점에 따라 해석이 달라 여러 가맹거래사와 상담해야 한다. 상담은 무료이니 눈치 볼 것 없다. 염치없다는 둥, 눈치 보인다는 둥, 남에게 피해주기 싫다는 둥 그런 생각에 사로잡혀서는 성공할 수 없다. 부딪치고 깨져야 원석에서 값비싼 보석이 되는 것이다. 2021년인가? 법이 바뀌어서 요식업은 사업자등록증 내고 1년이 지나야 가맹등록을 할 수 있을 것이다. 예전엔 사업자등록증만 발급받으면 바로 해줬는데 무분별하게 가맹 등록을 하여 돈 없고 선량한 서민들이 부실한 가맹회사에 속아 창업하여 피해를 본다나?(정부가 서민들을 위해 규제하는 것은 좋은데 그럼 돈을 누가 벌어서 나라 경제에 보탬이 되나 갈수록 규제가 많아지니… 문제다. 그러니 사업할 때 미국에선 하지 말라는 것 빼고 다 해도 되고, 한국에선 하라는 것만 해야 된다는 말이 나왔지) 편법도 있으니, 가맹거래사와 잘 상의해 봐라. 그런 것까지 알려주고 싶지 않다.

이제 상표등록 및 가맹등록도 했으니, 법적으로는 딱히 문제 될 게 없을 듯 하다. 하지만 준비할 것이 또 있다. 가맹점주와 분쟁이 생기지 않으려면 계약서, 정보공개서, 영업지역, 물류 공급, 교육 등 완벽해야 가맹점주와 계속 좋은 관계를 유지 할 수 있다. 한 번도 가맹 사업을 하지 않는 당신은 벌써부터 배우지 않아 내가 할 수 있는 일이 아니라며 지레 겁먹었을 것이다. 사업은 항상 배우지 않은 일을 해야 한다. 항상 처음이고 고난의 연속이다. 이게 싫으면 상사가 다 알려주는 직장 생활을 해라.(뭐 상사의 갈굼은 잘 참아야 하겠지만) 직장 생활은 희망이 없고 성공하기 어려워, 사업을 해야 성공할 수 있어 사업하려고 마음먹지 않았는가? 물론 직장 생활해서 월급 모아 재테크해서 성공할 수는 있지만 현실적으로 힘들다. 나는 순자산 천억이 있어야 부자라 생각한다. 직장인 월급으로 재테크해서 천억을 벌려면… 음… 예전에는 가능했을 수도 있다. 우리나라는 고속으로 경제성장 중이어서 부동산이든 주식이든 가파르게 올랐기에 가능하지만, 지금은 어떤가? 나는 이제 부동산이 버블로 사라질 것 같다. 아파트는 계속 짓고 우리나라 인구는 계속 줄고 결국엔 미분양 사태가 속출할 것이다. 우리나라에 1,000만 원도 안 되는 아파트가 즐비하다. 2024년 기준 매매가 600만 원짜리 아파트도 있다. 2023년 화성, 김포 단지 내 90억짜리 30실 규모에 새 상가가 임대가 되지 않아 40억에 통째 매물로 나왔고, 경기 오산의 20실 규모의 한 오피스텔 상가도 75억에서 45억으로 통째 매물로 나왔다. 부동산 호황기 때 쏟아졌던 지식산업 센터가 대거 미분양 사태를 빚으면서 현재 애물단지로 전락했다. 상가 건물주들은 하나같이 얘기한다. "임대료는 10년째 제자리고 대출이자는 2배로 급증했다" 하소연한다. 인구는 계속 감소하고, 건물은 계속 짓고, MZ세대는 천정부지로 높은 집값으로 평생 모아도 사지 못하는 집을 포기하고 인생을 즐기며 삶의 질을 높이고 있다.

최근 세계 전역에서 빈집이 급격히 증가하고 있다. 일본엔 100엔짜리 집이 넘쳐나며, 심지어 미국에선 집을 버리는 좀비 주택 현상이 확산되고 있다. 주거비 부담으로 셰어 하우스(무주택자 중 정식으로 임대차 계약을 맺지 않고, 월세를 납부하여 거주하는 형태)에 거주하는 가구가 늘어나는 추세이다. 맥킨지 국제 연구소에 따르면 2030년 세계 부동산 가치가 1조 3000억 달러(약 1,700조 원)가 감소할 것으로 분석했다.

나는 부동산 매매하는 것을 추천하지 않는다. 그래도 사람마다 성향이 다르듯 부동산 투자가 자신한테 맞는 사람도 있다. 부동산이 당신에게 맞으면 부동산 관련 사업 및 투자를 해도 좋다. 그리고 서울에 있는 아파트는 아직 괜찮을 듯하다. 그러나 지금 괜찮다는 말이지 당신이 돈을 벌기 시작하고 투자할 때쯤이면 아파트도 상권 부동산처럼 위험해질 수 있으니 신중해라. 부자가 되려면 무조건 사업을 해야 한다. 너무 걱정하지 말아라. 사업하는 거 어렵지 않다. 처음 하는 거라 생소해서 몸에서 거부반응부터 일어나는 것뿐이다(거부반응을 이겨내야 성공할 수 있다). 다행히 여긴 정글 한복판도 아니고 무인도도 아니다 당신의 간절함으로 염치없다 생각하지 말고, 눈치 보지만 않으면 자문을 얻을 사람들은 많다. 이 방법은 세상을 깨닫는 이치(세상의 이치 - 돈 버는 이치와 같다 편 128p 참조)에도 연관 있는 법이다. 예를 하나 들어보자, 당신이 길을 걷고 있는데 7살짜리 꼬마애가 길에 버려진 쓰레기를 주워 쓰레기통에 버리고 있다. 당신은 속으로 그 꼬마가 기특하다고 생각할 것이다. 이제는 그 꼬마가 손을 쭉 뻗어도 닿지 않는 쓰레기가 있어 당신에게 꼬마가 부탁한다. "손이 닿지 않아서 그러는데 저 쓰레기 좀 주워 주실 수 있나요?"라고 당신에게 부탁한다면, 당신은 어떡할 것인가? 방긋 웃으며 어린 나이에 기특하다는 말과 함께 손이 닿지 않는 꼬마가 부탁한 쓰레기를 주워 줄 것이다. 그때 당신의 마음은 어떠한가? 왠지 선행을 한 것 같아 기분이 좋아질 것이다. 사람은 누구나 똑같다. 당신이 하려는 사업에 아무것도 몰라도 괜찮다. 7살짜리 꼬마처럼 가맹 사업에 대해 잘 아는 사람에게 메일을 보내거나 연락하면 당신이 꼬마 도와주듯 기특하게 생각하며 도와 줄 것이다. 나도 가맹 사업 시작할 때 아무것도 할 줄 몰라 현재 가맹 사업을 하고 있는 대표들에게 무작정 전화해 사정을 말하고 알려달라 했다. 나를 잡상인 취급해 전화를 바로 끊는 대표도 있었지만 내 사정을 들은 대표는 나를 기특하게 생각해 노하우를 무상으로 알려 주었다. 그것도 아니면 가맹점 모집하는 회사에 전화해 가맹점 내고 싶다고 하면 영업사원이 와서 친절하게 하나부터 열까지 알려줄 것이다. 사업을 하려면 철면피가 돼야 한다. 전문성이 부족하면 그 분야의 최고를 찾아가 도움을 청해야 한다. 나는 어릴 적 정수기 관련 사업 아이디어가 있어 나 혼자 사업하는 것은 무리라 서울에 있는 청호나이스 본사를 연락도 없이 무작정 찾아갔다. 건물 입구로 막상 들어 가려 하니 갑자기 내 모습이 초라해지고, 너무 무서워 결국 아무것도 못하고 집으로 갔다. 집에 돌아오니 내가 얼마나 한심하고 비참하던지 눈물이 왈칵 쏟아졌다. 내 탓을 하루 동안 한 후 정신이 좀 들었다. 하지만 자존감은 낮아질 대로 낮아진 상태여서 다시는 죽어도 청호나이스 본사를 못 찾아가겠더라… 고민 끝에 쿠쿠전자가 한참 정수기를 판매하고 있어 지방에 있는 쿠쿠전자 연구실에 전화를 했다. 눈 딱 감고, 정수기 아이디어가 있어 쿠쿠전자에 팔고 싶다고 말하니 선임 연구원인지 직책이 높은 사람을 바꿔 주었다. 내 아이디어는 별것 아니었다. 버튼 하나 누르면 커피 용량 및 라면 용량에 물이 맞게 나오는 것과 정수기와 로봇이 결합하여 리모컨만 누르면 물을 가져다 주는게 다였다. 그 선임 연구원은 빙긋 웃으며 아직 학생이죠? 물으면서 나에게 뼈가 되고 살이 되는 조언을 해줬다. 제품 아이디어를 제안하려면 먼저 특허를 등록하고 제안해야지 특허를 등록하지 않고 무턱대고 나의 소중한 아이디어를 아무에게나 말하면 다 뺏길 수도 있다며 삶이 도움이 되는 몇 가지 조언과 함께 오랫동안 통화를 했다(당시 나는 너무 어려 특허등록이 뭔지도 몰랐고, 특허청이 있는지도 몰랐다).

성공한 사람들은 간절한 당신에게 호감을 느낄 것이다. 나처럼 청호나이스 본사 건물 입구까지 가서 한심하게 집에 되돌아오는 짓은 하지 마라. 아직도 두렵고, 쪽팔린가? 아직 내려놓을 것이 남았고, 잃어버리고 싶지 않은 게 남은 건가? 진심은 어딜 가나 통한다. 유비도 제갈량을 얻기 위해 삼고초려를 하였다. 당신도 유비처럼 간절해지길 바란다. 그 분야의 최고는 괜히 최고가 아니다. 능력이 있고 일을 잘해야만 최고가 되는 것이 아니다. 세상의 이치를 깨달은 자만이 최고의 반열에 오를 수 있다. 당신이 진심으로 간절한지는 성공한 최고들은 단박에 알아본다. 절대 당신을 외면하지 않을 것이다. 외면당하는 경우는 도와주고 싶은데 도저히 시간이 안 나거나 당신이 진심으로 간절하지 않고, 잿밥에 눈이 어두워서일 테다. 성공한 사람과 인맥을 만들어 돈을 벌어 보겠다는 흑심은 버려라, 성공한 사람은 당신이 진심인지 흑심인지 몇 마디 대화로 간파한다. 7살 아이가 당신에게 거짓말하는 것과 같은 이치이다. 스티브 잡스도 이런 말을 했다.

"전화해서 도움이 필요하다고 말했을 때 이를 거절한 사람은 단 한 명도 없었다. 그런데도 사람들은 전화 걸지 않는다. 그것이 성공한 사람과 그저 꿈만 꾸는 사람의 차이다."

성공한 사람에게 조언을 부탁하려 메일을 보내거나 전화할 때 당신의 진심을 전해지게 있는 그대로의 모습을 보여 주면 된다. 너무 어려워하지도 말고, 너무 예의를 차리려 하지 않아도 된다. 다만, 허세를 부리거나, 오만해하면 안 된다. 거짓말은 시간이 지나면 들통나기 마련이다. 성공한 사람도 성공하기까지 수많은 실패와 좌절을 겪었기 때문에 당신 같이 돈 하나 없고, 열정 가득한 사람을 좋아한다. 인간은 남을 가르칠 때 보람을 느낀다. 하물며 간절한 사람을 가르칠 때면 더 큰 보람을 느낀다. 그러니 두려워하지 마라. 성공한 사람도 당신과 같은 인간일 뿐이다.

내 경험을 하나 더 알려주자면 음식점이 잘된다고 나도 백종원이 될 수 있다는 착각에 소스부터 음식까지 개발하고 제조 공장도 설립하려 했다. 절대 제조는 손대지 말아라. 돈 먹는 하마이다. 그냥 기성 제품 써라. 제조공장이 하도 많아 원하는 맛을 다 얻을 수 있다. 음식도 개발하려 하지 마라. 그런 것으로 돈 벌기도 힘들고 돈도 많이 든다. 기껏 만들었는데 안 팔리면 다 폐기 처분해야 하고, 한 번 만들 때 대량으로 만들어야 해서 손해도 어마어마하다. 그리고 물류는 3PL로 해라 내가 물류창고도 지어 보고 화물차 기사도 채용해 봤는데 3PL이 최고다. 초기비용도 들지 않고 가맹점에 판매한 물품에 10% 정도만 후불로 3PL 물류회사에 지급하면 되서 부담이 안 될 것이다(3PL이 뭔지 모르면 유튜브나 인터넷에서 검색해라). 잘나간다고 깝죽거리지 말고 겸손, 더 겸손해라.

잭의 사업 철학 5가지 - 배달 전문 음식점

첫 번째, 돈 없이 할 수 있는 사업

배달 전문 음식점을 하려면 음식을 만들 상가(원룸), 식자재, 광고료 등 초기 자본이 약 500만 원 정도가 필요하다. 500만 원 중 300만 원은 상가 보증금이다. 보증금은 추후 돌려받는 돈이다. 내가 갑자기 드는 생각인데 음식 장사하는데 필요한 500만 원도 설마 없을까? 하는 생각이 든다. 500만 원 가지고 음식 장사하는 것은 돈도 아니다. 보통 음식점 창업하는데 초기 자본이 수천에서 수억이 든다. 정 돈이 없으면 아무 아르바이트나 하면 2~3달이면 500만 원이 모인다. 소상공인으로 대출받는 방법도 있지만 대출받지 말고 그냥 일해서 돈을 모으고 해라. 빚지고 하는 사업은 언젠간 당신의 목줄을 끊을 것이다. 수천에서 수억은 가지고 있는 사람은 많이 없지만 500만 원은 조금만 노력하면 벌 수 있다. 인간적으로 음식 장사하는 데 500만 원도 없다고 계속 찡찡거린다면 내가 더 이상 해줄 말은 없다.

두 번째, 누구나 할 수 있는 쉬운 사업

음식장사는 어렵게 생각하면 한도 끝도 없이 어렵다. 그 이유는 고정관념 때문이다. 기존에 생각하고 있는 고정 관념만 버리면 정말 쉽다. 쉐프가 만드는 요리를 만들라는 것이 아니다. 타코야키처럼 기존에 있고 만들기 쉬운 음식점을 찾아 따라 만들라는 것이다.(음식 만드는 법은 인터넷이나 유튜브에서 찾아보면 다 있다) 음식 만드는 법이 쉬울수록 가맹점 모집도 쉽다. 음식이 상품화되어 있고, 밀키트로 되어 있어야 가맹점주에게 조리법을 알려주기도 쉽고, 무엇보다 물류를 공급하여 남기는 마진이 상당히 크다.

세 번째, 돈이 바로 되는 사업

배달 전문 음식점은 배달 앱에서 주문이 99.9%가 발생한다. 고객이 배달음식을 주문할 때 선결제로 주문한다. 보통 일주일에 한번 배달 앱에서 정산을 받는다. 신선식품(샐러드, 과일 등)이 아니라 비교적 유통기한이 긴 식품이 대부분이라 재고 부담도 많이 되지 않을 것이다.

네 번째, 망해도 리스크 없는 사업

배달 전문 음식점을 하다가 혹시 망하더라도 애초에 돈이 많이 들지 않았기 때문에 손해도 많이 없다. 배달 전문 음식점을 하면서 당신이 인테리어를 했는가? 간판을 달았는가? 주방기기도 중고로 구매했으므로 중고로 다시 팔면 된다. 상가 보증금도 다시 돌려받을 수 있는 돈이다.

다섯 번째, 합법적인 사업

배달 전문점은 아직도 많이 하고 있는 장사 중 하나이다. 그만큼 합법적인 사업이라 인증이 된 것이다. 당신이 유통기한 넘긴 재료로 만든 음식을 팔지 않고, 원산지 표기를 속이지 않고, 등록되어 있는 상표만 따라 사용하지 않는다면 법적으로 크게 문제가 되지 않는다.

온라인 광고 대행업

내가 네이버에 클릭당 광고했을 때 부업으로 하면 참 좋겠다 싶은 것이 온라인 광고 대행업이다. 예전에 온라인 쇼핑몰을 운영한 적이 있었는데 하루 평균 광고비가 300만 원이고 많이 쓰는 날엔 500만 원도 쓴 적 있었다. 네이버에 광고할 때는 광고대행사를 주로 통해서 광고를 하는데 내가 쓴 광고비에 15%를 네이버가 광고대행사에 지급한다. 내가 쓴 네이버에 하루 평균 광고비가 300만 원이면 한 달에 1억 잡고, 약 1,500만 원이 광고 대행사로 지급했단 말이다. 지금은 네이버뿐만 아니라 구글, SNS, 유튜브 등에도 광고를 많이 하지만 광고대행사가 지급받는 것은 네이버랑 비슷한 구조일 것이다. 네이버가 광고대행사에게 광고주가 사용한 광고비에 15%를 지급한다는 것을 알고 즉시 광고대행사 사업자를 내고 내가 직접 네이버에 광고를 하고 내가 쓴 광고비의 13%를 매월 지급 받았다. 또 주변에 나와 같이 인터넷 쇼핑몰을 하는 업체들이 많아 모두 내가 온라인 광고 대행을 해주었고 부수입으로 나에게 온라인 광고 대행을 맡긴 인터넷 쇼핑몰 사장님들이 사용한 광고비의 13%도 매월 지급 받았다. 왜 15%가 아니라 13% 받았냐고? 뼈가 되고 살이 되는 이야기니까 집중해라. 아, 그리고 온라인 광고 대행이라 거창하여 나도 처음 접하고 어려울 줄 알았는데 너~무나 쉽다 ㅋㅋㅋ.

네이버에서는 아무나 광고 대행사를 받아주지 않는다. 네이버에 속해 있는 대행사들은 규모가 큰 대행사들이다. 규모가 큰 대행사 밑에 대리 대행사가 있다. 나는 규모가 작아 네이버와 직접 계약을 못 했고, 대리 대행사로 계약하여 광고 대행을 할 수 있는 코드가 나왔다. 나의 인터넷 쇼핑몰 및 나에게 온라인 광고를 맡긴 인터넷 쇼핑몰까지 모두 나의 코드를 입력하고 광고 대행을 하였다.

그리고 내 상위 대행사에서 내게 온라인 광고 대행을 맡긴 광고주들의 광고비에서 네이버에 지급받은 광고비 15% 중 1%를 온라인 광고 대행 코드 발급 조건으로 매월 수수료로 가져갔다. 하지만 나는 온라인 광고 대행을 할 줄 몰랐다. 그래서 나는 1%를 더 줄 테니 내가 요청을 하면 내가 맡은 광고주의 광고를 세팅달라 했고, 내가 모르는 것을 물어보면 알려 달라고 했다. 사실 광고는 세팅만 해주면 끝이다. 네이버에서 광고 시스템을 잘 만들어 놔서 손댈 것이 거의 없었다. TV 광고를 생각해 봐라 광고주가 TV 광고 영상을 보내주면 해당 시간에 TV 광고 영상을 틀어주면 끝이다. 인터넷 광고도 별것 없었다. 알고 보니 초등학생도 할 줄 알 정도로 너무 쉬웠다.

그렇게 나는 손 안 대고 코 풀었고 온라인 광고 대행 명목으로 매달 내가 온라인 광고 대행하는 광고주의 광고비를 13%씩 받았다. 광고는 초반에 세팅만 하면 네이버 자체 광고 시스템인 자동 프로그램이 있어 알아서 자동으로 광고한다. 그래서 부업으로 하기 좋다는 것이다. 주업을 하면서 광고주 1명만 있어도 매달 쏠쏠하게 돈이 들어온다. 내가 온라인 광고에 대해 모르고 초보인데 왜 다른 인터넷 쇼핑몰 사장들은 나한테 온라인 광고를 맡겼겠는가?

그것도 의문점이 들 것이다. 인맥으로 맡겼을까? 그 말도 일부분은 맞다. 그런데 당신 같으면 당신의 온라인 광고를 인맥만으로 맡길 수 있겠나? 당시 광고대행사 직원들이 본인의 수익을 증대시키기 위해 광고주의 광고비가 많이 지출되도록 암암리에 광고 세팅을 했다. 또한 일부로 쓸데없는 영역에 광고 세팅을 해 광고 효과도 미비했다. 광고대행사 직원들은 광고비를 더 써야 한다고 광고주를 부추겨 본인 수익을 더 챙겼다. 그러니 '인터넷 광고는 돈만 많이 들고 효과는 없다'는 말이 나온 것도 과언이 아니다. 나는 온라인 광고 대행업의 이점을 파악해 그동안 쌓은 신뢰를 바탕으로 진실하게 설명하고, 쓸데없는 광고비 지출이 없도록 투명하게 광고 세팅을 해줬다. 나한테 맡긴 광고주들은 한 달이 지나자 놀랐다. 광고비는 줄었고 광고효과는 늘었으니 주변 지인들도 소개를 많이 해주었다. 원래 사람은 끼리끼리 노는 법, 인터넷 쇼핑몰 사장 지인은 대부분 인터넷 쇼핑몰 사장이다.

그리고 사업영역을 더 확장하여 바이럴 마케팅 대행업도 병행할 수 있다. 바이럴 마케팅 중에 블로그 포스팅, 블로그 체험단이 있다. 한 달에 블로그 포스팅 4~5건 대행해주는데 클라이언트(광고주)들에게 보통 100만 원~300만 원 정도 받는다. 블로그 체험단도 마찬가지다. 블로그 포스팅 및 블로그 체험단 모두 외주를 맡기면 되고, 블로그 포스팅 및 블로그 체험단의 외주 비용은 1건당 1~5만 원이다. 블로그 포스팅 및 블로그 체험단을 외주를 하는 프리랜서들은 카카오톡 오픈 채팅방에서 쉽게 구할 수 있다. 이것이 광고 대행업이다. 알고 나면 얼마나 쉬운가….

온라인 광고 대행업을 하는데 땡전 한 푼 들어가지 않는다. 사무실 없이 사는 집에서 사업자등록증을 발급받을 수 있고, 집에서 사용하는 컴퓨터나 당신이 지금 사용하는 핸드폰만 있으면 된다.

잭의 사업 철학 5가지 - 온라인 광고 대행업

첫 번째, 돈 없이 할 수 있는 사업

온라인 광고 대행업도 해외 직구 대행업과 마찬가지로 당신의 집에서 사업이 가능하다. 인터넷 되는 컴퓨터나 노트북이 있으면 좋고 만약 없다면 핸드폰만 있어도 가능하다.

두 번째, 누구나 할 수 있는 쉬운 사업

온라인 광고 대행업을 당신이 직접 하면 어려울 수 있다. 그래서 수익은 좀 포기하더라도 당신의 상위 광고 대행사에게 광고 세팅, 수정, 추가 등 해달라고 부탁하면 된다. 온라인 광고도 한번 세팅하면 네이버 등에서 광고관리하는 프로그램이 자동으로 잘되어 있어 신경 쓸 일이 거의 없을 정도로 쉽다.

세 번째, 돈이 바로 되는 사업

광고주가 네이버 등에 온라인 광고를 하려면 선결제를 해야 한다. 먼저 선결제를 받고 온라인 광고를 시작하는 거라 정산 날에 즉각 돈이 들어온다.

즉, 돈 떼일 리가 없다는 말이다.

네 번째, 망해도 리스크 없는 사업

당신이 광고주의 온라인 광고를 대행해주면서 광고비에 비해 효과가 없어도 광고주가 쓴 광고비 및 손해배상을 물어줄 필요가 전혀 없다. 온라인 광고는 말 그대로 광고주의 상품 등을 온라인 광고를 해줄 뿐 효과에 대해 책임지지 않는 사업이다.

다섯 번째, 합법적인 사업

네이버 등에서 하는 온라인 광고 대행 모두 네이버 등을 거친다. 법으로 문제 되지 않게 모든 세팅을 잘해두었다. 당신이 악의적으로 광고주의 광고 세팅을 하고 돈 욕심이 나 광고주의 광고를 부정클릭(클릭 횟수에 따라 광고비가 부과되는데 악성프로그램 등을 이용해 의도적으로 광고를 클릭해 광고비용을 증가시키는 행위)하여 광고주에게 손해를 끼치지 않는 한 법적으로 크게 문제가 되지 않는다.

해외 상표등록 대행 서비스

해외 상표등록 대행 서비스란 한 나라에서 상표를 등록했다 해서 모든 나라에서 보호되는 게 아니다. 나라마다 같은 상표라도 상표등록이 된 나라만 상표권을 보호를 받을 수 있다. 예를 들어 나이키라는 상표를 한국, 중국, 미국 3개 나라에만 상표등록을 했다면 나이키라는 상표는 한국, 중국, 미국 3개 나라만 보호되고 3개 나라를 제외한 일본, 유럽, 동남아 등 상표등록이 되어 있지 않은 모든 나라에서 나이키라는 상표로 옷을 만들거나 신발을 누구나 만들어서 팔아도 법적으로 문제 제기하거나 손해배상 청구하더라도 상표 등록을 안 했기 때문에 해당 국가에서 법적으로 보호가 힘들 수 있다.

국내 유명한 빙수 전문점인 '설○'도 중국에 상표등록을 하지 않아 중국의 한 업자가 설○을 중국에서 상표등록하고 설○ 간판 달고 빙수 전문점으로 가맹 사업을 하였다. 뒤늦게 중국으로 진출하려던 설○은 많은 돈을 주고 법적 다툼을 하였다. 그래서 국내 기업이나 개인이 해외에 진출해서 본인 브랜드가 새겨진 제품(화장품, 의류, 잡화 등)을 팔려면 진출할 나라마다 상표등록을 해야 남들이 사용하지 못하도록 특허청에서 보호를 해준다.

또한 브랜드뿐만 아니라 회사명, 제품명, 로고 하나하나마다 각각 상표등록을 해야 한다. 상표등록은 1개의 상표씩 신청하는 것이 원칙이기 때문이다. 가령 당신이 화장품을 출시하였는데 스킨 이름이 '에이스'이고 로션 이름은 '투게더'라고 하자.

한국에서 화장품이 반응이 좋아 중국하고 일본에 수출하게 되었다. 그럼, 중국하고 일본에 상표등록을 해야 한다. 중국과 일본을 한 번도 가본적이 없고, 심지어 중국어와 일본어도 못한다면 당신은 중국과 일본에 상표등록해야 하는데 어떻게 상표등록할 것인가? 직접 비행기 타고 현지에 가서 상표등록을 할 것인가? 시간도 많이 들고 비용도 많이 들 것이다. 그리고 중국과 일본에 제품이 출시 전 상표등록을 해야 한다. 이 모든 것을 간편하게 대행해주는 것이 '해외 상표등록 대행 서비스'이다. 해외 상표등록 대행 서비스라 해서 영어도 잘 해야 할 것 같고 중국어는 물론 상표등록을 원하는 모든 국가의 언어를 모두 구사해야 할 것 같아 거부감이 들것이다. 하지만 너무 걱정하지 말아라. 나는 영어는 물론 다른 나라 언어는 더욱 못한다. 나는 생각보다 아이큐도 낮고 머리도 좋은 편이 아니다 특히 암기력은 매우 딸린다. 영어

단어를 외워도 맨날 까먹는다. 내가 했던 그 어떤 사업보다 해외 상표 등록 대행 서비스업이 제일 쉬웠으며, 너무 쉬워 날로 먹는 게 아닌가 생각하기도 했다. 그 비법을 고...공..짜로 알려주겠다.

중국에 있는 웬만한 특허사무소는 전 세계 어디든 상표등록을 대행해 준다. 중국에 아무 특허사무소에 메일이나 전화를 해서 한국에 있는 해외 상표등록 대행 사무소인데 전 세계 견적을 받고 싶다고 하면 전 세계 견적서를 보내 줄 것이다. 물론 문의 할 때는 중국어로 보낼 필요가 없다. 중국 특허사무소에는 한국말 잘하는 분들이 많다. 앞으로 업무협조 할 때도 한국말 잘하는 중국 특허사무소를 컨택하면 된다.

중국에 특허사무소가 몇 만개(내 기억으로… 내가 지금 어디 있는지 알지? 팩트는 인터넷 검색해라) 되는 것으로 아니까 컨택하기 쉬울 것이다. 그것도 막막하면 팁을 주겠다. 인터넷에 '중국 상표등록'이라고 검색 후 제일 저렴한 해외 상표등록 대행 사무소를 선택해 중국에 상표등록을 의뢰한다. 잘 찾으면 40만 원 내외로 할 수 있을 것이다. 의뢰 후 보통 일주일 내로 중국에 상표를 신청한 서류를 보내줄 텐데 거기에 중국 특허사무소 연락처가 적혀 있다. 혹시나 없으면 당신이 중국에 상표를 신청한 해외 상표등록 사무소에 연락하여, 중국 특허사무소랑 직접 확인차 통화하고 싶다고 연락처를 알려 달라해라 혹시 알려주지 않으면, 중국에 신청도 안 해놓고 거짓말하는 거 아닌가? 하는 둥 사기당했다는 둥 항의해라 "지금 중국에 신청할 상표로 물건을 만들어야 하는데 확인 전화 한 번 하는 게 뭐 그리 어렵냐"고 이 정도 하면 웬만하면 알려 줄 것이다. 알려준 번호로 전화 걸어 "한국에 있는 해외 상표등록 사무소인데 주요 국가 견적서를 보내주면 앞으로 그쪽이 랑 거래하겠다"고 하면 무난하게 중국 특허사무소에게 해외 상표등록 대행을 맡길 수 있다. 해외 상표등록 대행 서비스도 해외 직구 대행업 및 광고대행사와 마찬가지로 집에서 사업자 등록이 가능하며 집에서 쓰던 컴퓨터와 핸드폰만 있으면 된다. 홈페이지는 1위 업체 홈페이지 를 보고 벤치마킹하여 만들면 끝이다. 고객이 해외에 상표등록 하려 고 연락이 왔는데 어떻게 상담해야 모르겠다고? (아직까지 나한테 이런 질문 하면 뒤통수 한 대 맞았다) 항상 내가 말했다. '1위가 만들어 온 길을 휘파람 불며 가라'. 이제 응용할 때가 되었다. 고객인 척 1위 업체에 전화해서 해외에 상표등록해야 하는데 어떻게 하냐고 하나부터 열까 지 다 물어봐라. 절차, 기간, 국가별 주의사항 등 듣고, 그대로 당신의 고객에게 설명하면 된다(노파심에 말한다. 1위가 만들어 놓은 길을 그대로 따라가라 했다고 1위 업체만 주구장창 전화하는 것은 아니겠지? 1~10위 업체에 게 골고루 전화해야 비교하면서 장단점을 배울 수 있고, 당신이 경쟁업체인 것을 눈치채지 못하고 고객인 줄 알고 수임하기 위해 열변을 토하며 설명할 것이다).

내 경험담을 좀 말하겠다. 도움이 될 것이다. 나도 해외 상표등록 대 행 서비스를 할 때, 고객이 나보다 해외상표 관련하여 더 많이 아는 것이다. 고객이 나도 모르는 것을 문의해 당황했지만, 고객에게 검토 후 다시 연락드리겠다며, 양해를 구하고, 얼른 중국 특허사무소에 전 화해 고객이 문의한 것을 상세히 문의한 후 고객에게 다시 연락하여 궁금한 것을 해소해 준 적이 있다.

모르는 분야는 똥줄 타면서 배우는 게 최고다. 절대 잃어버리지 않는다. 모르는 분야도 두려워하지 말고 시작해라. 똥줄 몇 번 타고 식은땀 몇 번 흘리면 누구나 그 분야 전문가가 된다(똥줄 타고, 식은땀을 많이 흘려도 죽지 않는다). 중국 특허사무소를 통해 해외 상표등록 대행을 맡기면 좋은 점들이 많다.

중국 특허사무소를 통해 해외 상표등록 대행을 맡겨야 하는 이유

첫 번째, 가격이 저렴하다

중국 특허사무소는 사실 전 세계 해외 상표 시장을 주무르고 있다. 이때 내가 중국보다 우리나라를 더 우위에 세우려 노력했다. 당시 나는 우리나라 해외 상표 시장 선두주자 및 개척자였고, 중국은 아직 해외 상표등록 대행 관련 체계가 덜 잡힌 상태였다. 중국은 일반인(변리사 자격증 없는 사람)도 특허사무소 대표가 될 수 있어 변리사들을 앞세워 신뢰와 믿음으로 해외 상표 시장을 개척했다. 우리나라는 변리사 자격증 있는 사람만 특허사무소 대표가 될 수 있는 규제가 있다.(해외 특허 및 해외 상표 대행 등은 일반인도 대표가 가능하다) 변리사 자격증이 있어야 대표를 할 수 있는 규제가 있는 나라는 전 세계에 몇 군데 안된다. 우리나라가 지식재산권 강국이 될 수 있는 기회였는데, 그놈의 규제 때문에 하질 못해… 지금도 심히 안타깝게 생각한다. 쉽게 말해, 중국 특허사무소는 큰 대형마트라 보면 된다. 똑같은 제품이라도 큰 대형마트보다 편의점이나 구멍가게에서 더 비싸게 판매된다. 그 이유는 큰 대형마트는 제조사에서 물품을 대량으로 구매하니까 그만큼 할인을 받는다. 중국 특허사무소도 마찬가지다. 많이 의뢰하니, 그만큼 전 세계 특허사무소에서 할인을 많이 받는다. 그래서 해당 국가에 직접 의뢰하는 것보다 훨씬 저렴하다. 내가 해외 상표등록 대행 서비스를 할 당시 중국 특허사무소에서 나에게 준 견적서는 중국 상표 10만 원 내외 미국 상표 50만 원 내외 등으로 기억한다. 그리고 고객들에게는 중국 상표 70만 원, 미국 상표 150만 원 정도에 해외상표등록 대행을 해줬다(지금은 경쟁자가 많아 훨씬 저렴하게 해외상표를 등록할 수 있다).아이러니하게 정부에서 해외 상표등록 시 1년에 3건씩 지원해 줬는데, 1건당 150만 원씩 지원해 줬었다. 그거 보고 많이 웃었던 기억이 난다. 왜냐하면

나 같은 방법으로 하지 않고, 기존 특허사무소에서 미국에 상표등록을 대행한다고 요청하면 중국 해외 상표등록 대행 사무소에 의뢰하지 않고, 직접 미국에 있는 특허사무소에 의뢰한다. 직접 의뢰하면 1건당 300만 원을 넘게 받는다.

두 번째, 편리하다

해외 상표등록 대행 시 중국 특허사무소에 고객 정보, 등록할 상표명, 신분증 등을 스캔 후 메일로 보내고, 입금만 하면 하나부터 열까지 서류를 대신 만들어 주고, 상표 신청을 완료하면 신청된 서류 및 해당 국가 특허청에서 신청이 완료된 서류까지 스캔하여 메일로 보내준다. 앞쪽지만 당신의 특허사무소로 멋있게 바꾸고 고객에게 메일 보내주면 끝~이다.(심사 과정 중 보정 서류나 미비한 것도 중국 특허사무소가 알아서 다 처리해 준다)

세 번째, 보통 해외에 진출하는 기업이나 개인들은 중국만 진출한다고 해서 중국만 상표등록 하지 않는다

만일을 대비하여 다른 나라도 진출할 수 있어 중국을 포함한 주요 국가들도 함께 해외 상표등록 신청을 한다. 미국, 일본, 유럽, 베트남, 대만 등등 예를 들어 중국 1개 나라만 해외 상표등록을 원하는 고객이라도 당신이 어떻게 상담하냐에 따라 주요 국가들을 추가로 해외 상표등록을 해주어 만일에 있을 상표권 분쟁에서 유리하게 선점을 해주고, 당신은 그만큼 수익을 늘릴 수 있다. 앞서 말했듯이 중국 특허사무소는 전 세계, 어느 나라든 해외 상표등록 대행을 해준다.

해외 상표등록 대행 서비스의 최고의 장점은 1명의 고객에게 최소 몇십만 원에서 최대 수억 원까지 한 번에 벌 수 있다는 점이다. 앞서 잠깐 설명했지만, 상표는 특허청에 신청시 상호나 브랜드를 1개씩 신청해야 한다. 또한, 제품에 따라 류(종류)별로 각각 신청해야 한다.(이제부터 딱딱한 상표등록에 대한 개념을 설명할 거야. 해외 상표등록 대행 서비스 업무가 아무리 쉬워도 개념을 알아야 할 수 있는 업무라 그래) 예를 들어 '나이키'라는 브랜드를 의류 관련류(25류)만 상표등록 했다면 다른 류에서 나이키를 사용해도 법적인 문제가 없다. 1개 상표를 상표등록하여 사용하지 않거나 사업하지 않은 분야까지 보호를 해주면 너무 광범위하여 특허청에서 규제를 두었다. 나이키가 의류 브랜드인데 사용하지도 않는 전자제품 영역까지 다 보호를 받게 하면 단어는 한정적이어서 아무리 조합한다 해도 결국엔 사용할 수 있는 상표가 고갈될 것이다. 그래서 WIPO(세계지적재산권기구)는 모든 분야(제품, 업종)의 종류를 총 45류로 나누고 45류 안에서도 유사군으로 나뉘고 유사군 안에서도 지정상품이라는 것으로 또 나뉜다. 요약하면 나이키를 1개 상표등록시 1개류에 유사군 안에 있는 지정상품 20개 정도만 신청할 수 있다(지정상품 20개가 넘어가면 세금이 존나게 붙는다). 유사군 및 지정상품 표는 특허청 홈페이지에 있고 개념 파악이 안 되면 특허청 고객센터 전화해서 물어봐라. 즉 나이키라는 브랜드를 의류 분야(25류), 가방 잡화분야(18류)를 보호받으려면 2개류로 상표등록을 신청해야 한다.

그러니 비용은 1개류 기준이고 2개류(18류, 25류)니 2건이 되므로 수익도 2배로 벌 수 있다. 나이키 정도 되는 세계적인 기업은 전 세계 나라마다 상표등록을 할 테고, 의류나 가방만 보호받으려 하지 않고 모든 제품에 나이키를 쓰지 못하도록 45류 전체를 해외상표등록 할 것이다. 또 나이키만 등록하겠는가? 로고도 등록하고 나라별 나이키라는 언어나 발음도 상표등록하고 제품 출시할 때마다 또 상표등록할 것이다. 조던, 에어맥스 등등. 전 세계 나라 100개만 상표등록한다 치고, 상표 1개당 45류 몽땅 등록하면 그 돈이 얼마겠는가… 천문학적 수임료를 받게 될 것이다..

물론 나이키라는 큰 기업은 전속 계약한 특허사무소가 있다. 그렇지만 우리나라는 해외로 진출하려는 스타트업들이 많으니 걱정하지 말아라. 혹시 알아? 당신이 해외 상표등록 해준 스타트업이 세계적인 기업이 될지? 그럼 그 기업은 당신에게 해외 상표등록을 전 세계에 맡길 것이다.

잭의 사업 철학 5가지 - 해외 상표등록 대행 서비스

첫 번째, 돈 없이 할 수 있는 사업

해외 상표등록 대행 서비스업도 인터넷 기반 사업이기 때문에 사무실 없이 집에서 사업이 가능하고 컴퓨터와 핸드폰만 있으면 된다. 홈페이지도 무료로 만들어 주는 사이트에서 제작해도 충분하다.

두 번째, 누구나 할 수 있는 쉬운 사업

고객이 의뢰가 들어오면 중국에 다시 대행을 맡기는 식이라 실제로 하는 일이 별로 없다. 하지만 해외 상표등록은 특허청에 법적으로 등록하는 것이다. 법률 용어들이 많아 생소하고 거부감이 드는 게 사실이다. 막상 상표법을 공부하면 그리 어렵지 않다. 그리고 공부하는 영역도 넓지 않다. 부자가 되려면 항상 공부의 연속이다. 그래도 막히는 부분이 있다면 특허청 고객센터나 경쟁업체에 전화해서 해결할 수 있다. 수능처럼 문제와 답을 모른 체 막연하게 공부하는 것이 아니다. 문제와 답안지가 있으니 외우기만 하면 된다.

나도 상표등록 관련 업무를 처음 시작했을 때 '상표법' 책을 딱 3일 공부하고 시작했다. 첫 고객과 상담 시 똥줄이 많이 탔지만 생각보다 어렵지 않았다.

세 번째, 돈이 바로 되는 사업

해외 상표등록 대행 서비스업은 일이 다 끝나면 고객에게 돈을 받는 후불이 아니라 선불을 받고 일을 한다. 해외 상표등록 대행 서비스업도 돈 떼일 리가 없다.

네 번째, 망해도 리스크가 없는 사업

해외 상표등록 특성상 특허청에서 심사를 거쳐 법적으로 등록이 되는 것이라 혹시 심사 거절 및 해외 상표등록이 되지 않더라도 책임이 없다. 당신은 해외에 상표를 법적으로 등록해주기 위한 서류 대행만 할 뿐이기 때문이다.

그래서 고객에게 해외 상표등록은 100% 되는 것이 아니고 특허청 심사관의 견해에 따라 등록이 거절될 수 있다고 사전 고지를 꼭 해줘야 한다. 그래야 법적으로 문제가 없다. 그래서 망해도 리스크가 없다.

다섯번째, 합법적인 사업

해외 상표등록은 각 나라에 특허청에서 심사를 거쳐 법적인 등록이 된다. 특허청(국가기관)에서 하는 사업이고, 해외 상표등록 대행하는데 자격 조건이 전혀 없다. 아무나 할 수 있는 사업이라 상당히 합법적인 사업이라 볼 수 있다.

디자인 특허 사진사

특허청에서는 크게 3가지 분야를 보호해 준다. 특허·실용신안, 디자인 특허, 상표가 대표적이다. 특허·실용신안은 아이디어 및 기술 등 보호해주고, 디자인 특허는 외형적인 모양을 보호해주고, 상표는 상호, 이름, 브랜드 등을 보호해 준다.

당신은 특허청에서 보호해주는 3가지 분야 중 디자인 특허 분야에 대한 사업을 할 것이다. 디자인을 특허청에 등록 신청할 시 실제 제품의 7면도가 필요하다. 앞면, 뒷면, 우측면, 좌측면, 윗면, 아랫면, 사시면 총 7장의 사진을 카메라로 찍어 제출해야 한다(아직 시제품이 없어 도면으로 대체하는 경우도 있지만 제외하도록 하자).

당신이 할 일은 고객이 시제품을 택배로 보내주면 카메라로 제품을 7면도로 찍어 포토샵으로 누끼(배경 제거작업) 작업 후 흑백사진으로 변경 후 고객에게 메일로 보내 주면 끝이다. 1년에 디자인 특허를 약 10만 건 정도 특허청에 신청한다. 그런데 재미있게도 우리나라에 디자인 특허 사진 찍어 주는 곳은 강남에 XX 사진관 1곳뿐이다. 비용은 난이도에 따라 다르겠지만. 1건당 5만 원 수준이다. 그 사진관은 떼돈을 벌지 않았을까 싶다. 처음 창업한 분은 은퇴했고 이제 아들이 이어서 2대째 하고 있다. 유일무이한 독점인 사례다.

그 이유는 특허청은 법을 다루고 특허는 뭔가 머리 좋은 엘리트들만 할 것으로 고정 관념이 박혀 있어 애초에 사업영역에서 일찌감치 제외했을 것이다. 그래서 사람들은 모두 남들이 많이 하는 것을 하려 한다. 대표적인 게 음식점이다. 당신이 끓인 찌개가 맛있거나 당신이 고기를 잘 굽는다는 이유로 말이다.

사실 요식업 분야가 내가 생각하기론 제일 경쟁도 치열하고 소비자의 트렌드가 수시로 바뀌어서 살아남기 제일 어려운 사업 분야다. 당신도 느낄 것이다. 저렇게 잘되는 음식점이 쥐도 새도 모르게 다른 음식점으로 간판이 바뀌어 있다. 겉으론 잘되는 것처럼 보여도 고물가, 고인건비에, 잘 된다 싶으면 임대인이 임대료도 올리고, 주변에 비슷한 음식점이 우후죽순 생겨난다. 그렇게 망한다. 실사례로 서울에 위치한 먹자골목에 삼겹살집을 하는데 손님이 너무 많아 테이블이 항상 꽉 차 있었다. 그런데 요즘 추세가 직원이 일일이 구워 주는 게 추세라 거의 테이블당 직원이 1명씩 붙어 있다고 해도 과언이 아니었다. 사장은 치솟는 물가와 인건비, 임대료 인상으로 인해 버티지 못하고 가게 내놓았다. 바로 옆 골목에 부부가 운영하는 고깃집은 손님이 별로 없는데도 불구하고 몇 년째 안 망하고 장사를 해오고 있다. 부부가 운영하여 인건비가 들지 않아 망하지 않는 것이다. 음식점은 겉으로 잘 되어 보여도 그 실상을 제대로 파악해야 한다.

겉으로 잘 되어 보인다고 너도나도 하지 말고 남들이 안 하고 어려워 보이는 것을 해야 성공한다. 잠깐 옆으로 샜다. 다시 본문으로 돌아오자. 디자인 특허 사진사도 창업할 때 돈 드는 것이 없다. 집에서 사업자등록증 내고 집에 있는 컴퓨터 하고 핸드폰만 있으면 된다. 사진사인데 값비싼 DSLR 카메라가 필요한 거 아니냐고?(사용할 줄은 알고?) 전혀 필요 없다. 핸드폰 카메라면 충분하다. 또 핸드폰이 컴퓨터에 옮기기도 편하고, 요즘 사진 보정 앱이 잘되어 있어 보정 작업을 컴퓨터에 옮겨서 할 필요도 없으니 얼마나 간편한가….

특허청에서 예전엔 디자인 특허 신청 시 디자인 특허 사진을 엄격하게 심사했다. 6면도(사시면 제외) 디자인 특허 사진을 합쳤을 때 한치에 오차도 없어야 했다. 지금은 대충 찍어도 웬만하면 심사가 통과된다. 그 이유는 심사 시간만 오래 걸리고 시간적 물적 낭비를 막고자 심사 규정을 변경한 것 같다. 그래서 핸드폰 카메라로 디자인 특허 사진 촬영해도 충분하다. 특허청 사이트(키프리스)에 들어 가면 디자인 특허가 등록된 모든 자료를 볼 수 있다. 어떻게 디자인 특허 사진이 등록되고 어떻게 찍혔는지 자세히 보고 그대로 찍으면 된다. 혹시 개념 파악이 잘 안되고 잘 모르겠으면 앞서 설명한 바와 같이 강남 XX 사진관에 디자인 특허 낸다고 고객인 척 문의해도 되고, 특허청 고객센터에 전화해 물어보거나 직접 방문해 문의해 봐라 누구보다 친절하게 알려 줄 것이다. 영업은 어떻게 하냐고? 성공하는 첫 번째 조건은 마케팅과 영업이다. 그중에 영업을 잘해야 뭘 해도 성공 할 수 있고, 부자도 될 수 있다. 영업하는 방법은 책으로 배울 수 없다. 맨땅에 헤딩하며 배워야 내 것이 된다. 영업은 사업하는 데 있어 기본 중에 기본이다. "알아서 해라"라고 말하고 싶지만... 마음 넓은(?) 내가 친절히 알려 주겠다. 그러나 모든 사업은 사장이 영업을 잘해야 한다. 세상의 이치를 깨달아 영업 기술을 꼭 체득하길 바란다. 영업 기법은 영업 잘하는 사람에게 배워도 도움이 많이 될 것이다.

당신에게 디자인 특허 사진을 부탁하는 고객은 디자인 특허를 등록할 사람이 아니다. 바로 특허사무소이다. 디자인 특허 의뢰자는 특허사무소에 디자인 특허를 의뢰하면 특허사무소는 당신에게 외주를 맡기는 시스템이다. 그러니 전국 특허사무소에 당신의 서비스, 장점 등과 값싼 금액으로 메일을 보내라(전국 특허사무소 연락처 및 메일 주소는 변리사 협회 홈페이지에 있다. 와, 내가 봐도 너무 친절하다). 그럼 연락이 올 것이다. 당신의 서비스가 좋고 가격이 저렴하다면 당신에게 계속 외주를 맡길 것이다.

디자인 특허 제품이 너무 커서 택배로 받지 못할 때도 있다. 그럴 경우 출장비 받고 출장도 갈 수도 있기에 겉만 번지르르한 싸구려 DSLR 카메라를 중고로 구매해서 촬영해라. 조명도 가져가라 액션 까는 것도 중요하다. 출장 갔는데 핸드폰 카메라로 촬영할 수 없지 않은가….

내가 디자인 특허 사진을 의뢰하려고 XX 사진관에 전화해서 급하니 바로 촬영해 줄 수 있냐고 문의 했더니 나보고 내 핸드폰 카메라로 7면도 사진을 찍어 보내라는 것이다. 그렇게 핸드폰 카메라로 찍어 문자로 보냈더니 오늘은 안되고 내일 된다더라 나는 오늘 꼭 신청해야 해서 내가 직접 찍은 7면도 사진을 포토샵으로 누끼 작업하고 흑백사진으로 바꿔서 특허청에 제출했다.

어차피 신청 날짜부터 디자인 제품이 보호가 되서 당장 보호받는 것이 중요해 사진 보정하라고 특허청 심사관이 보정서 제출하라고 하면 그때 XX 사진관에서 준 디자인 특허 사진을 제출하면 되었다. 그런데 내가 대충 찍고 시간에 쫓겨 자진보정 한 7면도가 단 한 번에 보정서 제출 없이 통과 되었다. 그날 이후 나는 디자인 특허 등록 시 내가 직접 핸드폰 카메라로 찍고 사진 보정 한다. 당시 나도 디자인 특허 사진사가 디자인 특허 제품을 찍고 전문가용 카메라로 스튜디오에서 촬영해 내가 범접할 수 없는 영역이라는 고정관념이 있었다. 범접할 수 없는 영역은 개뿔, 고정관념이라는 개새끼를 때려 잡아야 세상이 달라 보인다.

잭의 사업 철학 5가지 - 디자인 특허 사진사

첫 번째, 돈 없이 할 수 있는 사업

디자인 특허 사진사는 사무실은 물론 컴퓨터도 필요 없다. 스마트폰만 있어도 사업이 가능하다. 디자인 특허 사진을 의뢰하는 고객은 전국에 있는 특허사무소로 한정되어 있어 광고비, 마케팅비도 들지 않는다. 내가 소개해 준 사업 중 제일 돈이 들지 않는 사업이다. 추후 돈을 벌면 싸구려 DSLR 카메라, 조명등은 추가로 구매하면 된다.

두 번째, 누구나 할 수 있는 쉬운 사업

디자인 특허 제품도 핸드폰으로 사진 찍으면 되고 누끼 작업도 자동으로 해주는 프로그램도 많다. 누구나 사업자등록증을 발급받을 수도 있다. 사업자등록증 없이 프리랜서로 디자인 특허 사진사 일이 가능하다(부업 가능). 고객이 특허사무소로 정해져 있어 영업하기도 쉽다.

세 번째, 돈이 바로 되는 사업

디자인 특허 사진업도 선불을 먼저 받고 일을 한다. 선불 받고 하는 사업이 제일 좋다. 그래야 당신 돈이 들어갈 일이 거의 없다. 후불을 받고 하는 사업들은 돈이 제대로 들어오지 않으면 망할 수도 있다. 그리고 돈을 받지 못할까 봐 스트레스 받을 일도 없다.

네 번째, 망해도 리스크가 없는 사업

디자인 특허는 특허청에 출원(특허청에 디자인 특허 심사를 신청하는 것) 건수가 매년 증가하고 있다. 단, 디자인 특허 제품을 사진 찍으려 택배로 받고 훼손시키거나 잃어버린다면 문제가 될 수도 있다. 그것만 조심하면 망해도 리스크가 크게 없을 것이다.

다섯 번째, 합법적인 사업

특허청과 연관된 사업이라 상당히 합법적이다. 당신이 돈만 받고 디자인 제품 사진을 고의로 찍어 주지 않거나 택배로 받은 다자인 제품이 탐이 나서 고객에게 돌려주지 않는다면 법적으로 문제가 될 수 있어도 다른 이유로는 법적으로 문제 될 게 없을 것이다.

외국인 가정교사 중개업

2017년 당시 뉴스를 보는데 가정부 급여에 대해 보도된 적이 있었다.

외국인 가정부는 월 250만 원, 한국인 가정부는 월 300만 원 수준이라는 것이다. 똑같은 일을 하는데 왜 급여 차이가 50만 원이나 나는 걸까? 당신이 생각하는 게 맞다. 외국인은 왠지 한국말도 서투르고 우리 애를 잘 못 돌봐 줄 것 같은 느낌이 든다. 외국인 가정부는 소위 말해 찝찝해서 그렇다. 맞벌이 가정이 늘어나면서 가정부(파출부라 부르기도 한다)는 이제 드라마에서 보던 부잣집에서만 일하는 게 아니다. 아이가 있는 가정에서 심심치 않게 볼 수 있다.
혼자 벌어서는 애 하나 키우지 못한다고 한다. 생활비다 교육비다 돈이 엄청 많이 들어간다. 그래서 아이가 어느 정도 자랄 때까지 가정부를 둔다는 것이다. 그래야 아이의 부모는 회사를 그만두지 않아도 돼서 경력 단절도 되지 않는다. 가정부에, 학원에, 아이 하나 키우는

데 정말 돈이 많이 들겠다…. 진심으로 이 시대에 태어나 아이를 키우는 부모님들을 존경한다. 그래서 나는 생각해 보았다. 잭의 사업 철학 5가지를 대입하면 뭔가 사업 아이템이 될 것 같았다.

외국인이 당신 아이의 가정부면 찝찝하고, 영어를 가르치는 학원에서는 외국인이 당신의 아이를 가르치지 않으면 찝찝하다. 외국어 학원에서는 외국인 강사가 한국인보다 급여가 비싸다. 뭔가 모순이다. 외국인 가정부가 가사일만 하지 말고 영어권에 있는 외국인이면 영어를 가르치고 중국인이면 중국어를 가르치면서 가사 일도 하면 어떨까? 아이와 하루 종일 붙어 있어, 아이가 회화도 원어민 발음으로 잘할 것 같다. 만약 외국인 교사가 가정부 일도 하고 집에서 아이를 돌보면서 영어도 가르치고 영어 회화까지 같이 한다면 아이 부모님들의 인식은 찝찝함이 아니라 초롱초롱한 눈빛으로 바뀔 것이다. 여기서 외국인 가정부의 급여가 250만 원인데 300만 원으로 급여를 올려도 영어 학원비도 있고 어차피 한국인 가정부도 월 300만 원이니 영어 가르쳐주는 외국인 가정교사를 고용하는 게 훨씬 이익이라 생각할 것이다. 그리고 당신이 아이의 부모와 외국인 가정교사를 중개해주며 아이의 부모에게 받은 급여 300만 원 중 외국인 가정교사에게 아이의 언어도 가르쳐야 하니 270만 원으로 급여를 인상해주고 나머지 30만 원은 중개 수수료로 가져가면 된다. 외국인 가정교사가 10명이면 매월 300만 원씩 수익이 발생하고, 100명이면 매월 3,000원 만 원이다. 더 나아가 외국인 가정교사 중개 앱을 만들어 사업을 확장할 수 있다.

이제는 가정부가 아니라 가정부 일을 옵션으로 해주는 외국인 가정교사니까 인식도 바뀌었을 것이다. 하지만 일반 외국인 가정부들은 아이들을 한 번도 가르친 일이 없는데 어떻게 가르치냐고? 당신도 아이한번 가르친 일 없는데 초등수준 한국어를 가르친다면 바로 할 수 있을 것이다. 다만 당신이 외국인 가정부의 중개인(에이전시)임으로 외국인 가정부를 약간의 교육만 하면 충분히 가정교사가 될 수 있다(영어학원에서 초등학생 가르치는 외국인 강사 대부분 진짜 강사일 것 같은가? 그냥 외국인일 뿐이야. 이 멍충아).

잭의 사업 철학 5가지 - 외국인 가정교사 중개업

첫 번째, 돈 없이 할 수 있는 사업

외국인 가정교사 중개업은 사무실이 있으면 좋겠지만 사무실까지 있을 필요가 없다. 보통의 외국인 가정교사를 필요로 하는 고용주들은 사무실로 직접 찾아오지 않고 전화로 상담 후 고용하기 때문이다.

홈페이지도 거창할 필요도 없다. 블로그나 무료로 만들어 주는 홈페이지만으로 충분하다.

두 번째, 누구나 할 수 있는 쉬운 사업

외국인 가정교사 중개업이라고 해서 자격증이 필요하거나 조건이 붙지 않을 것이다(내가 보기엔…). 정부에서 시행하는 교육 이수 정도는 필요하지 않을까? 당신이 사회에 있음으로 인터넷이나 직접 관련된 기관에 연락해서 외국인 가정교사 중개업을 하는데 어떤 조건이 있는지 알아봐라.

고용주가 외국인 가정교사를 필요로 하면 중개를 해주기만 하면 매달 중개비가 생긴다. 사업이 궤도에 오르기만 하면 손 안 데고 코 풀 수 있을 정도로 가성비 좋은 사업이다.

세 번째, 돈이 바로 되는 사업

고용주에게 외국인 가정교사 월급을 후불로 받지만 고용주는 당신에게 외국인 가정교사 월급을 몽땅 줄 것이다. 그리고 당신은 중개비를 뺀 금액을 외국인 가정교사에게 입금해주면 된다.

외국인 가정교사에게 월급이 바로 가서 외국인 가정교사가 중개비를 당신에게 입금하는 것이 아니라 중개비를 못 받을 일이 없다. 고용주가 외국인 가정교사의 월급을 주지 않아 문제가 될 수는 있지만 고용주의 집 주소, 연락처가 명확하여 소송을 통하여 충분히 받을 수 있다.

네 번째, 망해도 리스크 없는 사업

외국인 가정교사가 돌보는 아이를 다치게 하거나 피해를 입혀 손해가 발생할 수도 있고, 외국인 가정교사가 다칠 수도 있다. 그렇기에 사전에 보험을 꼭 들어놓아라. 사업하면서 절대 안일해서는 안 된다. 항상 최악의 상황을 준비해야 한다. 호미로 막을 것을 가래로 막지 말자. 윗부분만 조심하면 크게 리스크 될 게 없을 듯하다.

다섯 번째, 합법적인 사업

당신이 외국인 가정교사를 중개할 때 비자 없는 불법 체류자 외국인만 중개하지 않는다면 문제될 게 없는 것으로 보인다. 법이 문제가 되면 최종 책임은 당신이 모두 져야 한다. 외국인 가정교사 중개업은 나도 직접 해보지 않는 사업이라 법적인 것은 당신이 충분히 검토 후 사업을 시작해야 한다.

중고거래 대행업

중고거래 플랫폼 중 '중고나라'는 몇십 년 동안 업계에서 부동의 1위였지만 '당근(구 당근 마켓)'이 혜성처럼 나타나 철옹성 같던 중고나라를 무너트리고 단숨에 1위를 차지했다.

중고거래 플랫폼 1위를 절대 내주지 않을 것 같던 중고 나라가 당근이라는 신생 업체에게 그 빠른 시간에 1위 자리를 어떻게 내주게 된 걸까? 다른 이유야 많겠지만 제일 큰 이유가 있다.

중고나라는 전국으로 중고거래를 하여 구매자가 원하는 물건을 사고 싶어도 지역상 거리가 멀어 거래를 하지 못해 택배를 이용하여 거래를 하는 경우가 많았다. 택배 거래는 구매를 원하는 사람이 판매하는 사람에게 먼저 물건값을 입금하고, 입금이 확인되면 판매할 사람이 물건을 구매한 사람에게 택배로 보내주는 거래 방식이다. 하지만 선입금을 받았음에도 판매자가 물건을 보내주지 않는 중고거래 사기가 성행하는 문제점이 많았다. 이러한 택배거래 사기를 막고자 중고나라는 안전거래 서비스(구매자와 판매자 간에 원활하고 안전한 거래를 위해 중개를 해주는 서비스로써 물건을 구매하는 구매자는 판매자에게 직접 입금하기보다 안전거래 서비스를 통하여 입금을 하면 안전거래 서비스에서 판매자에게 입금 확인되었다고 물건을 구매자에게 보내라고 한다. 구매자가 물건을 받았다고 승인을 해주면 안전거래 서비스에서 판매자에게 물건 대금에서 수수료를 제외하고 송금해 준다)를 도입하여 지역이 멀어 사기를 당할까 봐 불안하여 거래를 할 수 없던 구매자와 판매자를 안전하게 거래할 수 있게 마련한 방식이었지만 안전거래 서비스 또한 문제가 많았다.

이제는 반대로 구매자가 물건을 받았다고 승인을 누르지 않아 판매자와 분쟁이 더욱 발생했다. 물건을 받지 않았다는 둥, 물건에 하자가 있다는 둥, 짝퉁이라는 둥 수많은 트집을 잡았다. 그래서 판매자는 안전거래 서비스를 이용하는 것을 꺼려했다. 사기꾼들은 이런 이점을 이용해 안전거래 서비스를 통해 거래를 하자는 구매자의 제안에 위 사례를 들어 안전거래 서비스의 문제점을 설명하여 차라리 지금 입금 바로 해주면 물건값을 싸게 해준다는 등 구매자를 더 쉽게 속일 수 있었다. 그것도 아니면 안전거래 서비스하는 방식을 사기꾼이 안전거래 서비스 사이트와 똑같이 만들어(사이트에서 결제만 할 수 있게 만들면 돼서 비교적 싸게 외주를 맡겨 만들 수 있다) 사기꾼의 계좌인지도 모르고 안전거래 서비스 사이트로 착각하여 입금하는 경우가 많아졌다. 그리고 구매자가 사기꾼의 안전거래 서비스 사이트에서 결제를 하면 사기꾼이 결제 시스템이 오류가 나서 결제 처리가 안되었다며 다시 결제해주면 환불 승인하겠다고 계속해서 구매자를 기만하여 더 크게 사기를 친다.

중고거래 사기 등 중고나라의 문제점을 보완하여 전국에서 택배 거래하는 것보다 가까운 지역 주민끼리만 직거래를 할 수 있게 만든 당근이 크게 인기를 끌면서 급성장하여 중고거래 플랫폼 중에 1위를 할 수 있게 된 것이다. 하지만 동네 주민끼리 할 수 있는 직거래도 치명적인 문제점이 있다. 갈수록 힘들어지는 사회에 불만을 품은 자들이 많아지고 급속도로 발전하는 정보통신의 발달로 SNS, 인터넷, 유튜브 등을 보고 모방 범죄가 심해지고 묻지 마 폭행, 살인, 성폭행 등을 저지르는 범죄가 갈수록 늘어나고 있다. 직거래를 권장하는 당근의 경우 당신이 뉴스에 나오는 묻지 마 범죄의 피해자가 될 수도 있다. 그런데도 당신은 모르는 사람들과 과연 직거래를 할 수 있을 것인가? 차라리 중고나라에서 사기를 당하는 게 다행이라 생각할 것이다. 당근에서 직거래를 하다가 잘못해서 묻지 마 범죄를 당하기라도 한다면 얼마나 억울하겠는가? 물건을 구매하거나 팔러 직거래하러 갈 때 방검복이라도 입던지, 삼단봉이라도 소지하고 갈 텐가? 그렇다고 택배 거래하기엔 사기를 당하지 않을까 걱정되긴 마찬가지다. 그리고 기존 중고거래 앱(중고나라, 당근, 번개장터 등)에서 직거래하고 나서 물품에 하자가 있어도 환불받기 어렵다. "직거래할 때 다 확인해 보고 구매하지 않았냐?", "원래 멀쩡했는데 당신이 망가트린 것이 아닌가?" 하면서 배짱을 부리면 모든 손해는 물건을 구매한 사람이 봐야 한다. 중고거래 앱 고객센터에 문의를 해 봐도 돌아오는 답변은 판매자와 마찬가지다.

당신이 전문가도 아니고 직거래할 때 하자가 있는지 전부 어떻게 확인해 본다는 말인가, 안 그래도 길거리에서 중고거래하는 것도 창피한데 빨리 거래하고 집에 가고 싶은 마음뿐일 것이다.

그래서 내가 생각한 사업 아이템은 '중고거래 대행업'이다. 중고거래 대행업이란 지역이 멀어 택배 거래를 할 수밖에 없는 사람들을 위해 판매자에게 직접 물건을 받아 꼼꼼하게 확인하거나 실시간으로 물건을 보여주며 구매자에게 택배를 보내주고, 묻지 마 범죄를 무서워하는 사람들에게 직접 직거래 해주고 집까지 배달해주는 사업이다. 당신이 만약 서울 살고 구매자가 원하는 물건이 제주도에 있다면 어떻게 중고거래 대행해 줄지 의문이 들것이다. 내가 계속 말했다. 1위가 갔던 길을 그대로 따라가라고 말이다. 이미 마켓컬리, 쿠팡, 지하철 택배 등

실행하고 있는 배달 시스템을 벤치마킹하여 중고거래 대행업에 대입시키면 된다.

마켓컬리, 쿠팡, 지하철 택배 등이 어떻게 전국에 배달을 할 수 있는지 궁금하면 직접 공부해서 알아봐라. 온전히 당신의 지식으로 만들려면 공부하는 것이 최고다.

중고거래 시장은 매년 폭발적인 성장을 하고 있다. 그에 비해 중고거래 플랫폼은 당근, 중고나라, 번개장터 3개의 중고거래 플랫폼이 전체 중고 거래 시장을 주도하고 있다. 경쟁사가 달랑 3곳이라니… 이런 블루오션도 없다. 당신이 만약 다른 사업을 한다면 수많은 경쟁사와 싸워서 이겨야 한다.

물론, 한 사업 분야에서 소수가 독점을 한다면 무너트리기 쉽지 않을 수도 있다. 하지만 당근의 선사례(1위가 갔던 길을 그대로 가라)가 있기에 투자받기가 수월할 것이다. 투자를 받아 당근처럼 새로운 방식(중고거래 대행 서비스 도입)의 중고거래 플랫폼을 만들어 사업하는 방법도 있다. 그럼 광고 수익도 발생하고 플랫폼이 커지면 수익이 생길 것들이 무궁무진하다. 소수가 독점하고 있는 사업 분야를 무너트리기만 한다면 당신은 아주 크게 성공할 수 있다.

최근 신문을 읽다가 기가 막힌 사업 아이템으로 사업을 하는 젊은 여성 대표가 있어 박수를 친 적이 있다. 나에게 맞는 정부의 혜택을 모두 알맞게 받을 수 있게 찾아주고 추천해주는 앱이다. 정부에서 보조해주고, 지원해주는 정책들이 많다. 그러나 우리는 모든 정부의 정책을 다 알지 못한다. 뭘 알아야 찾아볼 것이 아니냐…. 나에게 맞는 정부의 혜택을 받을 수 있는 앱이라니 너무 획기적이었다. 주 고객 중에 누구나 아는 기업들도 있었다. 세상의 모든 것은 사업 아이템이 된다. 당신도 생활 속에 숨겨진 사업 아이템을 발견하여 성공하길 바란다.

잭의 사업 철학 5가지 - 중고거래 대행업

첫 번째, 돈 없이 할 수 있는 사업

중고거래 대행업은 수백 억에서 수천 억대 매출로 성장할 수 있는 사업 아이템이라 책에 넣을까 말까 고민을 했다. 큰 사업 아이템도 책에 넣어야 당신의 견해를 넓혀줄 수 있기에 책에 넣는 게 좋을 것 같아 글을 쓰기를 했다. 중고거래 대행업은 초기에 투자를 받아야 된다. 당근 같은 플랫폼으로 성장할 수 있기에 정부에서도 지원받기 쉽고, 벤처 투자도 수월할 것이다. 여기서 문제는 당신이 이런 사업을 안 해봤다는 것이 함정이다. 그래서 정부에서 지원받는 법도 벤처 투자를 받는 법도 모를 것이다. 그래서 중개 플랫폼(큰 사업)보다 주먹구구식으로 지점 및 가맹점을 모집(작은 사업) 하여 사업을 할 것이다. 이런 경우 작은 돈을 만질 수 있지만 금방 경쟁업체가 생겨 결국엔 따라 잡힐 것이다.

실사례로 '돌○출장세차'가 대표적이다. 돌○출장세차는 고객이 번거롭게 세차장을 직접 찾아오지 않고 직접 고객의 자동차가 있는 곳까지 가서 운행하지 않는 새벽 시간에 세차를 해준다. 심지어 가격도 엄청나게 저렴하다. 이런 획기적인 서비스로 가맹 문의가 엄청났다. 전국에 돌○출장세차가 없는 지역이 없을 정도였다.

하지만 출장 세차는 특별한 기술이 없어도 누구나 할 수 있을 정도로 쉬웠다. 점점 가맹점들은 기술만 배우고 이탈하여 창업하기 시작하고 경쟁자들이 넘쳐 났다. 서비스는 더 좋아지고 가격은 더 저렴해졌다. 결국 돌○출장세차는 순식간에 회사가 쪼그라들었다. 만약 돌○출장세차가 가맹점화를 하지 말고, 출장세차 중개 플랫폼을 만들었다면 어땠을까 생각이 든다. 너무 좋은 사업 아이디어인데 안타깝다.

중고거래 대행업도 마찬가지다. 가맹점화보다는 투자를 받아 쿠팡이나 마켓컬리처럼 플랫폼화해야 한다. 중고거래 대행업은 투자받기 수월해 실제로 당신의 돈이 들어가지 않아 돈 없이 할 수 있는 사업이라 볼 수 있다.

두 번째, 누구나 할 수 있는 쉬운 사업

중고거래 대행업은 기술이 필요 없고, 직관적인 서비스 사업이라 누구나 사업 아이디어만 들으면 할 수 있을 정도로 쉽다.

하지만 정부 지원을 받고 벤처 투자를 받는 방법은 처음 해본 당신은 쉽지 않을 수 있다. 정부 지원받고 벤처 투자 받는 방법은 인터넷이나 유튜브에 쉽고 자세하게 나와 있으니 참고하길 바란다. 어차피 큰 사업하려면 필수로 알아 두어야 한다. 사업이 활성화되면 모두 앱으로 하는 방식이라 당신이 신경 쓰지 않아도 자동으로 사업이 굴러간다.

세 번째, 돈이 바로 되는 사업

중고거래 대행업도 마찬가지로 선결제를 받고 일을 한다. 중고거래 플랫폼으로 성장하면 연계하여 돈이 바로 되는 사업이 무궁무진하다.

네 번째, 망해도 리스크가 없는 사업

중고거래 대행해주는 사람들은 쿠팡과 마켓컬리처럼 정규직이 아니라 프리랜서들이다. 갑자기 망하더라도 프리랜서들을 책임질 필요는 없다. 투자받은 돈도 배임(자기의 이익을 위해 임무를 수행하지 않고 회사에 재산상의 손해를 주는 행위)만 하지 않는다면 망해도 갚지 않아도 된다.

하지만 큰 사업일수록 금액이 커지므로 조금만 잘못되면 법적인 문제가 될 수 있다. 그러니 자만하지 말고 안일하지도 말아라. 항상 전문가(변호사, 세무사 등)에게 조언을 받아 사업해야 한다.

다섯 번째, 합법적인 사업

중고거래 대행업은 불법적인 사업이나 국가에서 규제하는 사업도 아니고 이미 비슷한 대행업들이 법적으로 문제없이 사업 중이다. 중고거래 대행업도 내가 직접 해본 적이 없는 사업이고, 현재 나는 감옥에 있어 법적으로 확실히 문제가 뭔지 정보가 없어 알려줄 수 없어 미안하다. 내가 보기엔 법적으로 문제가 없어 보인다. 그래도 법적인 검토는 확실히 해야 한다. 법으로 잘못되면 그냥 인생 끝이라 생각해라.

자퇴생 사회성 교육업

지금까지의 고등학교는 공부만 하는 곳이 아니라 인성, 사회성, 인간관계, 체력, 문화 활동, 기본 소양, 도덕, 윤리 등 학습하는 교육 기간이기에 고등학교를 반드시 졸업하는 곳으로 생각해 왔다. 하지만 최근 들어 대입 준비를 위해서 고등학교를 포기해도 되는 곳으로 바뀌고 있다. 그래서 대입 준비로 인하여 고등학교를 자퇴하는 고등학생들이 많아지고 있다.

2021년도엔 9,504명이 자퇴를 했고, 2022년엔 1만 2,798명, 2023년엔 1만 5,520명으로 급속도로 자퇴하는 고등학생들이 늘어나고 있다. 또 고등학교에 다니는 고등학생 25명 중 5명 정도만 수업을 듣는 등 대부분 학원 공부로 인해 부족한 잠을 자거나, 대입에 필요한 공부를 한다. 그래서 차라리 고1 때 자퇴하고, 검정고시(1년 안에 2번 시험 볼 수 있음)에 합격하면 수능(대학 수학 능력 시험)을 고2, 고3 때 총 2번을 볼 수 있는 기회가 생겨 훨씬 이득이다.

그리고 학교를 다니다 잘못하면 원치 않는 따돌림, 괴롭힘, 학교폭력 등도 당할 수 있어 점점 자퇴하는 것이 유행처럼 번질 것이다.

변화하는 트렌드 속에서 기회가 오는 법이다. 대입 준비하는 자퇴생들도 기계가 아닌 사람이다. 밥 먹고, 잠자는 시간을 제외하고 24시간 내내 공부만 할 수 없다. 초인적인 정신력으로 책상에 앉아 공부를 한다 하더라도 집중을 100% 할 수 없을 것이다. 한참 사회성을 배워야 하는 시기에 공부만 시키면 자칫 정신 건강에 해로워 성격 분열, 조울증, 조현병 등이 올 수도 있다. 그래서 하루에 1시간씩, 일주일에 2~3번 정도는 옳고 바른길로 갈 수 있게 사회성을 길러 주는 교육이 필요하다. 이런 사정을 자퇴생의 부모님께 아이를 위해 사회성 교육에 대한 것을 설명하면 충분히 공감하고, 꼭 필요하다 느끼실 것이다.

사회성 교육은 성교육, 범죄 대처 교육, 도덕, 윤리, 인간관계, 동물교감, 문화활동, 운동, 인성교육 등이 있다. 아무리 공부를 잘하면 무얼 하나 사람이 먼저 돼야 한다. 우리나라를 책임질 청소년들을 위해서 사회성 교육이 자퇴생들에게 꼭 필요한 이유이기도 하다. 고등학교에서 배우는 것보다. 실전으로 속성으로 알려줄 수 있어 오히려 사회성을 기르는데 더 큰 도움이 될 것이다. 그래서 학교 선생님보다 일타 강사들이 속성으로 가르쳐 연봉이 100억씩 되는 이유가 여기에 있다.

사회성 교육에 대해 지식이 있고 전문성이 있는 사람이 자퇴생 사회성 교육 업을 하면 좋겠지만, 사회성 교육을 해본 적도 없고, 전혀 몰라도 괜찮다. 당신은 사업을 해야 하는 사업가이지 선생님이나 강사가 아니다. 사회성 교육을 잘하는 강사들에게 외주를 맡기면 된다. 실제로 대학교 대부분 대학생을 가르치는 교수들은 계약직 외부 강사들이 많다. 정식 교수가 아니다.

또, 학원의 원장들도 직접 강의하는 것보다 일타 강사들을 초빙해 강의를 시키는 경우가 많다. 만약 돈이 없다면 가정 방문 교육을 하면 되고, 강의실이 필요하면 공유 강의실 등 교육할 때마다 빌리면 된다. 그것도 아니면 집이나 학원에서 박혀 공부만 한 것을 고려해 외부에서 교육할 수도 있다. 공원, 카페, 대학 캠퍼스, 놀이동산, 체육관 등등 모든 사업은 다 생각하기 나름이다. 모든 악조건 속에서도 황금비율 법칙(세상의 이치 - 황금 비율 법칙 편 238p 참조)은 언제든지 맞는다.

자퇴생 사회성 교육 사업을 하면 추가적인 사업은 무궁무진하다. 교육생을 자퇴생으로만 한정 짓지 말고, 전 연령대로 확장도 가능하다. 또한 더 나아가 강사와 교육생을 연결해주는 중개 앱을 만들어 큰 사업으로 발전할 수도 있다.

성공하려면, 부정적인 생각으로 머릿속에 가득 찬 고정관념을 깨야 한다. 과연, 자퇴생 사회성 교육업이 될까?, 사업하는데 다른 문제점이 있지 않을까? 등등 많은 부정적인 생각을 가질 것이라 생각한다. 하지만 너무 부정적이게만 바라보는 것보다 부정적인 생각이 들 때면 그 문제점을 한번 긍정적으로 해결해 보아라. 그럼 당신은 더욱 성장할 것이다. 부정을 긍정으로 해결하는 능력은 당신이 위기에 처했을 때마다 빛을 발휘해 줄 것이다.

제일 좋은 공부 방법은 신문이나 TV 광고 시 회원권, 상조, 분양 등의 광고를 본 적이 있을 것이다. 모두 광고할 때 지금 가입 및 분양하면 당신에게 이득이라 한다. 손해 보는 장사인데 왜 광고까지 하며 가입을 하라고 하는지 본질을 파악하여 부정적(문제점)인 것을 어떻게 긍정적으로 바꿔 광고를 보는 사람들을 설득했는지 이치를 깨닫길 바란다.

잭의 사업 철학 5가지 - 자퇴생 사회성 교육업

첫 번째, 돈 없이 할 수 있는 사업

자퇴생 사회성 교육업도 교육장이나 강의실이 필요 없다. 생각하기에 따라 모든 공간이 교육장이나 강의실이 된다. 요즘 공유 강의실도 잘되어 있어 필요하면 그때그때 임대하면 된다. 초기 자본금이 거의 들지 않는다. 교육자료를 만들 컴퓨터나 프린터만 있으면 된다. 컴퓨터나 프린터가 없다면 컴퓨터는 PC방 가서 사용하고, 프린터는 대학가 근처 인쇄소를 이용하면 아주 저렴하게 프린터를 할 수 있다.

두 번째, 누구나 할 수 있는 쉬운 사업

당신이 교육에 대해 하나도 몰라도 된다. 크몽이나 숨고 등에서 사회성 교육이 가능한 프리랜서 강사를 모집하여 자퇴생에게 사회성 교육을 시키면 된다. 자퇴생 부모에게 사회성 교육비를 받는 일부를 프리랜서 강사에게 지급하고 나머지는 당신이 갖거나 프리랜서 강사에게 수수료를 받으면 된다. 손 안 데고 코푸는 사업이야말로 진정한 잭의 사업 철학 두 번째에 해당한다.

세 번째, 돈이 바로 되는 사업

자퇴생 사회성 교육 업은 선불이 아닌 후불로 돈을 받는 게 아쉽긴 하다 그래도 한 달 후에 월급처럼 바로 받을 수 있다. 세상의 없던 사업 아이템이라 다른 교육업처럼 후불로 돈을 받지 말고, 당신이 말만 잘하면 얼마든지 선불로 받을 수도 있다. 후불로 받더라도 너무 걱정 말아라, 전기세는 떼먹어도 자식 교육비 떼먹는 부모는 없다.

네 번째, 망해도 리스크 없는 사업

초기 자본금이 거의 들지 않았기에 망해도 리스크가 없다 또한, 제품이나 물건을 취급하는 것이 아니고, 서비스업이라 망해도 재고 부담이 없다.

다섯 번째, 합법적인 사업

자퇴생 사회성 교육업 및 자퇴생 사회성 교육 강사 중개업 할 시 자격 조건이 무엇이 필요한지 나는 모르겠다. 자퇴생 사회성 교육업 및 자퇴생 사회성 교육 강사 중개업도 내가 직접 해보지 않는 사업이다. 현재 감옥에 있어 무슨 조건이 필요한지 알아봐 줄 수도 없다. 당신이 직접 자격조건이 무엇인지 알아봐야 한다. 자격조건이 있는데도 무시하고 사업을 한다면 불법이 될 수 있다. 불법은 처음에는 돈이 잘 벌리는 것 같아도 결국엔 돈도 인생도 사람도 모두 잃는다. 그때 가서 땅을 치며 후회해도 늦는다. 나처럼 되지 말아라.

이렇게 돈 없이도 당장 할 수 있는 사업들을 소개했다. 내가 밖에 있었으면 더 많은 사업 아이템과 더 많은 정보를 줄 수 있을 것인데 전해주지 못해 너무 아쉽다. 내가 소개해 준 몇 가지 사업 아이템들은 모두 공통점이 있다.

돈 없이도 할 수 있는 사업이고, 누구나 할 수 있는 쉬운 사업이며, 돈이 바로되는 사업이고, 망해도 리스크가 없는 사업이고, 합법적 사업 아이템들이다.

내가 소개한 사업 아이템을 봤을 때 부정적인 시선과 과연 그게 될 것이냐는 의문점도 있을 것으로 생각한다.

나는 부자가 되는 많은 책 중에 뜬구름 잡는 말, 너무 당연한 말 들이 대부분이라 성공할 수 있는 길에 좀 더 현실감을 주고자 이 책을 쓰기로 마음먹었다. 내가 알려준 사업 아이템을 꼭 하라는 것은 아니다. 앞으로 사업을 하려는 당신의 막막함을 조금이라도 해소해주고 이런 사업 아이템도 있다는 당신의 견해와 식견을 넓혀 주고 싶었다.

나는 돈 한 푼 없이 20대에 사업하여 성공을 했다. 어릴 때 성공해서 세상이 다 내 발밑에 있는 거 같더라… 자만했고, 우쭐했다. 넘치는 돈을, 주체를 못 해 안타 본 슈퍼카는 없었고, 못 입어 본 명품 옷이 없었다. 내가 손만 데면 다 금덩이로 변한다는 착각 속에 살았다. 당신은 성공하면 안 그럴 거 같다고? ㅎㅎㅎ 수많은 부자 관련 책을 봐라. 다들 성공과 실패의 연속이었다. 고로 당신도 성공하면 실패할 것이다. 실패는 부자가 되기 위한 당연한 코스다.

배신, 사기, 법, 허세, 자만, 욕심 중에 무조건 실패한다. 부자가 되는 책 대부분 '실패하면 긍정적으로 생각하고 멘탈 챙기고 용기 내라 다시 할 수 있다'고 다들 말한다. 하지만 실패하고 망하면 빚만 있지 땡전 한 푼 없는데 어떻게 긍정적으로 생각하고 멘탈 챙기고 용기를 낼 수 있겠는가? 돈이 있어야 사업하지…. 하늘이 원망스러울 것이다. 그러니 돈 없이 사업하는 방법을 알아야 한다. 부자 되려면 한두 번 실패로 끝나지 않는다.

빨리 성공하려면
직장부터 때려치워라

:

    사업을 한 살이라도 젊을 때 시작해야 한다. 딱 한 번의 성공으로 부자가 되는 사람은 나는 보질 못했다. 항상 실패의 연속 후에 성공한다. 하루빨리 어릴 때 실패를 맛봐야 다시 일어설 수 있다. 개인이 가진 트라우마(실패)는 40대 이전에 극복해야 더 이상의 트라우마가 남지 않는다. 모든 것을 완벽히 준비하여 사업하려는 생각은 정말 오만한 생각이다. 한 치 앞도 볼 수 없는 것이 미래이다. 어떻게 변할지 모르는 미래를 대응하는 법은 실패한 경험뿐이다. 많은 실패를 한 사람일수록 위기에 빛난다.

    IMF는 언제 올지 몰랐고, 경제 대공황도 언제 올지 몰랐다. 21세기 최첨단 시대를 사는 우리에게도 코로나라는 바이러스가 와서 전 세계를 공포에 떨게 할지 몰랐다. 어떻게 이런 악조건 속에서도 오히려 위기는 기회라 봐서 성공한 사람도 많다. 나도 코로나가 대유행일 때 카페 프랜차이즈를 시작했다. 사업에 있어서 완벽한 준비는 없다. 위기 상황일수록 실패해서 어렵게 습득한 경험을 통한 감각 하나로 헤쳐나

가야 한다. 또한 직장생활을 오래 할수록 사업 세포(연애하지 않으면 연애 세포가 줄 듯이)는 계속 줄어든다. 나이가 들수록 아는 것도 많아져 몸에 거부 반응이 많아진다. 어릴 땐 논이나 개울가에서 올챙이나 개구리를 맨손으로 잡으며 놀았던 적이 있었을 것이다. 성인이된 지금은 올챙이나 개구리를 맨손으로 잡을 수 있을까?

뭔가 미끄덩하는 올챙이와 개구리가 머릿속에 먼저 떠올라 싫었고 지금 나이에 내가 저걸 잡아서 뭐 하겠나 싶기도 하다. 나도 성인이 되고 개울가에 개구리가 있어 어릴 적 생각이나서 한번 잡아볼까 시도 했지만 절대 잡지 못하겠더라. 눈은 왜 이리 큰지 온몸에 소름부터 끼쳐, 그냥 무서워서 못 잡겠더라. 또 한번은 내가 스노클링을 좋아하여 제주도에서 스노클링하는데 정말 대놓고 문어가 돌 옆에서 가만히 숨만 쉬고 있었다. 나는 스쿠버 장비용 두꺼운 장갑도 끼고 있어 손만 뻗으면 바로 잡을 수 있었다. 그래도 못 잡겠더라… 어릴땐 맨손으로도 미꾸라지나 낙지도 잘 잡았는데. 두꺼운 장갑을 꼈음에도 못 잡고 있다가 20분 정도 문어랑 대치하다 눈 딱 감고 문어를 향해 팔을 뻗었다 문어의 다리 하나가 내 손에 걸리며 잡혔다. 나는 있는 힘껏 소리를 질렀다 문어를 잡은 기쁨에 소리가 아니라 물컹거리고 꿈틀거리는 촉감이 너무 싫은 비명이었다. 문어를 잡고 친구들에게 보여주자 신기해할 뿐 그 누구도 만지는 사람이 없었고 다들 문어를 어떻게 잡았냐며 내가 제일 용감한 사람이 되었다. 내가 어릴 적부터 개구리나 문어를 지금까지 계속 잡았더라면 아마 성인이 된 지금도 개구리나 문어는 맨손으로 잡아도 거부 반응이 없을 것이다.

나이가 들면 젊을 때 감각도 무뎌진다. 어른들을 봐라 아이폰 쓰는 사람을 찾아보기 힘들다. 거의 갤럭시를 쓴다. 반면에 젊은 사람들은 아이폰을 주로 쓴다. 어른들도 안다 아이폰 쓰고 싶은데 몸이 안 따라준다고 한다. 당신은 아직 이해를 못 할 것이다. 아이폰 쓰는 게 뭐 그리 나이까지 들먹이며 어려운 일이냐고 말이다. 프로게이머의 은퇴 시기는 20대 초중반이다. 아무리 어릴 때부터한 게임도 20살 부터 손가락 감각이 굳는다고 해서 프로게이머 선수 중에 나이 많은 사람이 거의 없고, 저렇게 게임을 잘했는데 갑자기 안 보이는 선수는 은퇴했거나 손가락 감각이 떨어져 은퇴 준비를 하는 중일 것이다.

사업에도 시기가 있다. 젊을수록 좋다. 그러니 하루빨리 사업을 시작해야 한다. 당신이 사업 준비를 오래 하면 오래 할수록 기회는 자꾸 멀어져간다(나이가 많아도 걱정하지 마라. 나이가 많아도 성공하는 법, 늙어서 포기하려는 분들께 266p 참조). 교도소에서 교화방송으로 예능프로그램을 가끔 방영해준다.

tvN 나영석 PD가 프로듀싱한 '서진이네'를 방영해 준 적이 있다. 외국에서 한국 분식점을 오픈하고 우리나라 음식을 널리 알리자는 취지로 한국에서 내로라하는 연예인들이 직접 음식도 만들고 홀 서빙도 하며 시청자로 하여금 재미와 감동을 준다. 배우 이서진은 분식점 사장을 맡고 배우 박서준, 정유미, 가수인 BTS 멤버 뷔, 기생충 영화로 유명한 배우 최우식이 직원으로 각자의 일을 맡는다.

이서진은 예능이지만 사장 역할을 너무 몰입한 나머지 직원인 연예인들을 쉬지도 못하게 다그치며 일을 시킨다. 점심시간 및 브레이크 타임을 포함하여 하루 8시간 정도 일한다. 배우 박서준, 정유미는 음식을 만들고 가수 뷔는 주방보조, 배우 이서진, 최우식은 홀 서빙을 맡는다.

배우 이서진을 제외한 모든 직원들은 불만이 많다. 예능이라 쉬엄쉬엄해도 될 텐데 배우 이서진이 진짜 사장이라도 된 것처럼 어떻게든 매출을 올리려 하니 직원들은 힘들어한다. 그때 다들 이렇게 말했다. '살면서 지금 하는 일이 제일 힘들다'고 말이다. BTS 멤버인 뷔도 세계에서 인기가 좋아 공연 등 살인적인 스케줄을 소화했음에도 불구하고 지금 하는 주방보조 일이 제일 힘들었다고 집에 빨리 가고 싶다고 했다. 배우 이서진은 나이도 제일 많고 사장이라 솔선수범도 해야 해서 더 일을 많이 할 텐데 방송 내내 힘들어하는 기색이 없고 내일 쉬자는 직원들의 압박에서도 아랑곳하지 않고 오픈하자 한다.

매장, 주방기기, 조리도구, 홀 테이블 등 모든 게 사장 것이고 매장 내 직원 것은 아무것도 없다. 손님이 많이 오면 매출이 늘어나 사장 수익은 커진다. 사장은 힘들어도 웃으며 일할 것이고, 직원은 손님이 적으나 많으나 직원에게는 아무 상관이 없다. 월급은 정해져 있고 오히려 손님이 많으면 일을 더 많이 해야 해서 피로감만 더 쌓일 뿐이다. 제발 시간이 빨리 가서 퇴근하면 좋겠다는 생각 뿐…. 느리게 가는 야속한 시계만 계속 쳐다볼 뿐이다. 이것이 직원과 사장의 차이다. 당신이 직원으로 있는 한… 사업의 뇌는 계속 굳어 갈 것이고 사업의 마음가짐은 쪼그라들 뿐이다.

tvN 장사천재 백사장 프로그램도 마찬가지다. 백종원이 외국에 백반집 등을 오픈하여 한국의 음식을 알리고 현지 음식점의 사장이 되어 음식 장사를 한다. 직원으로는 소녀시대 유리, 배우 이장우, 가수 존박 등이 있다.

직원으로 일하는 유리는 소녀시대 활동 때보다 지금 하는 음식 장사 직원으로 일하는 것이 더 힘들다 하고, 이장우도 드라마 찍는 것보다 훨씬 힘들다고 한다. 백종원은 사장으로서 나이도 제일 많고, 일도 제일 열심히 하고, 일이 끝나고도 신메뉴 개발, 장사 계획 등등을 전부 맡고 있는데 지친 기색이 없다. 그리고 직원들의 힘들다는 푸념도 다 받아줘야 하고, 심지어 직원들을 위해 맛있는 요리까지 해가며 달랜다.

왜 직원들은 하루 8시간만 일해도 죽을 것 같고 사장들은 하루 24시간 꼬박 일해도 얼굴에 생기가 돌까? 당신이 직원으로 있는 한 절대 그 이유를 알 수 없다. 그러니 당신도 하루빨리 사장이 되어라. 사회는 불공평하지만, 당신에게 공평한 게 딱 한 가지 있다. 바로 시간이다. 시간은 누구에게나 공평하게 흘러간다. 하지만 당신이 직원으로 있는 한, 사장으로 있는 사람과 시간은 절대 공평할 수 없다. 또 시간의 질도 틀리다. 당신이 직원으로 있는 한, 사장과 같은 시간을 노력하고 쓴다고 해도 마음가짐 자체가 다르다. 당신은 노력하는 시간에도 '회사 일도 힘들게 하고 있고 다른 직장동료들은 놀러 다닌다는데 이 정도 노력했으면 되었겠지?'라는 마음가짐일 것이고 사장은 똥줄이 바짝 타 '이 시간에 노력을 안 하면 나뿐만 아니라 내 가족 내 직원 모두 굶어 죽는다'는 죽을 각오의 마음가짐이다. 그러니 같은 시간을 써도 시간은 절대 공평하게 흘러가지 않는다. 시간은 계속 흐른다. 하루빨리 직장을 때려치워라.

사람은 똥줄 탈 때가 뭐든지 제일 빨리 습득하고 제일 빨리 배운다. 명문대 간 사람도 이 세상의 이치를 빨리 깨달았다. 서울대 간 이하늬도 이대로 살면 안 될 거 같아 죽어라 공부했다고 한다. 명품 과외, 일타강사 다 필요 없다. 똥줄 강사가 최고다. 나도 손가락이 아파서 원래 필기할 때 2페이지도 글을 쓰기 힘들어했다. 지금은 똥줄 강사가 있어 하루 10시간씩 10페이지 정도 글을 쓰고 있다. (손가락 아프기는 개뿔) 서진이네 출연한 박서준, 뷔, 최우석 하고 장사 천재 백사장에 출연한 유리, 이장우가 지금 하고 있는 홀 서빙 및 주방 일이 살면서 제일 힘들다고 한 것이 그 증거이다.

큰 부자 되는 법은 어렵고 뜬구름 잡는 이야기뿐이지만, 작은 부자가 되는 법은 너무나 쉽고, 현실적으로 와닿아 MZ 세대, 다음 세대들은 이제 작은 부자 되는 법을 손쉽게 습득할 것이다. 작은 부자가 되는 경쟁이 갈수록 치열해질 것이다. 이미 작은 부자 되는 법은 유튜브 등에서 쉽게 검색하면 나온다. 아직 그놈의 고정관념과 인식 때문에 대부분 시도하고 시작하지 않을 뿐이다. 하지만 이제 사람들도 알 것이다. 학교에서 배우는 공부가 부자로 만들어주지 않는다는 것을 말이다. 부자가 되는 데 덧셈, 뺄셈, 곱셈, 나눗셈 외엔 다 쓸모없다. 당신이 현재 직장인이라면 회사에서 피타고라스 정리와 같은 수학 공식을 사용하는가? 옴의 법칙, 상대성 이론 등등등… 하등 쓸모가 없다. 물적 낭비, 시간 낭비이다. 심지어 덧셈, 뺄셈, 곱셈, 나눗셈도 엑셀이나 계산기가 다해준다. 여태껏 코피 터져가며 배운 지식들이 사회에서 하등 쓸모없는 것에 회의감이 느껴지지 않는가? 당신도 공부할 때 속으로 생각했을 것이다. '좋은 대학 가기 위해서만 필요한 수능 공부가 사회에서 도움이 될까?'라고 말이다.

예전엔 공부를 열심히 해 좋은 대학에 나와 대기업에 입사하는 것이 정답인 줄 알았다. 그런데 어릴 때 공부도 못하고, 학벌도 별 볼 일 없고, 학교 다닐 때 찌질했던 놈이 당신보다 좋은 차 타고 다니고, 놀러 다니면서 돈은 더 많이 벌고 있다면? 더 심한 경우 그 찌질한 놈의 회사에서 당신이 일하고 있다면? 엄청난 자괴감에 빠질 것이다. 좋은 대학 가기 위해 했던 공부는 오히려 내 삶을 갉아먹고 있는 잘못된 방식이라 깨닫게 될 것이다. 당신도 부자 되는 길이 수능 공부의 반대 길이 확실하다면 과감히 수능 공부를 포기하고 부자가 되는 반대 길로 갈 것이다. 당신이 한 아이의 부모라면 돈도 많이 들고 아이와 당신한테 스트레스밖에 남지 않는 좋은 대학 가라고 수능 공부를 시킬 것인가? 나는 자식이 있다면 절대 대학에 보내지 않을 것이다(학점은행제를 통해 학사학위를 취득시키고 돈만 주면 가는 명문 대학원을 보내 손쉽게 학벌을 따게 하겠다). 세상의 이치를 깨닫고 부자가 되는 직접적인 길을 알려줄 것이다. 유튜브에서 좋은 대학을 때려치우고, 스마트 스토어 등을 해서 월 천만 원씩 놀면서 버는 영상을 수도 없이 봤을 것이다. 그렇게 양질의 삶을 살아가는 MZ 세대들이 자식을 낳으면 다들 본인처럼 사는 법을 알려 줄 것이다. 그래서 MZ 세대의 자식들은 직장 생활보다 사업을 더 많이 할 수도 있다.

　그러니까 더 늦기 전에 당장 부자 되는 길을 걸어라. 여기서 더 늦어
지면… 당신에게 더 이상 기회가 오지 않을 수가 있다. 돈이 없이 하
는 사업 아이템은 시대가 변할 때마다, 위기가 올 때마다 기회가 생긴
다. 이제 너도나도 시작하여 돈 없이 할 수 있는 사업 아이템은 시대
의 변화보다 앞서나가 수요(시대의 변화, 위기)보다 공급(돈 없이 할 수 있
는 사업 아이템)이 앞지를 것이다. 막상 사업을 시작하면 직장 생활, 아
르바이트하는 것보다 쉽다. 큰 부자의 조언은 너무 멀리 있는 것 같
고, 손 닿지 않을 것 같지만 작은 부자들이 말하는 '월 천만 원 벌기'
같은 사업 아이템들은 당신도 할 수 있을 것 같고, 현실적이라 바로 시
작할 수 있는 마음이 생길 것이다. 막상 사업을 시작하면 직장 생활,
아르바이트하는 것보다 쉽다. 그러니 직장부터 때려치우고 당장 사업
을 시작해라.

세상의 이치 -
돈 버는 이치와 같다 편

⋮

    세상의 이치를 깨달아야 돈 버는 방법이 눈에 보인다. 부자나 성공한 사람에게 돈 버는 방법을 알려 달라고 애걸복걸 간절하게 비는 사람들이 많다. 왜냐하면 부자가 되고 싶어 하기 때문이다. 부자나 성공한 사람은 간절함에 못 이겨 알려준다. 부자나 성공한 사람은 물고기(돈)를 주는 것 보다 물고기를 잡는 법을 알려주려 한다. 그 이유는 물고기를 줘봤자 당장의 배고픔은 해결할 수 있지만 또 다시 배가 고파질 것이다. 그렇기 때문에 물고기를 주지 않고 스스로 물고기를 잡아 본인도 먹고 시장에 내다 팔아 부자가 되게 하고 싶은 마음이다. 부자나 성공한 사람에게 들은 돈 버는 방법은 뭔가 너무 쉽게 설명하고 뜬구름 잡는 말뿐이어서 돈 버는 방법을 알려주기 싫으면 싫다고 말을 하면 되지 혼자만 부자가 되려고 알려주지 않는다고 속으로 생각할 것이다. 부자나 성공한 사람들은 평생동안 뼈를 깎는 고통으로 알게 된 노하우를 알려준 것인데 오해를 받는 경우가 많다(사업 아이템, 주식정보, 부동산 정보, 투자처 등 모두 물고기 잡는 법이 아니라 물고기를 주는 것이다).

가엽고 간절한 마음을 이기지 못해 물고기 잡는 방법을 알려준 부자나 성공한 사람들은 마음의 상처를 받고 다시는 알려주지 않겠다고 다짐하거나 두고두고 지켜본 다음 그릇이 커질 때마다 조금씩 알려준다. 그래야 오해도 안 생기고 그릇의 크기보다 많은 양을 알려주면 넘치기 때문이다. 부자나 성공한 사람들도 외롭다. 한 명이라도 부자가 되거나 성공하길 바라 자신과 같이 놀고 싶은 마음뿐이다. 나도 당신이 부자나 성공하길 원한다 그래야 내 덕에 성공했다며 나중에 밥이라도 사줄 것 아니냐?

내가 세상의 이치 즉, 돈 버는 이치를 말하기에 앞서 부연 설명한 것은 당신도 충분히 오해를 할 수 있기에 그랬다. 지금부터 세상의 이치를 깨닫는 돈 버는 이치를 설명할 건데 최대한 알기 쉽게 설명할 예정이다. 뜬구름 잡는 말이라고 생각할 수도 있다. 내 설명을 다 읽고도 뜬구름 잡는 말이라고 생각한다면… 성공은 당신의 능력이 좋아 될 수 있어도 부자가 되긴 글렀다. 부자는 능력만으로 되는 게 아니기 때문이다.

세상의 이치 관련 사례를 들어 보겠다.

당신이 약속 장소에 가려고 자동차 운전을 하고 있다. 좌회전을 바로 해야 약속 장소에 늦지 않게 갈 수 있지만 좌회전으로 가려는 차량이 많아 좌회전 차선에 줄 서 있는 자동차가 끝도 없이 밀려 있다. 이럴 때 당신은 어떤 선택을 할 것인가?

첫 번째 유형, 약속 장소에 가려면 좌회전해야 하니 처음부터 끝까지 기다린다.

두 번째 유형, 약속 장소에 절대 늦으면 안 돼서 좌회전 차선에서 줄서 있는 어리바리한 운전자를 골라 기회를 노려 한 번에 끼어든다.

세 번째 유형, 처음부터 좌회전 차선에서 끝까지 기다리기도 안 내키고 끼어들기엔 뭔가 양심에 찔려 우회하여 다른 길을 찾는다.

당신은 어떤 방법으로 약속 장소에 갈 것인가? 혹시 다른 방법이 있는가?

첫 번째 유형. 좌회전 차선에서 처음부터 본인 차례 올 때까지 기다리는 유형은 전문직 타입이다. 안전하고 확실한 것을 좋아한다. 그래서 사업을 하더라도 리스크를 없애려고 사업 계획을 철저히 세우고 사업하려 한다. 완벽해야 사업을 시작하기 때문에 주로 대기업 다니다 정년퇴직 후 사업하거나 공무원이면 연금이 보장되는 날 퇴직하고, 퇴직금 등 본인에게 이득이 된다고 생각하는 것들을 계산적으로 몽땅 받아 사업하는 유형이다. 재테크는 잘하겠지만 퇴직 후 퇴직금으로 프랜차이즈 치킨집을 차려 치킨이나 튀기고 튀기고 있겠다(글을 쓰는 도중 머리가 길면 감옥이라 다른 수형자가 머리를 잘라 주는데, 개떡 같이 잘라줘서 지금 내 머리가 개떡 같다. 머리 못 자른다고 말도 못 하고 짜증난 상태에서 글을 쓰고 있다. 오늘따라 유난히 내 모습이 초라하다 이 순간을 잊지 않으리...).

두 번째 유형. 뒷사람들 생각도 안 하고 본인 생각만 하는 유형으로 목표를 이루기 위해 수단과 방법을 가리지 않는다. 내가 돈을 많이 벌려면 경쟁자를 없애야 한다고 생각한다. 주위에 원성을 받긴 해도 추진력이 있어 제일 빨리 성공할 수 있겠지만 결국은 내 옆에서 같이 밥을 먹을 거다(교도소로 올 것이라는 뜻이다). 불법도 개의치 않으며 사업을 할 것이다.

세 번째 유형. 다른 길로 우회하여 가려는 유형은 의욕만 앞서고 실속이 없다. 우회해서 가면 더 헤맬 수도 있고 에너지 소비만 하다 제풀에 지칠 것이다. 열정과 멘탈이 강하면 쓰러져도 계속 시도할 수 있지만 의욕만 앞선 사람 대부분 포기가 빠르다. '결국 난 안돼 부자는 역시 아무나 되는 게 아니구나'라고 스스로 자책하다 부자 되는 것을 포기한다.

그럼, 부자나 성공하는 유형은 몇 번째일까? 아쉽게도 없다. 부자나 성공한 자는 다른 방법을 사용한다. 바로 네 번째 유형이다. 네 번째 유형은 비상깜빡이를 켜고 창문을 내리고 팔을 내밀어 밝은 미소로 양보를 부탁한다. 그럼, 백이면 백 괜찮다는 손짓과 미소를 지으며 양보를 해 준다. 양보를 해 준 뒤차 운전자에게 깜빡이를 한 번 더 켰다끄고 감사함을 표한다. 그럼, 뒤차 운전자는 자신이 뭔가 착한 일을 한 것 같아 하루 종일 기분이 좋아질 것이고 앞차에 대해 알 수 없는 호감이 생길 것이다. 옆 차로로 끼어들기 힘들다면 내가 말한 네 번째 유형으로 비상 깜빡이를 켜고, 손을 내밀고, 미소를 지으며 끼어들어봐라 다 양보해줄 것이다.

여기서 머릿속에 퀘스천 마크(물음표)가 생겨야 한다. 이렇게 쉬운 방법이 있는데 사람들은 옆 차로로 끼어들기할 때 네 번째 유형처럼 하면 편한데 왜 그렇게 하지 않을까? 이것이 바로 '세상의 이치'이다. 알면서 안 한다. 생각만 하고 있다. 자존심 부리고 그게 되겠냐는 부정적인 생각으로 하지 않는다. 사업도 마찬가지다. 대박 난 사업 아이템들을 보면 '아, 내가 생각했던 건데', '내가 하려고 했던 건데', '저게 된다고?'라고 하는 사람들을 많이 볼 것이다.

또 다른 사례를 들어 보겠다.

출근길 회사 건물 로비에 도착했다. E군은 근무하는 사무실이 8층이라 1층에서 엘리베이터를 타려고 하는데, 출근하는 사람이 많아 줄이 장난 아니다. 그럴 줄 알고 다행히 일찍 출근했지만 엘리베이터 타려는 줄이 너무 길어 늦을까 봐 살짝 걱정이 되어 비상계단으로 갈까 잠시 고민하다가 고개를 저었다. 저번에 한번 8층까지 비상계단으로 걸어갔다가 다리에 근육통으로 고생한 거 생각하면 끔찍했다. 그리고 아침부터 땀을 많이 흘려 업무에도 집중이 안 된 적이 있어 그냥 차례가 올 때까지 기다리기로 했다.

어느 정도 시간이 지난 후 엘리베이터 타는 줄에서 중간쯤 왔을 때 이제 도착한 E군의 입사 동기 F군이 보였다. '넌 100% 지각이다'라고 속으로 웃고 있었다. 입사 동기는 엘리베이터 줄을 서지 않고 있어 비상계단으로 가려나 생각하는 찰나 엘리베이터가 1층에 도착했다. 지하로 내려가는 엘리베이터라 아무도 타는 사람이 없으리라 생각했지만 F군이 타는 것이다. 왜 그런지 고개를 갸우뚱거렸지만 이내 생각을 지우고 핸드폰 게임만 집중했다. 얼마 후 E군의 차례에 엘리베이터가 왔고 8층에 있는 사무실로 간 순간 너무 놀랐다. F군이 이제 왔냐며 여유롭게 커피까지 뽑아먹고 있었다. 출근하는 회사에서 각자의 사무실로 가려고 1층 엘리베이터에서 기다려 줄 서본 경험은 한 번씩 있을 것이다. 입사 동기인 F군이 어떻게 E군보다 늦게 회사 1층에 도착했음에도 E군보다 일찍 8층 사무실에 도착할 수 있었을까? 다들 예상했을 것이다. 입사 동기는 엘리베이터가 지하로 내려갔다 올라가는 이치를 깨달아 줄 서지 않고 바로 지하로 내려간 엘리베이터를 탔다가 8층에 있는 사무실로 바로 갔던 것이다. 물론 이런 행동은 도덕적이지 않다. 다들 힘들게 아침 일찍 와서 줄을서고 기다리고 있는데 본인만 빨리 가겠다고 '약삭빠른 짓을 하면 되겠냐'고⋯. 주변 사람들이 알면 질타를 당할 수도 있다.

공동체 생활 및 조직 내에서는 '약삭빠른 짓'을 하면 그 조직에서 왕따를 당하거나 심지어 방출될 수 있다. 하지만 사업에서는 다르다. 다른 사람에게 사업 아이디어를 듣고 내가 먼저 사업을 시작해도 사업 아이디어(비즈니스모델)가 특허(BM 특허)로 등록되어 있지 않는 한 법적으로 전혀 문제가 없다. 약삭빠른 짓이 좋은 말로는 영감 또는 벤치마킹이라고도 부른다. 부자가 되려면 '정의'를 찾지 말아야 한다(정의 관련, 정의와 부자는 성립할 수 없다 310p 참조). 드라마에선 주인공이 힘들게 생각한 사업 아이디어를 악당에게 뺏겨 악당은 크게 성공하고 주인공은 죽도록 고생하다 기회가 생겨 통쾌하게 복수에 성공한다. 현실에선 주인공이 사업 아이디어를 악당에게 뺏기는 일이 허다하다. 악당은 더욱 부자가 되지만 주인공은 죽도록 고생만 한다. 복수는 생각도 못 한다. 그게 현실이다.

실제로도 컴퓨터에 운영체제(OS)가 없을 때 운영체제를 최초로 만든 사람이 있었다. 다른 기업에서 그걸 보고 벤치마킹하여 운영체제를 더 빨리 만들고 출시했다. 최초 운영체제를 만든 사람은 애플의 창업자인 '스티브 잡스'이고 스티브 잡스의 Mac OS를 벤치마킹하여 전 세계에 Windows OS를 보급해 당시 전 세계 1위 부자가 된 '빌 게이츠'이다. 전 세계 1위 부자이고 기부도 많이 한 빌 게이츠에게 그 누가 약삭빠른 놈이라고 한단 말인가? 사업 아이디어는 무궁무진하다. 생각만 하지 말고 먼저 행동하고 생각해도 늦지 않는다.

나는 역사를 좋아한다. 역사를 알면 미래가 보이기 때문이다. 그중에서도 전쟁 역사를 좋아한다. 전쟁은 꼭 군사가 많은 쪽이 이기는 것이 아니다. 수많은 전술, 화려한 책략으로 적은 군사로도 많은 군사를 물리치는 방법은 가히 놀라울 정도다. 당신이 반란을 일으켜 왕을 죽여 왕이 되고 싶은데 수도 한복판에서 군사를 일으키기엔 당신의 군사가 너무 적고 방비가 너무 튼튼해 승산이 전혀 없었다. 이럴 때 어떻게 할 수 있을까? 바로 변방으로 내려가 군사를 일으켜 세력을 쌓은 다음 세력이 더 커지면 수도를 치는 것이다. 아무리 수도를 보호하는 군사의 방비가 튼튼하더라도 이미 부정부패로 얼룩진 수도는 오합지졸일 뿐이라 금방 함락할 수 있다. 내가 방금 설명한 전쟁 역사는 세상의 이치고, 이제 돈 버는 이치로 대입하여 변방에서 수도를 함락시킨 실제 사례가 있는지 보면 바로 '배달의민족'이다.

배달 중개 대행 앱은 우아한형제들이라는 회사에서 배달의민족 앱을 출시하여 시작되었다. 우리나라 배달시장이 점점 커지면서 작디작은 우아한형제들이 배달의민족 앱으로 크게 성공했다. 배달의민족을 벤치마킹하여 독일에 있는 딜리버리히어로라는 회사도 우리나라에 요기요를 출시했지만, 매출이 저조했고 배달의 민족이 너무 막강하여 딜리버리히어로는 우회(변방)하여, 독일, 터키, 그리스, 아시아 등 여러 배달 중개 대행앱을 만들거나 인수하여 서비스를 시작했다.

당시 배달의민족은 서민(음식점 사장님)들이 하루 벌어 하루 먹고 살기도 힘든데 배달 중개 대행 수수료가 너무 비싸다는 여론으로 인하여 해외 진출은커녕 우리나라 사람들 여론 잠재우기도 힘들었다. 딜리버리히어로는 변방에서 세력을 엄청 키워 견고하던 배달의민족(수도)이 딜리버리히어로에 결국 함락되어 딜리버리히어로가 배달의민족을 인수했다.

배달의민족 이야기에서 볼 수 있듯이 무에서 유를 창조하는 사업 아이디어를 머리 뜯어가며 쥐 나게 생각할 필요 없다. 당신은 신이 아니다. 없는 것을 창조할 수 없다. 그러기에 견문을 넓히는 게 중요하다. 그러니 온라인 게임으로 인생 낭비하지 말아라. 당신의 아이템이 풀세트이고 지존이어도 현실에 있는 당신을 봐라 온라인 게임으로 자기 만족하지 말고 온라인 게임 아이템 다 팔아 해외 배낭여행을 떠나라. 우리나라에서 어떤 사업 아이템을 하면 좋을지 해외가서 직접 보고 와라 온라인 게임에서만 지존이 되지 말고 현실에서도 지존이 되어라. 해외에 갈 사정이 안 되면 전국 방방곡곡 사업 아이템을 벤치마킹하러 당장 떠나라. 수도에 있는 사업 아이템을 보고 변방에서 세력을 넓혀라!

켈리델리 대표 켈리 최도 한국과 일본에서 영감을 얻어 프랑스 파리 대형마트에서 초밥을 직접 만들어 포장해 팔았다. 초밥 도시락은 대히트를 쳤고 유럽으로 사업을 확장해 연 매출 6천억을 버는 기업으로 성장했다. 동물들에게도 세상의 이치가 있다. 모든 세상의 이치는 돈 버는 이치와 같다. 동물도 서열 다툼을 한다. 그래야 질 좋고 더 많은 먹이를 차지할 수 있고 암컷도 차지할 수 있다. 서열 1위는 항상 도전자와 싸워 이겨야 한다. 싸워서 지면 꼬리를 흔들거나 꼬랑지를 보이며 도망가거나 배를 보이며 졌다는 행동을 보인다. 그럼 싸움은 끝난다. 서열 1위인 동물도 늙으면 이빨이 다 빠지고 손톱도 다 빠진다. 결국엔 도전자에게 패해 서열 1위 자리를 내어 줘야 한다. 여기서 궁금한 점이 생길 것이다. 이빨도 안 빠지고, 손톱도 안 빠지고 젊고, 힘이 강력할 때 도전자가 생기지 않도록 애초에 도전자의 싹을 다 잘라 버리면 죽을 때까지 서열 1위를 유지하지 않을까? 그럴 수밖에 없는 이유가 있다. 힘도 너무 많이 들고 자칫 잘못했다간 떼거리로 공격을 당하면 본인이 당할 것 같기에 본능으로 알고 그러지 않는 것이다. 사업도 마찬가지다 1위가 만든 길을 그대로 따라 가면서 꼬리도 흔들고, 꽁지를 보이며 도망가거나 배를 보이며 1위가 이빨도 손톱도 다 빠질 때까지 기다리면 된다. 1위도 힘들게 만든길을 그대로 따라오는 업체들을 공격하기란 쉽지 않다. 기업의 이미지가 자칫 서민들 죽이는 기업이라고 소문이 날 수도 있고 잘못 건드렸다가 역공당할 수도 있기에 공격하거나 죽일 수 없다. 그리고 법적으로 밝혀내기도 상당히 힘들고, 비용도 많이 들고, 시간도 오래 걸린다.

처음 개발해 출시하면 출시하는 순간 1위는 되겠지만 후발 업체들이 처음 개발한 업체 기술을 베껴 더 좋게 보완해서 출시하는 경우도 많다. 처음 개발한 업체는 이 제품이 잘 팔릴지도 모르고 사용자로부터 사용 후기 등 데이터가 하나도 없어 미비한 부분이 많다. 후발 주자는 처음 개발한 제품을 베끼기만 하면 개발비를 아낄 수 있고, 사용자가 원하는 점과 불편한 점을 취합하여 보완해 출시할 수도 있다. 그래서 TV 프로그램도 노래 경연 프로그램이 히트를 치면 비슷한 노래 경연 프로를 여기저기 따라서 방영했다. 그러나 제품이나 프로그램은 만들기도 어렵고 돈도 많이 들어간다. 그리고 특허나 저작권 피하기 기술(등록된 특허의 기술을 피해 더 업그레이드하여 비슷하게 특허 내는 기술)이 없는 한 법적인 문제를 피할 수 없다.

내가 말하고 싶은 것은 당신은 돈도 없고 기술도 없기 때문에 제품과 프로그램을 따라하지 말고 '서비스 관련 사업 아이템'을 따라 해야 한다(서비스 관련 사업 아이템, 어떤 사업 아이디어를 생각해야 할까? 153p 참조). 서비스 관련 사업 아이템은 BM특허(사업 아이디어 특허)로 등록하기 상당히 어려워 따라 해도 문제가 되지 않는다. 그러니 견문을 넓혀 서비스 관련 사업 아이템을 하루빨리 따라 해 사업해라 서비스 관련 사업 아이템은 시간 싸움이다. 누가 먼저 벤치마킹해서 자리 잡느냐에 따라 돈을 벌고 성공한다.

   한 청년이 있었다. 그는 호텔도 아니고 모텔에서 카운터를 보다 손님이 차를 타고 오면 발렛 파킹도 해주는 벨보이였다. 그 청년은 모텔에서 일하다 문득 생각에 잠긴다. 불륜들만 가는 모텔의 이미지를 바꿔 칙칙한 객실을 객실마다 테마 있게 꾸미고 젊은 연인들이 가는 데이트 코스로 바꾸는 게 어떨까? 객실 안에서 영화도 볼 수 있게 하고 커플 PC도 설치하여 게임도 하고 시원한 에어컨 바람도 맞으며 쉴 수 있게 하고 가격도 기존 모텔 가격보다 3분의 1 수준으로 저렴하게 하여 돈이 별로 없는 젊은 커플들을 주 고객으로 삼아 음지로 여기는 모텔을 양지로 인식을 바꿀 생각을 한다. 그래서 그는 생각만 하지 않고 투자자를 모집해 실천에 옮겼다. 다들 미쳤다고 생각했다. 모텔을 데이트 코스로 만들다니 너무 무모해 보였다. 다 쓰러져 가는 모텔을 임대해 객실마다 젊은 세대에 맞게 리모델링하여 오픈을 했다. 생각은 적중했다. 가격도 저렴하고 놀거리도 있고 쉬고 싶을 때 편히 쉴 수 있는 젊은 세대들이 원하는 데이트 코스였다. 객실은 평일에도 항상 만석이었고 매출은 급증했다. 더 나아가 모텔 프랜차이즈도 하는 등 승승장구하였다. 여기서 끝이 아니었다. 숙박 중개 앱까지 만들어 유니콘기업(기업가치 1조 이상)이 되었고 지금도 계속 사업영업을 확장중이다. 그 회사가 바로 '야놀자'이다. 여기서 더 놀랍게 지켜볼 건 무에서 유를 창조한 야놀자가 아니다 모텔 예약 앱 2위로 후발 주자로 바로 뛰어든 '여기어때'이다. 야놀자가 힘들게 닦아놓은 길을 휘파람 불며 걸으며 야놀자가 했던 대로 따라하며 어마어마한 매출을 올리며 2위

자리를 지키고 있다. 2위가 좋은 점은 또 있다. 젊은 애들이 대낮부터 모텔을 간다는 둥, 모텔을 홍보해주는 광고비가 너무 비싸다는 둥, 여론과 질책은 항상 1위인 야놀자가 받아 왔다. 여기어때는 야놀자 뒤에 숨어 소나기가 올 때는 피하고 바람이 불 땐 업혀 갔다. 그리고 여기어때는 야놀자 보다 매출은 작지만 영업이익은 훨씬 많고, 해외여행 중개 앱으로도 확장하여 업계 1위인 야놀자를 넘어서려고 하고 있다. 여기어때처럼 서비스 관련 사업은 먼저 한 길을 그대로 따라 해도 크게 문제가 되지 않는다. 서비스는 옛날 옛적부터 있던 거라 서비스 기반을 둔 사업은 법적으로 보호받기 힘들다.

다단계도 서비스사업의 한 종류로 마찬가지다. 처음 다단계를 고안한 사람도 다단계 방식으로 사업하다 처음 보는 방식의 사업이라 불법 같고 사기 같아 법원에서 재판까지 받았다. 그러나 법원에서도 다단계 방식이 비즈니스의 한 모델로 받아 들어져 합법이라는 판결을 받아 냈다. 만약 다단계 방식이 법원에서 불법으로 판결되었다면 처음 다단계를 고안한 사람은 평생 감옥에서 생을 마감했을 것이다. 이렇게 힘들고 많은 일을 겪고도 다단계 방식은 처음 고안한 사람만 사용하는 것이 아니라 누구나 다단계 방식을 사용해도 문제가 없다. 그래서 처음 사업을 시작하려는 당신에게 말해주고 싶다.

'1위의 길을 그대로 따라가도 문제없고 성공 확률이 높은 서비스 관련 사업을 해라.'

생활 속에 숨어 있는 삶의 지혜 같은 이치들이 사업에 대입하면 돈 버는 이치가 된다. 돈을 벌고 성공한다는 것은 막연하고 어려운 게 아니다. 또 선택받는 사람들이 성공하고 부자가 되는 게 아니다 사람은 안전하고 안락한 것을 좋아한다. 남들이 하지 않거나 가지 않는 길은 두려워하거나 불안해한다. 하지만 깨달아라 남들이 가지 않으려 하는 두렵고 불안한 길이라고 인식이 박혀 있는 길을 혼자 걸어가야 성공할 수 있다. 다들 안 가봐서 그렇지 한번 가보면 별거 아니다. 나도 실패할 때마다 항상 외로이 혼자 갔고 항상 성공했다.

어릴 때 학교짱이 지금 생각해 보면 별거 아니었다. 그저 운 좋게 한번 싸워 이겼을 뿐인데 다음날 소문에 소문이 더해져서 위대해 보였을 뿐 전문 격투기 선수도 아닌데 말이다. 나도 학교 다닐 때 학교짱을 무서워 했지만 지금 생각해 보면 학교짱이 싸우는 걸 한 번도 못 봤다. 항상 무리를 지어 다니며 사람들 괴롭힌 것만 봤지 학교짱도 혼자 있으면 괜히 싸움에서 질 것 같아 무리를 지어 다니면 안전하고 위화감을 조성할 수 있어 그런 것 같다. 학교짱은 세상의 이치를 다른 사람보다 일찍 깨달았을 뿐이다.

사람들은 대부분 피부가 좋아지려고, 비싼 화장품을 사서 바른다. 또 비싼 화장품이 아까워 아껴서 바른다. 나는 화장품을 좋은 거 바른다고 피부가 확연하게 좋아졌다는 사람을 보질 못했다. 화장품은 피부가 바로 좋아지지 않는다. 그리고 미용기기도 마찬가지다. 100만 원을 호가하는 LED 마스크는 이제 보이지도 않는다. 다른 미용기기도 마찬가지다. 좋은 화장품, 비싼 미용기기로 아무리 피부관리해 봐라. 여드름 자국이 없어지겠는가? 얼굴이 하얘지겠는가? 주름이 펴지겠는가? 기미, 주근깨가 없어지겠는가? 화장품, 미용기기에 돈 쓰지 말고 병원에 있는 피부과 가서 당신의 피부에 맞게 시술을 받아라. 처음 시술받을 때는 목돈이 들어가겠지만 당신이 평생 비싼 화장품, 미용기기 사는 것보다 훨씬 저렴하다. 피부과에서 시술받으면 눈에 보이게 바로 피부가 좋아진다. 그리고 화장품은 차라리 싼 거 사서 아끼지 말고 듬뿍 발라야 한다. 좋은 화장품은 가격이 비싸 아껴 바르는 바람에 제대로 피부에 수분 공급이 되지 않아 피부에 훨씬 좋지 않다.

내가 중국에 화장품을 수출하려고 직접 만들어 봐서 잘 안다. 당시 화장품 내용물을 제조하는데 비싼 화장품이나 저렴한 화장품이나 가격 차이가 거의 없었다. 오히려 화장품 통 값이 더 비쌌다. 잘생기고, 예쁜 사람도 마찬가지다. 타고나게 잘생기고 예쁜 사람은 전체 인구 중 1% 될까 말까다. 모두 자기관리를 잘해서 잘생기고 이뻐졌다. 연예인들의 과거 사진을 보면 알 것이다. 당신이 복근이 생기면 세상 어떤 옷을 입어도 잘 어울릴 것이다. 그리고 세상이 달라 보일 것이다. 자존감, 자신감도 넘쳐흐를 것이다. 세상의 이치를 하루빨리 깨달아라. 드라마나 영화에 나오는 주인공들은 모두 몸 좋고 스타일도 좋다. 왜 주인공들은 잘생기고 이쁘고 몸 좋은 사람을 캐스팅하겠는가? 당신도 복근을 만들어 몸 좋고, 스타일 좋은 사업가가 되어라. 아이돌도 아이돌이 되고 나서 몸 관리를 한 것이 아니다. 아이돌이 되기 전부터 아이돌이 되고 싶어 몸 관리를 했다.

이뤄진 다음은 없다. 이뤄지기 전에 관리해라. 그래야 성공한다(세상의 이치에서 몸 좋은 기준은 복근이다. 복근은 몸매의 완성이다. 다른 부위가 아무리 좋더라도 뱃살이 나오면 어떤 옷을 입어도 이쁘지 않다).

세상의 이치를 빨리 깨달아라. 생전 모르는 분야나 업종도 시작만 하면 신기하게 성공하게 된다. 나도 생전 처음 해본 디저트 카페 업을 시작해 성공했다. 내가 그 증거이다. 부를 쌓으려 제대로 노력하는 자는 100명 중 1명도 안된다. 대부분 맨땅에 삽질하고 있다. 세상의 이치를 알면 성공하기 너무 쉬운 세상이다. 주변에 삽질하는 사람들 보고 깨달아라. 다행히 아직도 부를 쌓으려 제대로 된 길을 가지 않고 있구나. 당신이 제대로 된 길만 간다면 좀만 노력해도 반드시 성공할 수 있다. 그러니 당신도 처음은 외롭겠지만 두렵고 불안하다는 인식이 박혀 있는 길을 걸어가 보아라 그 끝에는 성공이 기다리고 있을 것이다.

성공하는 총 결론, 성공한 사람들이 쓴 책(부자 되는 나침반) 많이 읽고, 그대로 따라하고, 바로 시작하고, 성공할 때까지 포기하지 말고, 긍정적으로 살고, 겸손하고, 선량하게 살고, 간절한 사람 돕고 살아라. 이게 정말로 성공하는 비법이다. 알고 나면 별거 없다. 당신도 하루 빨리 세상의 이치를 깨닫길 바란다. 당신도 부자가 될 수 있다. 당신이 성공할 수 있게 내가 성공하는 제대로 된 지름길로 안내하겠다.

당장
시작해라

:

아무것도 할 줄 몰라. 무엇을 어떻게 시작해야 하는지, 할 줄 아는 것도 없고 잘하는 것도 없는데 어떻게 시작하냐고? 처음부터 잘하는 사람도 없고 처음부터 사업을 할 줄 알고 시작하는 사람은 아무도 없다. 그런데 처음 하는 사업인데 다들 잘 헤쳐 나가고 결국엔 성공한다. 그냥 시작하면 안다. 막상 시작하면 당신도 잘할 수 있다. 시작만 하면 신기하게도 운영이 된다.

당신 이름을 걸고 사업자 등록증을 내보면 책임감, 압박감(똥줄)이 생겨 당신도 모르게 천재가 된다. 죽어도 안 외워지던 것이 머릿속에 속속 박히고 하나를 알면 둘을 알게 되는 신비로운 현상도 일어난다. 그러니 아무것도 할 줄 몰라도 당장 시작해 봐라 또 자리가 사람을 만든다고 했다. 당신이 사장이 되면 달라질 것이다.

내가 군대 있을 때 일이다. 간부로 임관하였고 병과는 장갑차 정비였다. 자대 배치받을 때 운이 좋은 건지 나쁜 건지 포병부대가 새로 개편되어 내가 포병부대 자주포 정비관으로 발령받았다. 나는 장갑차 정비를 배웠지, 자주포는 배운 적이 없었다. 그래도 선임이 있으니 괜찮겠지 생각하여 정비소에 갔는데 망연자실했다. 처음 보는 자주포가 위풍당당하게 정비를 기다리고 있었고 선임은 개뿔 내가 부서장이란다. 내 나이 20살이었고, 정비병으로 착출된 병사들은 다들 나보다 나이가 많았다. 처음 보는 자주포를 고치라는데 속으로 '빌어먹을, 망했다' 하는 욕이 바로 튀어나왔고 식은땀은 물론 똥줄이 제대로 탔다. 엎친 데 덮친 격으로 이제 부서장이니 매일 오전 회의 때 참석해서 상황 보고 하라는 것이다. 내가 어디서 발표한 적이 있어야지… 학교 다닐 때도 공부는 못했고 잠만 자서 발표한 기억도 없었다.

그날로 숙소 가자마자 자주포 정비 교본은 물론이고 상황 보고를 어떻게 하는지 밤새워 공부했다. 처음엔 어리바리 타고 잘 몰라 욕도 많이 먹었지만… 시간이 어느 정도 흐르니 처음 보는 자주포도, 상황 보고도 잘하게 되었다. 그리고 더 웃긴 것은 얼마 후 신임 정비병으로 서울대 출신이 들어왔다. 솔직히 그때 살면서 서울대생을 처음 봤다. 서울대생이라 길래 뭔가 똑똑해보이고, 좀 있어 보이더라… 일을 시키는데 군기가 딱 잡혀 있는 것은 좋았는데 진심 그렇게 바보 같은 놈 처음 봤다. 서울대생 맞는지 두 눈을 의심했다. 그런데 그 서울대생도 분대장 달고 병장으로 진급하고 나니 늠름해지고 정비도 잘하고 누구보다 에이스로 변신했다. 정말 자리가 사람을 만든다는 말이 맞는 것 같다.

그러니 당신도 당장 시작하여 사장이 되어 보아라. 처음엔 힘들지만, 시간이 지나면 늠름한 사장이 되어 있을 것이다. 또 아무것도 할 줄 몰라도 너무 걱정하지 말아라 예전엔 기술이나 노하우, 레시피 등

하나 얻으려고 하면 그 사람 밑에서 평생 일해도 알려 줄까 말까였다. 또 억만금을 줘야 간신히 얻을 수 있었으며, 노하우도 없으면서 알려 준다는 빌미로 사기를 치는 경우도 허다했다. 하지만 지금은 어떤 세상이냐. 핸드폰 하나만 있으면 웬만한 것은 다 알 수 있는 세상이다. 당신이 하려는 사업 분야의 기술, 노하우, 레시피 등을 인터넷이나 유튜브에 검색만 하면 당신이 필요한 모든 정보가 다 있다. 나도 커피 전문점을 시작할 때 커피도 별로 좋아하지 않아 커피 맛이 어떤 게 좋은지 몰랐고 어떻게 만들지도 몰랐다. 아무리 커피 전문점이라고 하지만 디저트도 함께 만들어 팔아야 하는데… 음식 한번 안 해본 내가 디저트에 개념도 없었다. 나는 코로나 대유행 때 커피 전문점을 오픈하면서 유튜브 및 인터넷을 통하여 커피 내리는 법, 디저트 만드는 법을 배우며 기술을 익혔다. 처음엔 '커피랑 디저트 맛이 왜 이러냐'며 많은 컴플레인이 있었지만 고객 한분 한분 조언을 참고하며 고쳐 나갔다. 다행히 코로나라는 대위기 속에 핸드폰이 있어 기회를 제시간에 잡을 수 있었다. 내가 완벽하지 않다고 학원에 다니며, 바리스타 자격증을 따고 제과제빵을 배우러 다니면서 시간을 허비했다면 기회는 날아갔을 것이다.

기회가 왔을 때 꼭 완벽히 준비 안 해도 된다. 기회가 오면 바짓가랑이를 붙잡든 빨가벗고 있다면 맨몸으로 잡든 어떡하든 기회를 잡아 시작해도 전혀 늦지 않는다. 옆에서 똥줄 강사님께서 다 알려 주실 거니까… 걱정하지 말아라.

세상의 이치
– 똥줄 강사 편

⋮

    당신의 마인드를 사업 마인드로 바꿀 수 있는 현실적인 방법은 '똥줄 강사' 방법이다. 당신이 세상의 이치를 하루빨리 깨달았으면 좋겠다 싶어 세상의 이치 중 똥줄 강사 편을 쓰기로 했다.

    사업 시작이 막막하고, 진입 장벽이 어렵다 느껴질 때, 바로 사업 마인드로 바꿀 수 있는 아주 좋은 방법이 있다. 당장 회사를 때려치우던지, 당신의 돈을 창업하는데 당장 질러라. 그럼 인생이 망한 것 같아 똥줄이 꽉 탈 것이다. 당신이 사업가도 아닌데 자기 계발서를 보고 있다는 것은 부자 되기 위해 뛰어가도 모자랄 판인데 엉금엉금 기어가고 있다는 증거이다. 부자가 되려면 자기 계발서를 봐야 한다는 것은 맞는 말일까? 반은 맞고 반은 틀리다. 당신이 학생, 직장인 등 현재 사업을 하지 않는 사람이라면, 자기 계발서를 보는 것이 나는 대단히 잘못되었다 생각한다. 자기 계발서를 보고 당장 사업할 용기를 얻었으면 그나마 다행이지만, 자기 계발서는 사업을 막 시작했거나 사업을 하는 사람 또는 사업을 바로 할 사람이 보는 것이다.

    사업을 하지 않는 사람이 자기 계발서를 본다면 오히려 패배 의식에 사로잡혀 역효과가 날 수도 있고, 사업은 하지 않고 자기 계발서부터 본다면 사업가(부자)들이 부자가 되면서 깨달은 것을 쓴 책을 당신이 이해할 수 있을까? 오히려 '사업(부자) 하는 사람은 따로 있구나', '나와는 다른 세계의 사람이구나'라고 생각할 것이다. 당신은 자기 계발서를 읽으면 읽을수록 사업하는 거부감과 두려움만 들것이다. 그리고 머릿속에 제대로 박히지도 않아 며칠 지나면 다 까먹을 것이다. 자기 계발서를 보고 실천도 하지 않을 거면서 왜 보는지 모르겠다. 하지만 사업을 시작하고 자기 계발서를 본다면 단순히 책으로 생각하지 않고, 보물 지도로 보일 것이다. 만약 당신이 이제 막 사업을 시작해서 당신의 돈을 계속 까먹고 있다면? 똥줄이 제대로 타서 당신의 사업 돌파구를 알려주는 책이 있다면 눈이 뒤집히는지도 모르고 미친 듯이 볼 것이다.

바퀴벌레도 죽을 위기에 처하면 IQ가 340까지 상승한다고 한다. 당신도 아무 준비 없이 당장 사업을 하게 되면 똥줄(죽을 위기)이 제대로 타서 당신의 IQ가 상승하게 될 것이다. 그래서 사업할 때와 사업을 하지 않을 때, 보는 자기 계발서는 천지 차이이다.

시험 보기 전 벼락치기 해서 외우는 게 훨씬 잘 외워지는 이치와 같은 것이다. 당신도 똥줄 강사의 대단함을 하루빨리 깨달아야 한다. 부자가 되길 마음먹었다면 철저한 준비와 계획만으로 절대 부자가 될 수 없다. 똥줄 강사에게 배우지 않는 한 당신의 철저한 준비와 계획은 허술한 종이짝에 불과하다. IQ 100짜리 100명이 있다 한들 IQ 110인 1명을 이길 수 없다(똥줄이 타면 당신의 IQ가 올라간다는 의미이다). 더 이상의 잘못된 길에서 허송세월 보내지 말아라. 일 끝나고 남는 시간에 자기 계발하고 있다고 열심히 살고 있는 자신을 뿌듯해하지 말아라. 투자한 시간에 비해 온전히 당신의 것이 되지 못한다. 일 끝나고 자기 전 3시간 자기 계발하고, 오늘도 열심히 살았다며 자축하고 오늘의 열심히 산 보상이라며 1시간은 유튜브 보는 당신은 절대 부자가 될 수 없다. 똥줄이 타고 있는데 유튜브 보는 보상은 상상도 못 할 것이다. 그리고 당신이 자기 계발한 3시간은 똥줄 강사에게 배운 1시간도 못하는 시간이다. 일반인과 똥줄 탄 사람은 시간이 다르게 간다. 그러니 똥줄 강사의 세상 이치를 깨닫길 진심으로 바란다.

어떤 사업 분야를
해야 할까?

:

사업은 종류도 많고 다양하다 당신이 사업 아이템이 없어 막막할 때 어떤 사업 분야를 해야 성공할 수 있는 확률이 높아질까? 내가 추천하는 사업 분야는 니즈가 필요하고 고객이 원하는 사업 분야 즉, 틈새시장공략이다. '모두가 같은 생각을 하는 것은 아무 생각도 하지 않는 것이다'라고 아인슈타인도 말했다.

시대는 매 순간 변하고 트렌드 또한 매 순간 변한다. 변화하는 시대와 트렌드 속에 기회는 언제나 찾아오는 법이다. 준비된 자만이 기회를 잡는다고 하지만 내가 말한 사업 준비와 당신이 생각한 사업 준비는 다를 것이다. 당신이 생각한 사업 준비는 사업하려는 분야에서 지식습득을 위해 책보며 지식습득, 사업하려는 분야에서 기술 습득을 위해 일해보며 기술 습득, 사업계획 등등을 말하는 게 아니다. 물론 이런 준비는 사업하기 위해서 모두 필요하지만, 앞서 말한 바와 같이 시대와 트렌드가 언제 변하여 기회가 언제 올지 예측을 할 수 없다.

그러니 내가 말하려는 사업 준비는 앞뒤 생각하지 말고 당장 시작할 준비다. 일단 시작한 다음에 지식습득이든 기술 습득이든 사업계획이

든 사업을 시작한 후에 해도 늦지 않다. 잘되는 사업 아이템을 평소 모니터링하고 있다가 사업 아이템이 포착이 되면 1위 뒤에 서서 그대로 따라가야 한다. 그러니 사업 준비는 시간과의 싸움이다.

사업 분야는 당신이 좋아하는 분야 아니면 잘하는 분야를 해야 성공 확률이 높다고? 반은 맞고 반은 틀리다. 당신이 좋아하는 분야나 잘하는 분야는 더 관심이 가고 많이 아니간 틈새시장을 공략하기 수월하다, 하지만 그것도 변화하는 시대와 트렌드 속에 틈새시장이라면 금상첨화이겠지만 당신이 좋아하는 분야가 오래전부터 있던 시장(그림, 게임, 스포츠 등)이라면 쉽지 않다. 당신이 좋아하는 분야는 시장이 너무 크고 포화 상태라 많은 대기업이 들어와 있고 돈도 너무 많이 든다.

틈새시장 공략하기엔 기회도 적다. 자수성가한 부자 대부분 부자가 될 때까지 다 모르는 사업 분야에서 성공했다.

유튜브 '장사의 신'으로 유명한 은현장(후라이드 참 맛있는집 창업자)대표도 유튜브를 처음 시작할 때 자신이 좋아하고 잘하는 분야와 콘셉트로 촬영을 했다 한다. 자신이 '후라이드 참 잘하는 집' 창업자이고 역경을 딛고 성공한 감동적인 스토리를 들려주고, 당신도 성공할 수 있다. 백날 이야기해도 구독자가 전혀 늘지 않고 2년이나 했는데도 나아지지 않아 포기 상태였다고 한다.

자신이 볼 땐 감동, 웃음, 재미까지 다 들어있는데 왜 구독자가 늘지 않을까 고민하다가 자신이 좋아하고 잘하는 것보다 시청자가 원하는 것을 해보자, 결심한 후 유튜브 채널명을 '장사의 신'으로 바꾸고 백종원의 골목식당을 모방하여 장사가 잘 안되는 곳에 찾아가 장사가 잘되게 해주는 솔루션 컨셉으로 바꾸니 그때부터 구독자가 폭발적으로 늘어 현재는 구독자가 100만 가까이 된다. 그러니 당신도 생각을 고쳐 먹어라. 관심 있는 분야만 사업하려고 하지 말고 모든 가능성을 열어 두고 지금 살고 있는 현시대 트렌드 속에 어떤 사업 분야를 해야 성공 할지 안테나를 더 세우기를 바란다.

변화하는 시대와 트렌드 속에 유행을 타지 않고 사업을 했을 때 성 공 확률이 높은 분야도 있지만 전제조건이 있다.

전문성이 있어야 한다. 남들이 쉽게 따라하기 어려운 전문성을 가지 고 있으면 해당 분야에 경쟁자가 많이 없어 성공 확률이 올라간다. 당 신이 법을 잘 안다면 법의 허점을 파고들어 성공할 수도 있고 프로그 래머라면 남들이 못하는 앱이나 프로그램을 만들어서 사업하면 된다. 변호사나 의사, 약사 등 전문자격증이 있다면 우리나라의 전문 자격증 이 있어야 할 수 있는 규제들이 많아 변호사중개업이라든지 비대면 의 료서비스 중개 앱, 약국 프랜차이즈 등이 있다.

전문직에 종사하는 사람들은 보편적으로 전문성은 강하나 사업 능 력은 떨어진다. 그리고, 전문 자격증이 있어야 사업할 수 있는 사업영 역은 자격증이 있어야 하는 규제가 있어 일반적인 사업영역에서는 하 고 있지만 전문 자격증 사업영역에서는 아직 하고 있지 않은 일반적인 사업영역의 사업 아이템 중 괜찮은 사업 아이템을 벤치마킹하여 전문 사업영역에서 사업을 할 수 있다.

즉, 실생활에 보편화되어 있는 사업 아이템도 전문자격증이 있어야 할 수 있는 사업영역에는 없는 것들이 많다. 전문자격증이 있다면 전 문자격증이 없어도 할 수 있는 반응이 좋은 사업 아이템을 골라 전문 자격증이 있어야 할 수 있는 사업영역에 그대로 따라하면 성공 확률이 높을 것이다. 나도 특허 관련된 분야에서 사업을 해보니 경쟁자가 많이 없어 성공 확률이 높았다. 일반 사람들이 특허 분야를 잘 몰라 전문자격증이 없어도 할 수 있는 사업 분야도 많았다(디자인 특허 사진사, 해외상표등록 대행 서비스 등).

전문 자격증이 없어도 일반 사람들이 어려워하고 하기 싫은 분야들이 아직도 많다. 조금이라도 알아야 사업도 시작할 거 아닌가? 평소에 다양한 분야에 책도 보고 관심을 두길 바란다.

기회가 오면 빠르게 시작하는 것이 중요하긴 한데 경쟁자보다 하나라도 더 알고 있으면 출발점이 달라진다. 스포츠경기도 1초 때문에 승부가 나는 종목이 한둘이 아니다. 경쟁자보다 1초 앞서는 출발점에서 시작한다면 처음엔 1초지만 갈수록 가속력이 붙어 나중에 차이는 극심할 것이다.

많이 망해본 사람이 변화하는 시대와 트렌드 속에서 기회를 잘 포착하고, 실패할수록 능력치가 올라간다. 그러니 실패를 두려워하지 말고 뭐라도 당장 시작했으면 좋겠다.

어떤 사업 아이디어를
생각해야 할까?

:

사업의 종류는 셀 수 없을 정도로 많다. 도대체 나에게 맞는 사업 아이템이 뭐가 있을까? 라고 생각한다면 한참 잘못되었다. 사업은 당신에게 맞추는 게 아니고 당신이 사업에 맞춰야 한다. 그래도 막막한 당신에게 콕 집어 알려주겠다.

'대행업, 중개업 관련 서비스 사업 아이디어'를 생각해라. 다른 분야는 돈이 많이 들고 힘들고 어렵다. 당신이 살면서 어깨너머로 본 것이 장사하는 모습뿐일 것이다. 그래서 생각하는 아이디어는 고작 장사 관련된 아이디어일 수밖에 없다. 카페를 차릴 때 남들과 다른 인테리어를 한다든지, 남들과 다른 서비스를 한다든지… 등등 말이다. 그리고 사람들은 보통 아이디어 생각하라고 하면 제품 관련된 아이디어를 많이 생각한다. 고기 구워 먹을 때도 연기 잘 빠지는 불판을 생각한다든지, 캔을 딸 때 쉽게 따는 것이라든지, 새로운 반찬통을 개발한다든지 등등 다 쓸데없다. 절대 제품 관련 아이디어를 생각하면 안 된다.

내가 감옥에 있어서, 다른 사례를 구할 수 없어 내 사례를 들려주겠다.

2012년도에 CJ그룹에서 'CJ 온리원아이디어페어'라는 아이디어 공모전을 개최했었다. 1등을 하면 1억을 주는 유례없는 공모전이라 난다긴 다하는 석박사, 대학팀 등 우리나라 머리 좋은 사람들은 몽땅 지원했었을 것이다. 물론 나도 참여했다. CJ그룹 관련 아이디어를 제출해야 해서 생각하다 보니 공모전 접수 날까지 다가왔고, CGV 영화표 관련된 아이디어를 겨우 마감날 제출했다.

그리고 입상하여 아이디어를 발표할 수 있는 기회가 주어졌다. 내가 생각한 영화표 관련 아이디어가 너무 간단해서 직접 영화표를 만들어 갔다. 발표장에 갔는데 너무 놀랐다. 대부분 팀 구성이었고 나는 혼자 개인이었다. 나는 프레젠테이션(PPT)으로 간단하게 준비했지만 대부분 그럴싸하게 프레지(움직이는 PPT)로 준비해 왔다. 나는 프레지가 있는지 그날 처음 알았다. 드디어 내 순서가 왔고 내가 만든 영화표를 심사위원에게 나누어 주자 다들 웃었다. 생각해 보니 다른 팀들은 만전을 다해 준비해 왔는데 내가 준비해 온 아이디어가 보기에는 그냥 영화표로 너무 간단해 보여서 웃었던 것 같다.

내 영화표 아이디어가 무엇이었냐면 일반 영화표에는 관람객이 앉을 좌석번호가 표기되어 있다. 영화를 보러 영화관에 입장하면 영화관 안에는 너무 어두워 영화표에 표기된 좌석번호가 잘 보이지 않아 안전사고가 발생하고 불편해하였다. 그래서 외국에선 야광으로 좌석번호를 표기했다. 그러나 야광으로 표기하려면 비용이 많이 들어갔다. 야광은 발암 물질이 포함되어 있어 코팅해야 해서 비용이 많이 들고 야광도 빛이라 영화 보는 도중에 들어온 관객이 영화표를 꺼내면 다른 관객들이 영화에 집중이 되지 않는 단점이 있었다.

　이런 단점들을 보완해 나는 영화표에 좌석번호를 미세하게 구멍을 뚫어 표기하였고 더 나아가 광고까지 실어 구멍을 뚫었다. 평소엔 보이지 않지만, 영화관에 입장하고 스크린에 비춰보면 구멍 뚫린 곳에서 빛이 투과하여 좌석 번호와 광고까지 보여 광고 수익까지 낼 수 있는 아이디어였다. 이렇게 내 아이디어를 소개했고, 내 아이디어가 결승까지 올랐다. 내 소문을 듣고 한 투자자가 찾아와 투자해 줄 테니 공모전을 취하하라고 했다. 그리고 해외 진출하자고 했다(공모전에 당선되면 공모전 주최 측에 아이디어를 줘야 한다). 그래서 공모전을 취하하고 투자를 기다리는데 알고 보니 내 아이디어를 훔쳐 몰래 특허를 등록하려는 사기꾼이었다. 다행히 원 창작자로 인정되어 특허를 찾아올 수 있었다. 나도 영화표 아이디어가 좋다고 느껴 사업을 추진했다. 영화표 시제품을 만들어야 해서 연구소에 맡기고 영화표를 생산하려면 기계도 만들어야 했다. 연구소에 시제품 만들고, 기계 만들려면 돈이 어마어마하게 들었다. 그땐 어렸을 때고 돈도 없을 때라 바로 포기했다.

　투자는 생각도 못 했다. 뭐가 있어야 투자를 받지…. 그리고 내가 관련 기계 전문가도 아니고 영화 관련 인맥도 없었다. 그날부터 다시는 제품 관련된 아이디어는 생각도 안 하게 되었다. 그러니 돈도 안 들고, 바로 시작할 수 있고(쉽고), 돈이 바로 되고, 망해도 리스크 없고, 합법적 사업 아이디어인 대행업과 중개업 관련된 사업 아이템을 생각해라.

　배달의민족도 시작할 때 단순하고 간단하게 시작했다. 당시엔 고객들이 쿠폰북이나 전단지 등을 모아두고 음식점을 찾아 전화해서 주문했었다. 2010년 배달의민족 앱 출시 당시 고객이 있는 인근 음식점의 전단지의 내용을 앱에 모아서 보기 좋게 등록하였고 고객은 그 내용을 보고 앱을 통해 음식점에 전화하여 주문하였다. 배달의민족은 음식점 사장님들로부터 일정 수수료를 받았다.

대행업과 중개업 관련 사업 아이템은 아직도 무궁무진하다. 중국에 '메이퇀'이라는 배달 대행 앱은 생필품을 배달 대행을 한다. 메이퇀처럼 해외에 있지만 우리나라에 없는 것을 벤치마킹하여 우리나라에서 사업하면 되고, 우리나라에 있지만 해외의 없는 나라로 가서 사업하면 된다(내가 구속될 때는 우리나라에 메이퇀처럼 하는 생필품 배달 대행업이 없었지만, 지금은 있는지 없는지 모르겠다. 하지만 내가 말하고자 하는 것은 우리나라에 생필품 배달 대행업이 현재 있고 없고가 중요한 게 아니다. 뭔 말인지 알지?). 다들 그렇게 성공한다.

사업 아이디어 생각할 때 TIP을 주겠다. 무에서 유를 창조하는 것은 정말 어렵다. 그래서 다른 사업 분야 A와 또 다른 사업 분야 B를 합치면, 새로운 사업 아이템 C가 된다. 그렇게 성공한 사업 아이템들이 무궁무진하다. A도 더해보고 B, C, D 등도 모두 더하고 빼봐라 분명 좋은 사업 아이디어가 생각날 것이다. 그리고 사람들이 불편해하는 것을 해결해주는 것도 좋은 사업 아이템이 된다. 줄 서 있는 맛집에 내 차례가 올 때까지 하염없이 힘들게 기다리는 것을 해결해주는, 식당 예약 줄 서기 앱인 '캐치 테이블'이 대표적이다. 지금도 귀찮고, 힘들고, 깜빡하는 것들이 많다. 이런 불편해하는 것들을 해결해주는 사업 아이디어를 생각해 봐라. 또한, 종이로 된 신문과 책을 봐야 사업 아이템의 영감을 얻을 수 있다. 유튜브나 인터넷에서도 물론 사업 아이템의 영감을 얻을 수 있지만 우리의 뇌는 사용할수록 칼로리를 소모하기 때문에 뇌를 사용하는 것을 꺼린다. 유튜브나 인터넷은 시각적으로 이미지가 보여 뇌는 그 이미지를 그대로 인식한다. 하지만 종이로 된 신문과 책은 보이는 이미지가 없어 상상을 해야 한다. 뇌는 어쩔 수 없이 칼로리를 소모해 가며 활동(상상)을 시작한다. 그래서 똑같은 내용이라도 기억에 오래 남고, 사업 아이템의 영감도 더 잘 얻을 수 있다.

그리하여 성공한 사람들은 핸드폰을 멀리하고, 종이로 된 신문과 책을 읽는 것이다.

사업 아이템 생각할 때
힌트

⋮

    내가 구체적으로 사업 계획을 만들지는 않았지만, 그동안 살면서 영감을 얻을 때 생각나는 힌트들이 있다. 나는 끊임없이 사업 아이템을 생각한다. 언제 어디서 기회가 올지 모르므로 적재적소에 생각한 많은 사업 아이템 중 하나를 선택해 사업을 해야 한다. 당신이 고안한 아주 좋은 사업 아이템이라도 상황이 따라 주지 않으면 할 수가 없다. 코로나 발생하기 전, 나는 여행 앱을 계획해서 필리핀 현지에 회사도 설립했었다. 내 여행 앱은 정말 완벽했다. 드디어 나도 유니콘 기업이 되는구나, 기쁜 안도감과 설렘이 내 가슴을 부풀게 했다. 여행 앱을 출시할 찰나 코로나가 유행하게 되어 내가 만든 여행 앱은 빛도 못 보고 잠들어 있다. 나는 낙심하지 않고, 생각해 둔 사업 아이템이 많았기에 코로나가 유행을 할 때도 다른 사업으로 대처해 사업을 할 수 있었다. 당신도 현재 사업 중일지라도 사업 아이템을 계속 생각하고 있어야 한다. 위기는 당신이 생각지도 못한 곳에서 찾아온다. 다 알고, 대비할 수 있으면 위기가 아니다.

첫 번째 힌트다. 사업 아이템 생각할 때, 고객 및 판매자를 여성 위주로 생각해야 한다. 남자들은 쓸데없는 것에 이성적이다. 음식점을 갈 때 가성비를 많이 따진다. 특히 배달 음식을 시킬 때도 먹고 싶은 메뉴를 장바구니에 담아두고 주문하려는 찰나 배달비가 비싸면 주문을 하지 않고, 다른 배달비 저렴한 음식점으로 배달을 시킨다. 여성들은 지금 먹는 나의 식사 시간을 더 중요하게 생각해 배달비를 크게 신경 쓰지 않는다. 특히 남성들은 여행을 갈 때 명확하다. 잠만 잘 뿐인데 숙박비에 돈을 쓰는 것은 아깝다고 생각한다. 여성들은 매일 여행 가는 것이 아니지 않냐며 잠자는 곳만큼은 좋고 예쁜 숙박시설을 예약한다. 여성들은 까다로운 소비자인 동시에, 자신의 편의와 기호를 위한 분야에서는 기꺼이 지갑을 연다. 그래서 에디슨의 발명품 중 여성들을 위한 발명품이 많다. 헤어드라이어, 세탁기, 와플기, 토스터, 믹서기, 다리미, 커피포트, 청소기 등등 남자들은 헤어드라이어가 없어도 불편한지 모르고 지내지만, 집에 아내가 있는데 헤어드라이어가 없다면 불편을 느낄 것이다. 세탁기나 냉장고 등이 조금만 고장 나도 마찬가지다.

그러므로 여성 위주의 사업 아이템을 생각해야 성공할 확률이 높아진다(그렇다고 제품 아이디어를 생각하라는 것이 아니다. 서비스 관련 아이디어를 생각해야 한다. 어떤 사업 아이디어를 생각해야 할까? 153p 참조). 그리고 여성들은 사진을 많이 찍어 추억을 남기려 한다. 여성들이 사진 찍으면 어디에 올리겠는가? 맞다… SNS나 블로그에 바로 맛있는 메뉴들과 예쁜 숙소와 함께 업로드한다. 이것이 현대판 입소문이다. SNS나 블로그 하는 주 고객은 여성들이다. 남성들도 SNS나 블로그를 하지만 계정만 가지고 있을 뿐 사진 업로드를 잘 하지 않는다. 업로드한다 해도 음식 사진이나 예쁜 펜션 같은 것은 업로드하지 않는다. 즉, SNS, 블로그 등의 홍보는 여성들이 지배한다고 볼 수 있다. 또한 각종 리뷰 후기 등도 남성은 귀찮아서 올리지 않지만, 여성들은 꼼꼼히 올린다. 나도 음식점을 할 때 주 고객이 여성들이라 다른 음식점보다 리뷰 달리는 수가 월등해 빠르게 맛집 랭킹이 되고 가맹 사업도 할 수 있었다.

나이가 20대밖에 되지 않은 청년이 세상의 이치를 빨리 깨달아 장사를 잘하는 청년 사장이 있었다. 돈이 없어 맛집이 되지 않으면 절대 알 수 없는 바닷가 근처에 식당을 차리고 여성들이 SNS에 사진을 찍어 올릴 수 있게 음식을 담는 접시를 직접 개조하고, 웅장하게 만들어 접시에 음식만 올려도 SNS 감성이 폭발했다. 전문가가 아니라도 접시가 웅장해 누구라도 음식 플레이팅을 화려하게 할 수 있었다(잭의 사업 철학 중 2번째 누구나 할 수 있는 쉬운 사업에 해당함). 처음 방문한 고객들이 SNS에 사진을 찍어 업로드해주니 자연스레 맛집이 되어 지금은 예약 없이는 먹을 수도 없이 예약이 꽉 찼다. 20대 젊은 사장은 갖은 유혹을 뿌리치기 위해 한참 멋 내고 꾸밀 나이인데도 머리를 빡빡 밀었다. 당신도 물건을 만들어 팔든 음식 장사를 하든 SNS나 블로그 등에 홍보하지 않고는 사업이 잘되긴 어렵다. 아무리 좋은 제품도 홍보가 안 되어 있으면 누가 알고 사겠는가? 이런 세상의 이치만 깨달아도 사업 아이템을 생각하는 것이 훨씬 수월하다.

두 번째 힌트, 세상의 공짜 좋아하지 않는 사람은 없을 것이다. 세상엔 공짜가 없다고 하지만 아무 조건 없는 공짜라면 누가마다 하겠는가? 2024년 기준 최저시급은 9,860원이다. 시간당 5,000원에 일을 시키면 아무도 안 할 것이다. 최저시급도 안 되는 일을 누가 하겠는가? 그런데 공짜로 5,000원을 준다고 하면 1시간 넘게 기다려도 받을 사람들이 많을 것이다. 실제로 뉴스에서 봤는데 서울 어디에서 500원씩 공짜로 주는 곳이 있다. 500원을 받으려면 몇 시간씩 줄 서야 하는데도 줄이 끊이질 않았다. 그래서 광고를 보면 돈을 주는 회사도 있어 크게 히트를 친 적 있다. 아니면 공짜를 주는 마케팅도 좋을듯하다. 요즘 온라인 광고, SNS 광고, 블로그 마케팅 등… 광고비가 장난 아니다. 이제 소비자도 광고라는 것을 너무 잘 알아서 광고가 나오면 보지도 않고 바로 넘겨 버린다. 공짜 사업, 공짜 마케팅… 뭔가 영감이 오지 않는가?

세 번째 힌트. 사람들은 불의를 보면 못 참고, 정의감이 투철해 포상도 없고 돈도 안 되는데 공익 신고하시는 분들이 정말 많다.

옛날엔 장애인 주차장에 장애인도 아닌데 주차하는 사람들이 많았다. 신고하고 싶어도 절차가 복잡하고 핸드폰 카메라도 없고 증거 확보도 안 돼서 어려움이 많았다. 하지만 지금은 어떤가? 장애인 주차장에 주차라도 하면 너도나도 사진 찍어 공익 신고한다. 또 재미있는 것은 교도소에 음주 운전으로 구속된 사람 대부분 경찰의 음주단속으로 구속된 사람보다 공익신고자가 신고해 구속된 사람이 더 많았다. 앞차가 비틀거린다며 신고하고 주차선에 삐딱하게 주차해서 음주 운전으로 의심된다며 신고하고, 차에서 자고 있다고 신고했다.

외국에 어느 한 나라는 불법으로 국경을 넘는 빈번한 지역에 카메라를 곳곳에 설치하고 촬영 화면을 인터넷에 생중계하여 일반인들이 생중계를 보고 불법으로 국경을 넘는 사람을 신고하게 하였다. 아무런 보상은 없지만 시민의식, 정의감이 투철한 사람 등이 신고해 줘 정부에서 불법으로 국경을 넘는 사람을 감시하는 감시자의 인건비를 절감할 수 있었다고 한다. 또한 국민들에게 시민의식도 심어주고 예산도 절감하고 두 마리 토끼를 다 잡았다. 얼마나 기발하지 않는가. 시민의식, 정의감, 감시자 등의 키워드로 사업 아이템을 생각해 보자.

내가 당신에게 사업 아이템을 생각하라고 준 힌트들은 뜬구름 잡는 소리로 들리거나 개소리로 들릴 수도 있다. 사업 아이템은 언제 어디서 영감을 얻어 생각날지 모른다. 당신은 돈이 없기에 다방향의 사업 아이템을 생각해 보라고 다소 생뚱맞은 분야 일지라도 당신의 시야와 견문을 넓히고, 영감을 주기 위함이다. 사람들의 심리를 알아야 돈이 보인다. 항상 고정관념을 깨고, 생각해야 한다. 당신도 모르게 살아오며 몸에 배긴 고정관념을 과감히 벗어버려야 사업 아이템이 보인다.

또한, 사업 아이디어를 생각할 때 당신과 소비자가 서로 이득이 되는 사업 아이디어를 생각해야 진정한 좋은 사업 아이템이 나온다. 당신만 이득 보려고 제품의 품질이나 서비스가 좋지 않으면 아무리 히트 친 제품이라도 뜨거운 감자마냥 금방 열기가 식을 것이다. 그렇다고 당신은 손해 보고, 소비자만 이득을 본다면 당신은 제품에 금방 지칠 것이다.

당신과 소비자가 모두 이득이 될 수 있는 사업 아이디어를 생각하고 또 생각하면 황금비율처럼 당신과 소비자가 이득인 길이 분명히 있다.

나는 해외 상표등록 대행 업무를 했을 때, 미국에 상표등록을 대행해 주면 상표 1개당 300만 원이었다. 너무 비싸서 소비자들이 미국에 상표등록할 엄두도 나지 않았다. 그래서 나는 미국에 있는 특허사무소를 설득했다. "나는 한국에서 해외로 상표등록을 대행해주는 전문 회사이다. 우리 서로 협약을 맺어 해외상표등록 시 서로 싸게 해주자. 우리 회사는 중국 일본 등 현지 특허사무소와 협약을 맺어 저렴하게 해외 상표등록 대행을 해주고 있다. 중국, 일본 등 해외 상표등록할 때도 저렴하게 해주겠다"고 제안하니 흔쾌히 수락해 줬고, 미국뿐만 아니라 유럽 등도 미국 특허사무소에서 소개받아 서로 윈윈할 수 있었다. 당시 미국 상표등록을 하면 1개 상표당 300만 원이었는데, 50만 원으로 해주었다. 또한, 카페를 할 때도 잘 팔리는 주메뉴 중에 빵이 있었다. 다른 곳은 해당 빵을 1개당 4,000원에 팔았다. 왜 이렇게 비싼지 봤더니 원가가 너무 비쌌다. 빵 굽는 방식을 보니 냉동된 생지를 해동만 시키고 바로 구웠다. 나는 중량이 반의반도 안 되는 생지를 구매 후 숙성 및 발효를 시키니 원가가 비싼 빵만큼의 크기로 구울 수 있었고, 빵을 숙성 및 발효를 시켜서 풍미도 좋고 훨씬 맛있어졌다. 소비자에게 저렴한 가격에 빵을 공급할 수 있었다.

어떤 일을 하다 보면 벽에 부딪혀 나갈 수 없다. 낙담하지 말아라. 분명 당신에게 맞는 황금 비율이 있다(세상의 이치 - 황금 비율 법칙 편 238p 참조). 황금 비율에 맞아떨어지게 생각하면 답이 나온다.

남들이 반대할수록
성공의 확신을 가져라

:

    사업 한번 안 해본 당신은 불안하여 주위 사람들에게 당신의 사업계획이 잘 될 건지 조언을 구할 것이다. 주위 사람들이 반대할수록 부정적인 생각을 하지 말고, 오히려 성공의 확신을 가져라. 주위 사람들은 부자가 아니지 않는가? 돈 버는 이치를 깨닫지 못한 자들이 어찌 사업이 잘된다, 안 된다 판단할 수 있겠는가?

    주위 사람들이 반대하는 것은 당신이 하려는 사업이 획기적이고 남들이 생각하지 못한 것이라는 증거이다. 만약 당신의 사업계획이 주위 사람들로부터 잘될 것 같고, 대박칠 거라 하는 것은 일반적인 사람도 이미 생각했다는 것이다. 오히려 실패할 확률이 높다.

    나도 코로나 대유행 때 원룸에서 커피 배달 전문점을 한다고 했을 때, 열이면 열 다 반대했다. 매장 하나 없고, 커피를 마시고 싶으면 집에서 싼값에 커피를 타 먹을 수 있는데 굳이 번거롭게 비싼 돈까지 줘가며 커피 배달을 하는 사람이 있겠냐며, 커피도 잘 모르는 놈이 잘도 커피를 팔겠다며 핀잔까지 주는 사람도 많았다. 나는 그럴수록 내 사업이 잘될 거라고 확신을 했다. 사실 나는 주위 사람에게 자문을 구한 게 아니라 내 사업 아이템의 동향을 살펴본 것이다. 내심 반대해 줬으면 하는 기대를 했었다.

내 예상이 적중했다, 누구보다 빠르게 성장해 200호점 가까이 가맹점을 모집할 수 있었다. 사업의 조언을 듣고 싶으면 해당 분야에서 성공한 사람들의 조언을 들어라. 당신이 사업 아이템을 정하고 사업을 시작할 때 당신이 생각하는 것이 정답이다. 의심 말고 확신을 가져라. 획기적인 사업 아이템은 누구도 해본 사람이 없기에 당신 자신에 대한 믿음을 가져야 한다. 사업 방법, 방식, 마케팅 등을 주변 사람에게 조언을 얻고 싶을 때는 주변 사람에게 "당신이 무조건 이 사업을 해야 하는데 만약 당신이 사장이라면 어떤 점을 개선해야 하고, 방법, 방식, 마케팅 등을 어떻게 할 건지 알려달라"고 해라.

다시 한번 말하겠다. 당신이 돈 버는 이치에 눈을 이제야 뜨고 생각한 사업의 방향이 정답이다. 그러니 자신을 믿어라. 무속인도 신내림 받은 초기엔 '신빨'이 제일 좋다. 그래서 신내림 받은 직후에는 점 보러 오는 손님이 줄을 선다. 신내림 받은 지 오래될수록 '신빨'이 떨어져 점괘가 잘 안 맞는 이치와도 같다. 당신이 성공하여 많은 돈을 벌었을 때 사업의 운이 다하는 날이 올 것이다. 그때는 욕심부리지 말고, 과감하게 경영에서 물러나길 바란다. 조선 최고의 부자인 거상 임상옥도 그랬다. 거상이 될 정도로 많은 돈을 벌었다. 하지만 어느 순간부터 돈이 더 불어나지 않고, 본인이 생각한 대로 장사가 되지 않아 '하늘에서 주신 운이 다했다' 생각하고, 장사를 접고 일선에서 물러났다 한다.

성공한 자나 부자들이 강연하는
강의를 찾아가 들어라

:

성공하고 싶은데 흙수저이고, 주변에 인맥 하나 없고, 성공한 사람이나 부자들은 TV에서만 보았다. 성공한 사람들이나 부자들이 쓴 책을 봐도 시간을 아까워하며 열심히 노력하라는데 시간을 어떻게 아까워하고 열심히 노력을 어떻게 하란 말인가? 부자들한테는 쉬운 말이겠지만 개념 하나 없는 당신에겐 너무 막막하다. 뭐부터 해야 할지 모르겠다.

성공하고 부자 되기로 마음을 먹었는데 정말 뭐부터 해야 할지 막막할 것이다. 아침에 1시간 일찍 일어나서 책 보고 운동하고, 점심시간에 삼각김밥 먹으며 알뜰하게 노력해서 살면 누구나 성공하고 부자가 될까? 내 대답은 '맨땅에 삽질하고 있네'이다. 땅을 아무리 삽질해도 보물이 나오지 않으면 고생은 했는데 헛고생만 했을 뿐이다. 또, 목적지를 가야 하는데 나침판 하나 없이 가면 아무리 목적지를 찾으려 노력해도 목적지에 갈 수 없다. 그러니 삽질을 해도 보물이 숨겨진 정확한 위치를 알아야 한다. 목적지로 가는 길을 찾으려 해도 나침판이 있어야 목적지를 갈 것 아닌가…. 나침반이 없다면 북쪽인지 판단하는 북극성이나 나무의 나이테 정도는 볼 줄 알아야 한다. 보물의 위치와 나침반 및 북극성 보는 법, 나이테 보는 법은 선생님이 알려주지 않는 한 아무리 노력해도 알 수가 없다. 주위에 조언해주고, 방향을 제시해 줄 사람이 없다면 조언해 줄 사람을 직접 찾아가라. 성공하고 부자가 된 사람들은 자신이 깨닫고 알게 된 부분을 성공을 원하는 간절한 사람들에게 전해주러 강연을 많이 한다.(성공하고 부자인 사람들이 뭐가 아쉬워 강연을 하는지, 운 304p 참조)

찾아가서 강의도 듣고 강의 끝나고 질의응답 시간에 당신이 궁금했던 점을 물어봐라. 아직 개념이 없어 무엇을 물어볼지 모르겠다면 그럼 강연을 더 많이 찾아가서 여러 성공하고 부자 된 사람의 강의를 들어라. 그럼 점점 보는 눈과 귀가 열릴 것이다. 그리고 당신이 질문하지 않더라도 당신과 비슷한 사람들이 많이 질문할 것이니 잘 들어라.

왜 그런 질문을 했는지 이해가 안 되면 녹음하거나 노트에 적고, 집에 돌아가서 곰곰이 생각해 봐라. 강연은 유튜브나 이미 녹화된 방송 채널에서 듣는 것도 좋지만 직접 찾아가야 부자들의 기운도 느낄 수 있고, 질문도 할 수 있어 당신의 마음가짐이 달라질 것이다. 운 좋으면 연락처도 주고받아 막히는 부분이 생길 때, 물어볼 수 있는 제갈량의 복주머니를 얻을 수 있다. 그러나 제갈량의 복주머니에 들어 있는 제갈량의 조언은 3개뿐이다. 성공한 사람이나 부자에게 질문을 하기 전 찾아보고 노력했는데 도저히 답이 나오지 않을 때만 물어봐야 한다. 또, 물고기 잡는 법을 알려달라 해야지, 물고기를 절대 달라고 하면 안 된다. 예를 들면 "AI 기술이 미래에는 더욱 발전할 것 같아 A라는 주식에 투자했는데 A라는 주식이 오를 것 같나요?", "뉴스나 신문을 보니 강원도 강릉 쪽 그린벨트가 해제된다고 하는데 그쪽 땅을 사면 부자가 될 수 있나요?", "제가 3년 동안 정말 열심히 노력하여 종잣돈을 3천만 원을 모았는데 무슨 사업을 하면 좋을까요?", "회사에 다니고 있는데 투잡은 어떤 게 좋을까요?" 등등등…. 그리고 개념 없는 질문도 하지 마라. "제가 부자가 될 상인가요?", "혹시 캐비어도 드셔 보셨어요?" 등등등…. 분명 제갈량의 복주머니라고 했다. 당신 인맥 주머니가 아니다.

   7살 어린이가 부모님에게 거짓말하는 것과 똑같은 이치다. 부모님은 7살짜리 어린애가 거짓말을 하면, 속은 게 아니라 속아 넘어가 주는 것이다. 그리고 교수가 강연하는 것은 절대 듣지 말아라. 이론은 정말 빠삭하고 강의 내용도 출중하고 재미도 있다. 그렇지만 교수는 부자가 아니지 않는가…. 그러니 성공한 자나 부자들이 강연하는 것만 찾아 듣길 바란다. 강의하는 성공한 자나 부자들은 강연할 때 본인의 이력을 모두 공개해야 해서 사기꾼일 확률이 적다. 강연을 주최하는 회사 쪽에서도 철저히 알아보고 강연을 부탁하는 것이기 때문이다. 당신의 주위 사람들의 조언은 성공한 자나 부자가 아니라서 왠지 믿지 못할 것 같은 불신감이 들지만, 강의하는 사람은 성공한 사람이라 그런 불신감을 해소시킨다. 강의 듣는 데 비용이 들 수도 있다. 절대 아까워하지 말아라. 당신이 직접 망하고 실패의 경험을 통해서만 얻는 깨달음을 강의를 통하여 얻을 수 있는데 얼마나 가성비가 좋은가…. 실패 한 번만 해 봐라. 죽지 않으면 정말 다행이라는 고통을 느끼게된다. 그러니 깝치지 말고 성공한 자나 부자들이 하는 강연을 꼭 찾아서 직접 들어라. 가서 인맥 쌓으려 깝싸지도 말길 바란다. 유튜브에서 성공한 자나 부자들이 간혹 라이브 방송할 때도 있다. 그때를 놓치지 말고 질문을 많이 해라.

귀인을
만나려면

⋮

    당신은 절대 혼자서 성공할 수 없다. 귀인의 도움과 가르침을 받아야 성공할 수 있다. 그럼 어떻게 해야 귀인을 만날 수 있을까?

    당신에게 조카가 2명 있다. 그중 1명은 매사에 거짓말만 하고 언제나 사고를 치는 반면 다른 한 명은 힘든 부모님께 힘이 되어 주고 싶다며, 공부도 항상 열심히 하고, 성실하다. 그리고 질문을 하면 대답할 때 항상 웃으며 대답하고 당신을 잘 따른다. 그럼 당신은 매사에 거짓말만 하고 사고뭉치인 조카보다 공부도 잘하고 귀엽고 성실한 조카에게 호감이 더 갈 것이다. 그래서 아무도 안 볼 때 용돈을 더 챙겨주고 당신이 살면서 깨달은 인생의 경험을 대가 없이 순수한 마음으로 알려 줄 것이다.

    공부도 잘하고 귀엽고 성실한 조카는 당신을 귀인으로 여길 것이다. 귀인은 언제 어디서 나타날지 모른다. 그래서 항상 준비를 하고 있어야 한다. 사람은 첫인상으로 판단하면 안 되지만, 첫인상조차 좋지 않으면 눈길조차 주지 않는다. 요즘은 개성들이 너무 강하다. 어떤 스타일이 귀인이 좋아하는 스타일일까?

첫째, '남친룩', '여친룩'을 입어라

제일 순수해 보이고 청순해 보인다. 덤으로 선하고, 성실해 보이기까지 한다. 그리고, 대중들도 남친룩, 여친룩을 제일 선호한다. 평상시 입고 다니기도 편하고 정장처럼 불편하지도 않다. 위화감도 없어 사람들이 당신에게 다가가기도 편하다. 그리고 항상 부자 되는 자기 계발서를 들고 다녀라 그래야 부자가 될 수 있게 도움을 주는 귀인이 당신을 알아보고 당신에게 나타날 것이 아니냐.

둘째, 항상 부자가 되는 책을 읽어라

지하철을 탈 때나, 버스를 기다릴 때도 틈나는 대로 부자 되는 책을 읽어야 한다. 요즘 전자 출판도 있어 핸드폰으로 볼 수도 있고, 책을 읽어주는 앱도 있어 이어폰으로 들을 수도 있지만, 종이로 된 책을 가지고 다니며 읽어야 한다. 핸드폰으로 책을 읽고, 듣는 것은 귀인이 보기에 당신이 책을 읽는지 핸드폰 게임을 하는지, 음악을 듣는지 알수가 없다. 귀인(성공한 자나 부자)은 이미 모든 것을 가졌기 때문에 아쉬울 게 없다. 당신에게 먼저 다가가 부자가 되고 싶냐고 절대 물어보지 않는다. 귀인에게 눈에 띄고, 당신을 알리려면 귀인이 원하는 것을 알아야 한다. 어떤 귀인이든 간에 종이로 된 책을 읽는 사람에게 관심을 보인다. 그리고 종이로 된 책이 집중도 잘되고 기억에 오래 남는다. 틈이 날 때마다 자기 계발하는 당신의 모습에 귀인은 호감을 느낄 것이며, 부자 되는 노하우도 알려주고, 운이 좋으면 당신의 멘토도 되어줄 것이다.

나는 교도소에서 자기 계발하는 사람이 정말 없지만 그중에 부자가 되고 싶어 자기 계발을 하는 사람을 볼 때면 호감이 가고 친해지고 싶은 마음이 생긴다. 그래서 내 노하우를 아낌없이 알려준 적도 있다.

셋째, 귀인이 있는 곳으로 찾아가라

귀인을 만나려면 귀인이 있는 곳으로 찾아가야 한다. 집에서 백날 자기 계발을 해봤자 귀인은 당신 집까지 찾아오지 않는다. 제일 좋은 것은 부자들이 강연할 때 찾아가는 것이 좋고, 여건이 안 된다면 소모임, 동아리 등의 모임도 좋다. 조기축구나 야구 모임, 족구 모임, 테니스 모임 등 스포츠 모임도 좋다. 부자들도 스포츠를 즐긴다. 자동차 모임이나 사업가 모임, 술 모임 등은 절대 가지 마라. 순전히 허세 모임이며, 사기꾼도 많다. 진정한 부자는 사업가 모임 같은 모임은 절대 가지 않는다. 부자들에게 뭔가 빼먹으려는 사람만 갈 뿐이다. 술 모임은 말 안 해도 알 것이다. 당신이 만약 이성을 만나러 모임에 가입할 때 연애 모임, 미팅이나 선보는 모임, 헌팅 모임 등에 가입할 것인가? 봉사 모임, 스포츠 모임, 독서 모임 등에 가입할 것인가? 목적이 너무 명확한 노골적인 모임은 누구나 경계한다. 연애 고수들은 이성을 만나러 연애 모임에서 이성을 만나겠는가? 하수들이나 연애 모임 가서 이성을 찾을 것이다. 고수들은 봉사를 하다가, 스포츠를 하다가, 독서를 하다가 자연스럽게 이성에게 접근한다. 이성도 경계를 풀고 상대에게 호감을 느낄 것이다. 당신의 결혼 상대가 나이트클럽에서 만난 사람이면 좋겠나? 봉사, 스포츠, 독서 모임 등에서 만난 사람이면 좋겠나? 판단은 당신에게 맡기겠다. 원래 만남은 자만추(자연스러운 만남 추구)가 제일 좋다. 귀인도 비즈니스 관계로 만나면 비즈니스적으로 사람을 대한다. 하지만 스포츠를 같이 하다가 만나면 형 동생처럼 친해진다.

귀인을 만나거나 이성을 만나는 것은 다 똑같은 이치다. 세상의 이치와 돈 버는 이치는 같다. 대입만 적절히 잘하면 된다. 귀인을 만나 처음 대할 때도 평소 사람 대하듯 해라. 노골적으로 친해지려 하거나 뭔가 속셈이 있는 것으로 보이면 부자들은 모두 간달프이기 때문에 모든 것을 꿰뚫어 본다. 그러니 자연스럽게 친해진 다음 부자 되는 것을 물어봐도 늦지 않는다.

운(귀인)이 생기려면 항상 변화해야 하며, 움직여야 한다. 그리고 틈나는 대로 책 보고 자기 계발하라는 것은 꼭 귀인을 만나러 보여주기식으로 하라는 것이 아니다. 부자가 될 때까지 누가 보든 말든 계속하라는 말이다. 그리고 계속 노력했음에도 불구하고, 귀인이 나타나지 않았다고 실망하지 말아라, 대가를 바라게 되면 당신의 좋은 운이 나쁘게 변할 수 있다. 그동안 남들보다 노력했으니 부자 되는 길에 한 발 더 다가선 것이다. 정 귀인을 만나고 싶거든 진짜 부자들의 전화번호와 메일 주소를 알아내어 정중하게 메시지를 보내라. 간절한 당신의 마음에 부자들이 마음을 열 것이다. 혹여나 연락이 없거나 거절해도 실망하지 말아라 세상의 부자는 다행히도 한두 명이 아니다. 여러 부자들에게 연락해라. 여기서 중요한 것은 간절한 마음이다. 부자들이 많다고 여기저기 연락하여 1명만 걸리라는 마음으로 보내지 말란 말이다.

그리고 귀인을 만나게 되어 가르침을 받는 중일 때 제일 중요한 것이 있다. 귀인(부자)들은 당신에게 옳고 바르게 부자 되는 길을 알려주지만 절대 돈을 주지 않는다. 당신이 아무리 힘들고, 죽을 것 같아도 당신이 죽으면 죽었지(실제 죽더라도) 당신에게 채찍질만 할 뿐, 금전적으로 절대 도와주지 않는다.

당신이 간절하고 간절하게 만난 귀인인데 귀인은 조언을 말로만 할 뿐 당신을 도와주지 않아 분명 도중에 귀인에게 실망하여 귀인을 불신하기 시작할 것이다. 귀인은 말 그대로 조언만 해줄 뿐이다. 금전적인 것은 기대하지 말아라. 당신이 귀인을 만나기 전에는 돈 같은 거 필요 없으니 제발 조언 한 번만 해줬으면 좋겠다는 간절한 마음이었을 것이다. 하지만 귀인이 돈이 많은 것을 알게 되면 당신도 사람이기에 분명 귀인의 돈을 탐내기 시작할 것이다. '돈도 많으면서 좀 도와주는 것이 돈이 얼마나 든다고 도와주지도 않네'라며 당신의 마음속에 귀인에 대한 불신이 싹트기 시작할 때, 당신은 귀인의 조언을 귓등으로 듣기 시작할 것이다. 그럼 귀인은 귀신같이 당신의 마음을 읽고 조언마저도 해주지 않을 것이다. 귀인을 만나고 가르침을 받을 때 악귀가 당신을 유혹할 것이다. "저 사람은 귀인도 아니고 허풍쟁이 사기꾼이야", "그러니 저 사람 말 듣지 마. 저 사람이 부자면 너에게 돈 천만 원 주는 것이 돈이겠어? 너는 돈 천만 원만 있으면 조언 100번 듣는 것보다 쉽고 빠르게 성공할 수 있을 텐데?"라고 당신의 마음을 파고들 것이다. 귀인들은 당신을 금전적으로 도와주는 순간, 무조건 망한다는 것을 안다. 오롯이 당신 힘으로 일궈 내야 성공하고 부자 되는 것을 안다. 귀인들은 당신 같은 사람들은 수없이 겪었다. 그리고 본인도 경험을 해봤다. 당신을 도와주면 위기가 닥쳤을 때 혼자 해결하기는커녕 귀인의 재산을 탐낸다. 귀인은 선의로 도와준 행동에 결국 귀인을 믿지 못하는 당신 같은 사람 때문에 귀인도 마음의 상처를 많이 받았다.

그래서 선뜻 도와주는 것 자체가 부담일 것이다. 귀인이 당신을 도와준다면 그 어떠한 것도 바라지 말아라. 귀인에게 조언만 받아도 암흑 같은 당신의 미래에 한 줄기 빛이 내려오는 것과 같고, 길을 잃은 당신이 제대로 된 길로 아주 빠르게 가는 방법을 도움받는 것이다. 욕심, 탐욕을 절대 갖지 말아라. 귀인을 100% 신뢰하고 의심하지 말길 바란다.

마케팅 홍보하고 싶은데
돈이 없을 때

∶

　이제 막 창업해서 광고해야 하는 데 광고 비용이 너무 들어 감당하기 힘들 것이다. 당신이 만약 미용실을 개업했다면, 어떻게 홍보할 것인가? 인터넷의 포털사이트에 클릭당 광고(CPC)는 키워드마다 광고비용이 다르다(SNS 클릭당 광고도 방식이 동일하다). 소비자에게 검색량이 많은 키워드는 경쟁업체들이 선호함으로 경쟁이 심한 경우 한번 클릭당 몇만 원에서 최대 10만 원의 광고비가 소진된다. 예를 들어 당신이 강남에서 미용실을 하고 있어 네이버에 클릭당 광고를 진행 중인데, 소비자가 네이버에서 강남 미용실을 검색하고, 클릭당 광고하는 당신의 홈페이지를 소비자가 한번 클릭해서 당신의 홈페이지만 방문하고, 실제로 당신의 미용실을 방문하지 않고, 머리를 자르지 않았어도 최대 10만 원이 광고비로 소진된다는 말이다. 그래서 클릭당 광고는 처다도 보지 않는 것이다. 블로그 광고도 한 달에 블로그 글을 4~5번 포스팅해주는데 100만 원 넘는 비용이 발생한다. SNS에 광고도 마찬가지다 노출 빈도에 따라 광고비가 측정된다. TV 출연도 생방송 ○데이, 살○나는 TV 등과 같은 매장을 소개해주는 TV 프로그램도 잠시 출연하는데 최소 500만 원 이상의 비용이 발생한다. 유튜브도 출연하는데 비용이 많이 든다. 조회 수가 많이 발생하는 유튜버의 방송일수록 한번 출연하는데 수천만 원씩 비용이 발생한다. 나도 카페를 홍보하려 휴○스토리, 30대 자○업자 이야기, 장사의 ○ 등 한번 출연하는데 수천만 원씩 요구하여 포기한 적이 있다. 그럼, 당신은 어떤 방법으로 당신의 사업을 홍보할 것인가? 전단지를 만들어 전단지라도 돌릴 것인가? 그것도 아니라면 막연하게 새로 오픈하여 사람이 많이 올 거라는 오픈빨에 기도할 것인가? 혹은 손님 한 분씩 올 때마다 최선을 다해 입소문 날 때까지 기다릴 것인가? 뭐, 오프라인 매장은 가능할 수도 있겠다. 그럼, 인터넷에서 판매하는 사업이라던가 사무실이 제대로 갖춰져 있지 않은 중개업, 대행업 같은 서비스 사업이라면 어떻게 할 텐가? 인터넷에서 판매하는 사업이라든지, 중개업, 대행업 같은 서비스 사업은 오픈빨이 없을 텐데 말이다.

사업을 잘하려면 노력도 중요하고 사업 아이템도 중요하겠지만, 그중에서 마케팅이 제일 중요하다고 생각한다. 돈이 많이 드는 마케팅은 누구나 할 수 있다. 돈이 들지 않는 마케팅을 잘해야 어떤 사업이든 성공할 수 있다. 맛집들은 대기 줄이 길다. 최소 한 시간 이상 기다려야 먹을 수 있는 음식점들이 많다. 당신도 줄 서가며 맛집에서 음식을 먹어본 적 있을 것이다. 어떤가? 맛있던가? 물론 맛은 있다. 그러나 당신은 한 시간 정도 줄 서서 기다리기까지 해서 먹을 정도는 아니라 생각할 것이다. 차라리 동네 잘 가는 음식점이 당신에게 입맛에 맞을 것이다. 그런데 왜? 그렇게 맛이 특이한 것도 없는데 사람들이 그 힘들게 줄을 설까? 당신은 한 시간 동안 줄 서서 기다리면서 맛집 주변을 본 적 있는가? 맛집 사장님들은 다들 마케팅의 고수이다. 우리 동네 구석진 곳에 매운 갈비찜을 파는 맛집이 있다. 매운 갈비찜 맛집도 사람들이 줄을 많이 선다. 나는 줄까지 서면서까지 음식점에서 밥을 먹는 것을 좋아하지 않지만, 때마침 친구가 매운 갈비찜이 진짜 맛있다며 밥을 먹자 했다. 왜 장사가 잘되는지 궁금하여 겸사겸사 한번 가보기로 했다. 나는 줄은 친구 보러 서달라 부탁하고 매운 갈비찜 가게 주위를 살폈다. 역시나 마케팅 고수다. 당신도 맛집에 방문하면, 멍청하게 줄만 서서 기다리지 말고, 맛집 사장님들의 마케팅 방법을 봐라. 외관, 내관, 서비스, 구성 등 매운 갈비찜 맛집 간판은 누가 봐도 맛집처럼 단순하게 고딕체로 음식점 이름만 쓰여 있었고 배경은 빨간색이 끝이다.

LED 간판도 아니고 비닐 재질에 옛날 간판이다. 그리고 형제가 하는지 우스꽝스러운 표정과 몸짓을 찍은 두 남자의 사진과 사장의 글이 현수막에 적혀 있었고 글 내용은 '우리는 매일 신선한 재료와 하루 100인분만 조리하고 어떻게 하면 고객님에게 더 다가가 아주 맛있는 식사를 대접할 수 있을까… 모든 고객이 100% 만족할 수 있도록 뼈가 부서져라 일하겠으며…' 대충 이런 내용의 큰 현수막을 걸어 놓았다. 그리고 매운 갈비찜 가게 안에 입장하여 음식 주문하고 한 입 먹어보는 데 와~ 할 정도의 맛은 아니었다. '이 정도 맛에 사람들을 줄까지 세우면서 맛집이 되긴 힘들 텐데…'라고 생각할 찰나 내 고개가 끄덕여졌다. 맛 빼고는 장사 잘되는 마케팅 조건을 나름 흡족하게 갖춰놔서 내 고개가 끄덕여지더라.

첫째, 맛집 조건 외관 합격

휘황찬란한 간판과 인테리어보다 딱 봐도 맛집다운 옛날 형식의 간판과 인테리어 하나도 안 한 매장으로 뭔가 고수의 내공이 풍긴다. 그리고 정성이 느껴지고 간절함과 동정심을 부르는 사장님 사진과 고객에게 전하는 글귀를 적은 큰 현수막으로 심리적으로 맛있을 것 같은 기대와 기다리는 동안 음식 생각에 고객들 마음을 설레게 만든다.

둘째, 사장님과 직원들의 과잉 멘트와 과잉 친절

음식점에 입장하면 고객을 제일 먼저 보는 직원이 크게 인사하면 나머지 직원들도 복명복창하여 크게 인사를 한다. 매장의 크기는 테이블 10개 정도 되는 작지도 크지도 않은 크기였는데, 주문하려 직원을 부를 때나 필요한 게 있어서 직원을 호출할 때도 매운 갈비찜 맛집의 직원들 모두 오른손은 번쩍 들고 왼손은 가슴에 대고. '네 부르셨습니까? 제가 가겠습니다'라고 외친다. 반찬이 떨어지거나 젓가락이 바닥에 떨어져 소리가 나면 즉각 가져다주고, 친절한 멘트를 하여 고객 입장에서 눈치 보이고 미안함을 고맙고 감사한 마음으로 바꾼다.

셋째, 리뷰이벤트

네이버 플레이스 또는 SNS에 리뷰를 먹음직스럽게 사진을 찍어 업로드해주면 고기 추가 또는 음료수를 준다(네이버 플레이스 등록 시 제대로 해라 184p 참조, 블로그에 글을 올려라 197p 참조, 클릭당 광고를 적게 들고 하는 법 199p 참조).

넷째, 스토리텔링

고객들이 믿고 신뢰할 수 있게 음식의 과정의 설명 및 사진을 음식점 내부에 걸어둔다. 예를 들어 곤드레밥이라 하면 '우리나라 땅끝마을 청정 해남에서 해풍을 맞으며 정성스럽게 키운 곤드레나물로 저희만의 기법으로 밥을 지은 곤드레밥'이라고 음식점 내부에 액자식으로 깔끔하게 걸어두면 고객들은 음식을 기다리는 동안 자연스레 볼 것이다. 음식은 그냥 먹는 것보다 설명을 듣고 먹으면 더 맛있는 법이다.

이 정도의 마케팅 기법만으로도, 충분히 줄 서서 먹는 맛집이 될 수 있다. 분명, 음식을 전문적으로 했던 사장님은 아니었다. 그건 메뉴 구성이나 음식을 보거나 맛을 보면 알 수 있다. 아마 실패를 하여 깨달은 마케팅 기법으로 줄 서서 먹는 맛집을 만들 수 있었을 것이다. 매운 갈비찜 맛집 사장도 돈을 들이지 않고 마케팅하여 성공하였다. 별로 추천하지는 않지만 불친절한 방식으로 고객으로 하여금, 호기심을 유발하는 마케팅도 있다. 대표적인 것이 욕쟁이 할머니 컨셉이다. 밥을 먹으러 오는 사람에게 욕을 하며 친근감을 주어 옛날 친할머니가 생각이나 단골로 만든다. 또 배달앱에서 리뷰 1점인 피자집이 있어 나도 호기심에 들어가 본 적이 있다. 리뷰 1점인 피자집 리뷰를 보는데 죄다 욕이었다. 고객이 새우 피자를 시켰는데 새우는 한 마리도 없고, 동전보다 작은 통조림 칵테일 새우 5마리만 딸랑 있다며 아무리 칵테일 새우라도 피자가 8조각인데 인간적으로 피자 조각마다 칵테일 새우가 있어야지 너무 한다는 사진과 함께 쌍욕으로 리뷰를 달았다. 이에 질세라 피자집 사장도 쌍욕으로 댓글을 달았다. 이 상황이 너무 재미있고 웃겨 SNS를 통해 소문이나 지금은 주문이 폭주한다. 이렇듯 돈을 들이지 않고 하는 마케팅 종류가 많다. 진짜 마케팅은 돈을 들이지 않고 하는 마케팅이다. 그래야 오래가고 기억에 남는다. 돈이 드는 마케팅은 돈을 내지 않으면 흔적도 없이 사라진다. TV 프로그램하기 전에 나오는 15초짜리 TV 광고도 방송사에 돈을 주지 않으면 더 이상 광고해주지 않는다. 그럼 어떻게 하면 돈을 들이지 않고 마케팅을 제대로 하는지 알려주겠다. 아… 손가락 아프다. 오늘은 5페이지밖에 글을 못 썼는데 검지 손가락이 너무 아파서 더 이상 글을 쓰지 못하겠다. 또, 계속 양반다리를 하고 있는 바람에 다리에 피도 안 통한다. 라면 상자가 낮아 허리도 아프고 목도 어깨도 아프다. 이러다 골병 들겠다. 스트레칭 좀 하고 내일 다시 써야겠다. 당신은 절대 실패해서 감옥에 들어오지 말아라. 이런 밑바닥도 없으니, 그래도 '성공하려면 또 참고 또 참으라'며 말하는 강사나 책들이 많다. 실제 사업에서 성공을 하지 않고 옆에서 본 것을 본인 강의나 책 재료로 쓰는 분도 많다. 뭘 어떻게 참으라는 말인가? 가는 길은 알려줘야 길을 걸어도 참고 걸을 것 아닌가? 하염없이 걸으라 하면 중간에 다 포기할 것이다. 나는 이 책으로 돈 벌기로 제대로 마음먹었다. 그러니 내가 제대로 성공하는 법을 제시해 줄 것이다.

유튜브를 해라

당신이 요식업을 하든 자영업을 하든 서비스업을 해도 전혀 상관없다. 당신이 하는 일을 유튜브로 촬영해라. 한 번도 해보지 않아 할 줄도 모르고 어떻게 촬영할 줄도 모른다고? 걱정하지 말아라, 정말 쉽고 간단하다. 필요한 것은 당신의 핸드폰과 5,000원짜리 핸드폰 셀카봉만 있으면 된다. 당신도 유튜브를 봐서 알 것이다. 대형 유튜버들 대부분 핸드폰으로 촬영한다. 요즘 나오는 핸드폰은 화질도 좋고 음성녹음도 잘 된다. 그리고 흔들려도 흔들리지 않게 잡아주는 동영상 기능도 있어 흔들림을 자동으로 잡아주는 고가의 셀카봉도 필요가 없다. 화려한 효과나 효과음으로 시선을 끄는 시대는 지났다. 시청자로 하여금 오히려 몰입감이 떨어지게 한다. 영상 편집도 생각보다 간단하다. 핸드폰에 동영상 편집 자체 기능도 있고, 동영상 편집 앱도 많다. 유튜브 편집자는 주로 프리미어프로를 많이 사용하는데 이 프로그램도 별것 없다. 간단하다 유튜브에 동영상 편집하는 법도 잘 나와 있으니 참고 바란다. 유튜브에 올릴 영상을 촬영하고, 편집까지 하는 일은 처음에 신기하고 설레고 재미있어서 몇 개는 올리지만 점점 콘텐츠도 없고 영상편집까지 하려니 너무 힘들어 도중에 포기하고 싶을 것이다. 유튜브에 동영상을 올릴 때, 날것 그대로 올려도 좋다. 영상 촬영하고 꾸준히 올리는 것에 집중해라. 당신은 사업가이지, 유튜브 크리에이터도 아니고 유튜브로 유명해져 돈 벌 헛된 꿈도 꾸지 말아라. 당신 사업이 잘되기 위한 마케팅 목적으로만 생각해라. 필요 없는 영상은 자르고, 자체 자막을 넣어주는 프로그램 및 앱을 이용하여 자동으로 자막을 넣어라. 그렇게만 편집해서 꾸준히만 올려라. 일주일에 1~2번은 올려야 한다. 그래야 유튜브에서 노출도 많이 시켜준다. 필요 없는 동영상은 자르고 자막만 올려서 조회 수가 높은 동영상도 많다. 그리고 조회 수와 구독자 수는 전혀 상관하지 말아라 내가 아는 미용사도 해외에서 미용실을 하다가 코로나 대유행으로 인하여 손님이 없어, 망하고 빈털터리로 한국에 들어왔다. 한국에서 미용실 차릴 돈도 없어 아는 지인의 미용실에서 일하였는데, 월급은 없고 자릿세 조금 내는 정도로 일하게 되었다. 그 말은 본인 손님이 없으면 수익이 제로라는 소리다. 어떻게 손님을 모집할지 생각하다가 손님들 한 분 한 분 양해를 구하고 머리 자르는 모습을 핸드폰으로 촬영해 유튜브에 올렸다. 구독자와 조회 수가 몇십 명에서 몇백 명 수준이지만 그 미용사는 하루에 머리를 자를 수 있는 인원이 5명 정도가 한계였다. 유튜브 영상 조회 수가 몇십 명에서 몇백 명이라도 영상을 본 사람들이 그 미용사에게 머리를 자르고 싶어도 하루에 자를 수 있는 인원이 제한이 있어 항상 예약이 풀로 꽉 찼다.

또, 다른 아는 사람은 온라인 쇼핑몰 판매자인데 출근길의 자동차 안에서 10분 정도 간단하게 최근 이슈가 되는 사건이나, 온라인 쇼핑몰 판매 관련하여 유튜브 영상을 촬영했다. 편집도 별로 안 하고 올렸다. 당연히 영상이 허접해 조회 수가 많지 않았다. 매출 5,000만 원에 순수익 1,000만 원이 안 되는 분이었는데 온라인 쇼핑몰 강의로만 몇 억을 벌었다. 놀라운 것은 당시 구독자 수가 1,500명도 안 되었다.

내가 하고 싶은 말은 당신이 올린 영상을 본 사람들은 당신의 고객이 될 것이다. 구독자 및 조회 수가 적다고 좌절하지 말아라. 당신 영상이 100만 뷰를 달성한들 당신이 미용사라면 감당이 안 될 것이다. 욕심은 항상 화를 부르는 법이다. 유튜브에 당신의 강점을 영상으로 올리면 전 세계인이 본다. 얼마나 큰 마케팅 방법이며, 홍보 방법 아닌가… 돈도 안 들면서 말이다.

네이버 플레이스 등록 시 제대로 해라

요식업 및 자영업, 서비스업 등 네이버에 내 매장을 소개해 고객들로 하여금 리뷰도 받고, 별점도 받는 아주 좋은 기능이 네이버 플레이스이다.

"요식업은 맛만 있으면 홍보 같은 거 안 해도 사람들이 줄 서서 먹을 건데 쓸데없는 시간 낭비하지 말고 손님들에게 대접할 음식 생각이 나 더 해라"고 말하는 사람이 분명히 있을 것이다. 맞는 말이다. 대신 돈 벌 생각은 하지 말고 일본의 몇 대째 이어오는 집안처럼 장인이 되어라. 그리고 내 책을 빨리 덮고 요리 자격증부터 따고, 일본 요리 장인을 찾아가 무급으로 일하여 기술을 배우고, 한국에 돌아와라. 그게 진정 손님들에게 대접할 음식을 생각하는 자세이다. 나는 돈 버는 방법을 알려주는 사람이지, 장인이 되는 법을 알려주는 사람이 아니다. 돈 벌고 싶으면 그런 쓸데없는 생각을 하지 말고, 내 책을 한 번이라도 더 읽어라. 요식업으로 예를 들면 돈 버는 우선순위는 첫째 마케팅, 둘째 서비스, 셋째가 맛(미용실일 경우 머리를 자르는 기술)이다. 사업을 하면서 해야 할 일이 100개가 있다면 그중에 맛이 세 번째로 중요하다는 말이다. 오해 없길 바란다.

당신은 어느 한 음식점에 방문했다. 가게에 들어서는데 언제 물을 줬는지 바싹 말라 있는 화초와 카운터에는 언제 닦았는지 모르는 때가 잔뜩 낀 노란색 리모컨이 있었다. 그리고 빈자리에 앉았는데 테이블이 끈적했다. 음식점 사장인지 주방에서 나와 주문을 받으러 당신에게 온다. 앞치마에는 음식 자국이 묻어 있고, 요리를 하다가 왔는지… 손은 씻고 왔는데 손에 물기가 맺혀 있는 채로 물병을 가져다준다. 물병은 생각도 나지 않는 옛날 소주 CF모델 스티커가 붙어 있고 고춧가루도 덤으로 붙어 있다. '딸랑딸랑' 문에 붙어 있는 종이 울리며, 다른 손님이 문을 열고 들어온다. 음식점 사장은 새로 온 손님을 의식했는지 뭐 시킬 거냐며 재촉한다. 주문하고 나서 음식이 나왔는데 누렇게 변한 플라스틱 접시에 반찬이 담겨 있고 메인 음식이 나왔다. 숟가락도 왠지 찝찝해 휴지로 닦고 음식을 먹어 봤다. 음식은 정말 맛이 있었다. 당신은 방금 먹은 음식점을 또 방문할 것인가?

내가 다니는 미용실 이야기도 해주겠다. 우리 동네는 미용실이 유명한 동네 중 하나이다. 그래서 미용실이 참 많다. 하지만 하루가 멀다 하고 망하는 집도 많다. 내가 어릴 때부터 다닌 미용실은 작지만, 미용사가 머리를 정말 잘 자른다. 그러나 손님은 나 같은 단골을 제외하고 거의 없다. 미용실 사장은 프라이드가 정말 강하다. 간판부터 사장 이름으로 되어 있다. 미용실 내부엔 옛날에 받은 미용 콘테스트 트로피도 있다. 손님이 오면 '머리 어떻게 잘라드려요?'라고 말 한마디만 하고, 머리 자르는 동안 일절 말을 하지 않는다. 거짓말 조금 보태 10분도 안 돼서 머리를 다 잘라준다. 나는 그래서 그 미용실이 너무 좋지만 일반인들은 친절하지 않아 좋아하지는 않을 것이다. 우리 동네에 있는 바버샵을 너무 좋아하는 지인이 있다. 나한테 입이 마르고 닳도록 칭찬하여 한번 가봤는데 무슨 머리 한번 자르는데 3만 원이어서 가격 보고 놀랐다. 내가 단골인 미용실은 만 원인데… 크흠 그리고 더 놀란 것은 머리 자르는데 1시간 넘게 걸린 것 같다. 찔끔 자르고 질문하고, 또 찔끔 자르고 질문하고, 무슨 청문회에 온 줄 알았다. 집에 너무 가고 싶어 내가 불편한 티를 내자 이발사가 이런 말을 하더라. "원래 저한테 머리 자르려면 예약이 너무 많아 한 달은 걸리는데 지인분이 저희 바버샵 단골이라 특별히 배려해서 예약해 드린 겁니다" 머리나 잘 자르면 몰라, 나는 그날부로 바버샵 절대 안 간다. 바버샵에서 머리를 자르고 머리가 다시 자랄 때까지 단골 미용실을 가지 않았었는데 단골 미용실에서 문자가 오더라. "오실 때 되었는데 안 오셔서 문자드린다"고 이제 단골 미용실 사장도 콧대를 꺾고 마케팅을 다 하네라고 웃은 기억이 있다.

내가 이 이야기를 왜 했는지 이해가 갈 것이다. 이제는 음식에 맛만 좋다고, 머리만 잘 자른다고 고객이 알아주지 않는다.

그만큼 마케팅과 서비스가 너무너무 중요하다. 우리는 철저한 데이터 시대에 살고 있다. 낯선 곳에 여행 가서 음식점을 찾을 때 제일 먼저 하는 행동이 핸드폰을 켜서 네이버에 근처 맛집 검색부터 한다. 그리고 평점도 높고, 리뷰 많은 음식점을 찾아가 밥을 먹을 것이다. 음식점뿐만 아니라 숙박, 카페 등등 모두 네이버에서 검색한다. 그게 바로 네이버 플레이스의 힘이다. 하지만 대부분의 네이버 플레이스에서 검색되는 업체를 보면 한심한 데가 많다. 본인들 가게 소개를 잘 해도 모자를 판국에 사진을 대충 올리거나, 가게 설명란에도 정말 대충 써놓은 사람들이 많다. 한 번만 제대로 등록하면 장사나 사업하면서 수정할 일이 거의 없다. 그런데도 귀찮은 건지… 생각이 없는 건지… 마케팅의 기본 중의 기본인데 왜 안 하는지 모르겠다. 본인들도 맛집이나 여행 갈 때 네이버에서 검색하지 않나?(내가 너무 기본이라 이 책에 넣을까 말까 고민을 엄청나게 했다. 기본이 제일 중요함으로 쓰기로 결정했다) 네이버 플레이스에서 앞 페이지에 노출되는 방법은 리뷰 수 및 평점이 높아서가 아니다. 네이버 플레이스를 잘 이해하고, 얼마나 정성스럽게 업로드했느냐에 따라 앞 페이지에 노출이 된다. 네이버에서 서울 맛집을 검색해 봐라 아마 수만 개는 검색이 될 것이다. 1페이지에 노출되는 음식점은 몇 개 안 된다. 앞 페이지 쪽에 노출될 수 있도록 정성스럽게 글을 작성해라.

네이버 플레이스에 어떻게 작성하고 상위 노출하는지는 간달프의 요술 주머니인 유튜브에 다 있으니 검색해서 참고해라. 네이버 플레이스에 사진도 잘 올리고 매장 소개 글도 잘 올렸다면 그다음 중요한 것이 또 있다. 리뷰와 평점이다. 맛집 검색러들은 리뷰 수와 평점이 높아야 맛집으로 인정한다. 리뷰와 평점을 실제 매장에 방문한 고객이 직접 결제 후 받은 영수증으로 인증을 해야 하므로 조작을 할 수 없다. 그래서 음식이 나오기 전에 고객에게 미리 영수증을 주고 네이버 플레이스에 리뷰를 써 달라 부탁해야 한다. 고객에게 리뷰를 써주면 혜택이 있다 하면 바로 써주실 것이다. 고객이 매장을 나가기 전에 써달라 해야 좋은 평점과 좋은 리뷰를 받을 수 있다. 한국인들은 사람 앞에서는 욕을 못 하니까ㅎㅎㅎ.

다른 플랫폼에도 모조리 등록하자

네이버 플레이스처럼 등록할 수 있는 것이 네이버뿐만 아니다. 구글, 다음, 네이트 등도 네이버 플레이스처럼 비슷하게 되어 있다. 네이버보다 별 효과는 없지만 고객이 어느 플랫폼에서 검색할지 모르기 때문에 모두 등록해주면 좋다. 또 한 번만 등록하면 되니까 그리 번거롭지도 않을 것이다. 그래도 평점 리뷰도 있으니, 관리는 해야 한다. 관리하는 방법은 네이버 플레이스랑 다르지 않으니 참고하면 된다. 그리고 등록해야 하는 중요한 플랫폼이 또 있다. T맵과 카카오맵이다. 한번은 지인이랑 맛있게 먹은 음식점이 생각나 다른 지인이랑 가려고 T맵에서 음식점 이름을 검색했는데 검색 결과가 없다고 하여 당황한 적이 있다. 보통 사람들은 음식점 이름을 외우지, 주소를 외우지는 않는다. 지인이랑 먹었을 때도 우연히 찾은 맛집이라 아쉬웠다. T맵과 카카오맵도 평점이 있으니 참고해라. 여기도 평점, 저기도 평점, 장사와 사업하기도 힘들어 죽겠는데 평점까지 관리하려니 정말 힘들 것이란 것을 알고 있다. 정 힘들면 차라리 고객 한 팀 덜 받고 그 시간에 평점 관리하라고 하고 싶다. 물들어 올 때 노저야 한다고 고객이 언제 끊길지 모르니 기본도 무시해 가며, 고객을 받았다간 얼마 안 있어 고객들 발길이 한순간에 뚝 끊어질 것이다. 진정한 맛집은 몇십 년이 지나도 손님들 발길이 끊어지지 않는다. 모두 기본을 지키며 장사했기 때문이다. 장사가 잘되면 사람이란 게 초심을 잃기 마련이다. 나는 오히려 귀찮고 불편하고 힘든 평점 관리가 더 좋다고 생각한다. 평점 관리가 너무 쉽고 자동으로 관리할 수 있으면 누구나 하기 때문에 당신이 하는 매장에 기회가 오지 않을 수도 있다. 그것은 당신도 너무나 잘 알고 있지 않은가… 남들이 안 하는 것, 남들이 하기 어려운 것, 남들이 하기 불편해하는 것을 해야 성공한다는 것을… 찡찡거리지 말자. 힘들어도 안 죽는다. 또 플랫폼들의 섭리를 이해하면 마케팅에 눈이 떠진다.

네이버는 검색 영역이 많고 키워드에 따라 1순위로 노출되는 영역이 다르다 예를 들어 네이버 검색창에 '수탉은 왜 머리 위에 닭 볏이 있나요?'라고 검색하면 네이버 플레이스 영역인 닭 요리 전문점이 검색이 되겠는가? 아니다. 지식인 영역에서 검색될 것이다. 이렇게 네이버는 검색하는 키워드에 맞게 네이버에서 운영하는 네이버 사전, 네이버 플레이스, 일반 사이트, 지식인, 블로그, 카페, 이미지 등 영역으로 먼저 노출된다. 네이버 모든 영역에 등록할 수 있다면 모조리 등록해라. 나는 주로 지식인이랑 동영상 영역에 등록을 했다. 당신이 미용실을 한다면 지식인에게 이렇게 질문해라. "머리가 요즘 너무 빠져 어떻게 해야 할지 모르겠어요… 병원에 가야 할까요? 가발을 쓰고 다니기는 좀 불편하고… 집 앞에 '잭 미용실'(당신 미용실 이름이라 하고 예를 들겠다)에서 머리숱 많아 보이게 펌을 잘한다는데… 아… 고민이 되네요. 내공 만땅 거니 어떻게 해야 할지 추천 좀 부탁드릴게요"라고 질문하면 파워 지식인들이 답변을 해줄 것이다. 그러면 바로 채택해라. 그다음부터 네이버 검색창에 '잭 미용실'이라고 검색하면 지식인 영역에 잭 미용실이 첫 번째로 노출이 될 것이다(예전엔 지식인에 질문하고 답변이 달리면 답변 채택 전에 질문 내용이 수정되어 우리 회사 제품을 엄청나게 유리하게 수정하고 답변을 채택해서 엄청난 마케팅 효과를 무료로 받아 재미 좀 봤다. 지금은 질문을 하면 답변 채택 전에도 수정이 되지 않더라). 하지만 파워 지식인들이 광고성 질문으로 보고 답변을 안 달아줄 수도 있다. 포기하지 말고 질문하기를 계속하면 답변을 달아줄 것이다. 단 한 번만 등록하면 된다. 포기하지 말아라. 당신은 이런 종류의 마케팅을 꼼수 마케팅이라 생각할 수도 있다. 그렇지만 꼼수 마케팅이라 생각하지 말고, 생각의 전환을 하기 바란다. 내가 네이버의 생리를 알기에 허점을 알고 파고들 수 있었다.

그래서 무료로 엄청난 광고효과를 가져왔다. 네이버의 허점을 알기까지 얼마나 노력했겠는가…. 돈 없이 마케팅할 수 있는 방법을 얼마나 연구했겠는가…. 내가 국가에 보조금을 받으러 허점을 파고들어 보조금을 받았다면 법적으로 문제가 될 것이다. 혹여나 법적으로 문제가 되지 않더라도 국민들의 세금으로 국가에서 보조금을 받는 것이기 때문에 꼼수가 맞다. 하지만 네이버는 국가기관이 아니다. 광고주에게 돈을 받고 광고해주고 운영하는 네이버는 사기업이다. 그런 사기업의 허점을 이용하여 마케팅하는 것은 오히려 대단한 기술이라 봐야 할 것이다. 더 좋은 마케팅 방법도 있지만 당신이 꼼수 마케팅이라 생각할까 봐 책에 적지 않겠다. 굶어 보지 않는 것들이 도덕이네, 윤리네… 쯧쯧. 하지만 그것도 맞는 말이다. 그렇지만 법을 어기지 않고 남에게 피해를 주지 않는 선에서는 괜찮다고 생각한다.

사업은 전쟁터다. 도덕 윤리가 통하지 않는다. 앞서 사례에 빌 게이츠와 스티브 잡스 사례를 소개한 바 있다. 사람마다 생각하고 있는 '정의'의 기준이 다를 것이다. 정의와 선의를 착각하지 말아라(정의 관련, 정의와 부자는 성립할 수 없다 310p 참조). 다시 본론으로 돌아오자. 동영상 영역도 마찬가지다 경쟁업체들은 다른 영역에는 웬만하면 등록하지만, 동영상 영역엔 등록을 잘 안 한다. 동영상 영역이 좋은 이유는 네이버 검색 시에 다른 영역보다 이미지 형식으로 검색되어 검색자로 하여금 훨씬 눈에 잘 띈다. 당시 내가 사업하는 분야에서 동영상 영역에 나밖에 등록하지 않아 그때도 무료로 광고효과를 톡톡히 봤다. T맵이나 카카오맵까지는 그렇다고 쳐도 지식인이랑 동영상 영역에는 홍보 효과가 있을지 의문일 수도 있다. 사람의 구매 욕구는 언제 어디서 발생할지 알 수가 없다. 뉴스를 보려고 TV를 켰는데 채널이 홈쇼핑 채널에 틀어져 있어 갑자기 프라이팬을 주문할 수도 있다.

구글은 사람들의 이런 구매 욕구를 이용하여 리타겟팅 광고라는 광고 대행을 한다. 리타겟팅 광고는 소비자가 물품을 구매하기 위해 구글에 광고 대행을 맡긴 A사이트에 접속했다면 구매하든지 말든지 상관없이 소비자의 IP주소를 저장해 소비자가 구글과 제휴된 사이트 접속 시 A사이트의 광고나 A사이트의 제품이 광고로 노출된다. 인터넷 뉴스 기사 볼 때 오른쪽이나 인터넷 뉴스 기사 글 중간에 뜨는 광고가 구글의 리타겟팅 광고이다. 소비자가 광고를 클릭 시 비용이 과금

된다.

지식인과 동영상 영역은 평점이나 리뷰도 없고, 3~4번 정도만 등록하면 되고, 등록하기도 매우 쉽고, 등록 후 관리할 필요도 없다. 마케팅하는 데 돈도 들지 않고, 한번 등록하면 관리도 안 하고 편한데 왜 안 한다는 말인가. 한번 등록하면 당신이 등록한 것을 삭제하지 않는 한 영구적으로 남는다. 등록하는 데 시간도 얼마 들지 않으니, 쓸데없는 생각은 하지 말자.

배달 앱 플랫폼 이용 시 마감 시간을 설정하지 마라

배달의민족, 요기요, 쿠팡이츠 등은 음식점 장사하시는 사장님들에게 필수 플랫폼이 되었다. 한 달에 들어가는 광고료가 부담이 되지만 배달 앱 플랫폼에 광고를 하지 않으면, 배달 주문이 제로에 가까워 어쩔 수 없이 배달 앱 플랫폼에 음식점 사장들이 광고하고 있다. 그렇게 많은 광고비를 지불하고 광고하면서 대부분 아니 전부(내가 배달 앱 광고할 당시) 광고를 100% 활용을 못 해 너무 안타까웠다. 배달 앱 플랫폼에 광고비만 비싸다고 탓하지 말고(나는 남탓하는 사람들을 제일 혐오한다. 남을 탓한다고 해서 변하는 것은 없다. 내가 힘들면 남도 힘들다. 그럼 그 속에 분명 기회가 있다. 이것도 세상의 이치 즉, 돈 버는 이치에 해당한다. 세상의 이치 - 돈 버는 이치와 같다 편 참조) 어떡하면 배달 앱 플랫폼에서 광고를 더 효과적으로 할 수 있는지 생각은 해봤나? 배달 앱 플랫폼은 큰 회사에서 머리 좋은 사람들이 만들었고, 매뉴얼이 있으니 그냥 매뉴얼

대로 따라 해야 한다는 고정관념 때문에 생각 자체를 안 해봤을 것이다. 아무리 공든 탑이라도 허점은 분명히 있는 법이다. 나는 새로운 분야에 일을 하면 전문가보다 더 전문가가 될 때까지 파고든다. 매뉴얼은 모조리 읽어보고 왜 이렇게 만들고 서비스를 하는지 진위도 파악한다. 그때 제일 많이 통화하는 것이 A/S 직원이다. A/S 직원들은 전부 기술자이다. 그리고 이런 말 하면 안 되지만… 착하고 순진하다. A/S 직원들과 상담을 오래 하다 보면 고객이 알면 안 되는 방법까지 친절히 알려준다. 그리고 생리나 진위 파악하는 것도 그리 오래 걸리지 않는다. 매뉴얼은 두꺼운 책 한 권이 아니다. 기껏해야 몇 장 되지도 않는다. 그리고 간달프의 요술 주머니(유튜브)를 뒤지고, A/S 직원들과 상담 몇 번 하면 전문가가 된다. 물론, 이것도 많이 하다 보면 노하우가 생긴다. 나는 배달 앱 플랫폼도 생긴 지 10년이 넘었는데도 배달 앱 플랫폼에 허점이 있어 파고들었다. 내가 장사할 당시 배달 앱에서 24시간 오픈하고 장사하는 음식점이 많이 없었다. 그래서 가게 정보를 보면 오픈 시간과 마감 시간을 해당 음식점의 상황에 맞게 설정하여 음식점 사장님들이 실제 그 시간에 오픈하고 마감한다.

예를 들어 당신이 배달 앱에 오전 10시에서 오후 9시로 오픈 마감 시간을 설정했다고 치면 오전 9시에 출근해 1시간 동안 오픈 준비하고, 오전 10시가 되면 자동으로 배달 앱에서 오픈하도록 설정했기 때문에 오픈 준비 중에서 음식점 상태가 오픈 중으로 광고가 활성화된다. 그리고 저녁 9시에 영업 종료 시간을 설정했기 때문에 음식점 상태가 자동으로 오픈 중에서 오픈 준비 중으로 바뀐다. 오픈 준비 중일 때 해당 음식점은 배달 앱에서 광고하고 있더라도 광고가 노출되지 않는다.

　이제 좀 감이 오지 않나? 뭐가 잘못되었고 어떻게 배달 앱에서 광고해야 하는지? 아직도 모르겠다고? 하… 내 책을 이만큼이나 읽었는데도 모르면 다시 읽어라. 대충 읽었거나 내 노하우 포인트를 아직도 감을 잡지 못하고 있는 것이다. 그것도 아니라면 나를 아직도 못 믿어 불신 가득한 눈초리로 보고 있거나. 이제 좀 믿어라. 아무리 세상에 사기꾼이 많고 믿을 놈 없다지만, 내가 여태까지 쓴 글을 보고도 못 믿겠나? 당신의 심정을 내 이해 못 하는 것은 아니지만 성공하고 부자가 되려면 때론 사람도 믿어야 한다(물론, 사람 보는 눈이 있어야 한다). 아무도 믿지 못하면 결국 당신이 모든 일을 다 해야 하는데 혼자서 아무리 열심히 해 봤자 1년에 5억도 벌지 못한다(1년에 5억 버는 사람보고 부자라 하지 않는다). 억대 연봉이라는 말이 옛날부터 있었다. 소득 수준이 아무리 올라가도 소위 잘나가는 사람들은 아직도 억대 연봉자라고 한다(사람이 혼자 벌 수 있는 돈은 한정적이라는 말이다). 돈은 사람이 벌어다 준다. 믿고 맡겨야 당신이 다른 일을 확장할 수 있어 매출이 올라갈 것 아닌가? 혹시 알아? 당신이 믿고 맡긴 사람이 당신보다 일을 더 잘해 돈을 더 많이 벌어다 줄지? 사업에 있어 당신이 사람을 믿지 못하는 이유는 한 가지밖에 없다. 당신이 아직 능력이 모자라 사람 보는 눈이 없는 것이다. 아마추어이기 때문에 고수를 알아보지 못하는 것이다. 고수는 고수를 알아보는 법이다. 잘 되는 사람은 떡잎부터 알아본다고 했다. 내 책을 지금까지 읽고도 알아보지 못했다면 한참 멀었다. 잘난 맛에 사는 놈은 그저 그런 돈을 벌고 본인보다 돈을 못 벌면 무시하고, 본인보다 돈을 잘 벌면 증거를 요구한다. 고수는 그 사람이랑 몇 마디만 나누면 부자인지 사기꾼인지 안다. 성공하고 부자 되는 경험이 없다면 절대 부자 되는 진리를 알 수 없다. 그러니 진리로 질문하여 진리로 대답이 돌아오지 않으면 성공하고 부자 된 사람이 아니다 (부자 중에 본인 힘으로 부자 되지 않고 부모님 찬스 쓴 사람들은 제외하자). 부자들이 어느 책을 썼든 간에 다 똑같은 말을 한다. '당장 시작하라'고. 그래야 실패를 하루라도 빨리해야 깨달음을 얻을 수 있기 때문이다.

본론으로 다시 돌아오자. 아직도 배달 앱 플랫폼에 마케팅을 어떻게 할 줄 모르겠고, 감을 잡지 못한 분을 위해 친절하고 관대한(?) 내가 자세히 설명해주겠다.

감을 잡은 사람들도 나와 생각이 같은지 확인해 봐라.

배달 앱에서 마감 시간을 설정하고 마감이 되었을 때, 배달 앱에 들어가서 해당 음식점들의 상태를 확인해 본 적이 있는가? 오픈 준비 중이라며 음영 처리되면서 노출이 되었던 음식점이 배달 앱 광고 영역에서 사라지고 오픈 중인 음식점만 계속 광고 중이다.

장사가 잘되는 주간에는 동네마다 다르겠지만 배달 앱 광고 영역에 노출되는 음식점 수가 수백 개가 넘다가 마감 시간 이후, 손가락 꼽을 정도에 음식점만 광고 중으로 노출된다. 배달 앱 플랫폼을 운영하는 회사는 배달 앱을 이용하는 고객과 음식점 사장들에게 편의를 제공하고자 만든 시스템이다. 음식점 사장이 배달 앱에서 마감하면 마감한 음식점은 광고 영역에 노출이 되지 않음으로 고객은 오픈한 음식점에서만 주문할 수 있게 했다.

그래서 나는 배달 앱 플랫폼의 광고 방식에 대해 의구심을 품었다. 배달 플랫폼 광고는 광고 노출이 많이 될수록 광고비가 빠져나가는 광고도 아니고 한 달에 고정비로 빠져나가는 광고인데 24시간 노출하면 광고 효과가 더 있지 않을까….

　나도 배달 앱 플랫폼에 광고한 적 있었다. 당시 광고할 때 마감 시간을 설정하지 않고 24시간 오픈 상태로 해놓으니 마감 시간 때에는 내 음식점만 배달 앱 광고 영역에 노출되는 것이다. 대단한 광고 효과였다. 그러나 음식점은 24시간 내내 실질적으로 오픈할 수 없어 모든 메뉴를 품절로 걸어두고 "오늘 준비한 재료가 모두 조기 소진되어(내일 날짜, 요일을 적고) 오전 10시에 정성스럽게 만들어 오픈하겠습니다"라는 멘트를 달았다. 고객 입장에서는 음식을 주문하려고 했더니, 내 음식점 밖에 광고 노출이 안 되어 있어, 들어가서 주문하려고 했지만 모든 메뉴는 품절이 되어 있고, 재료는 조기 소진까지 되어, 일찍 문 닫았을 것으로 생각한다. 또 고객은 '얼마나 맛있는 음식점이길래 오픈하면 꼭 먹어봐야지' 하고 찜까지 누를 것이다. 내 얘기를 듣고도 음식점 마감할 때나 쉴 때, 기존대로 배달 앱에서 마감 시간을 설정할 것인가? 모든 것은 완전한 게 아무것도 없다. 사람들이 모두 A라는 길로 간다고, 당신에게 주어진 것을 당연한 듯 A라는 길로 갈 것인가? 그럼, 발전이 없다. A라는 길이 맞더라도 B길로도 가보고 A길로 갔다 B길로도 가봐라. 고정관념을 깨라는 말이 이런 것이다. 주어진다고 당연한 듯 받아들이지 말아라.

　그렇다고 너무 앞질러 가지도 말아라. 모두가 간 길이 아니라 1등이 간 길을 2등으로 가는 것이 제일 좋다. 1등으로 가다가 호랑이(법적인 문제 등)를 만날 수도 있고, 함정에 빠질 수도 있다. 당신이 떡볶이를 판다 해서 떡볶이가 잘 팔리는 동종 음식점만 보지 말고, 잘 되는 카페도 보고, 옷 가게도 봐라 어차피 마케팅 방법은 어느 업종이든 일맥 상통한다. 내가 온라인 쇼핑몰을 할 당시에 굉장히 힙한 게 의류 쇼핑몰이었다. 나와는 완전히 결이 다른 쇼핑몰이었지만 의류 쇼핑몰 홈페이지는 고객의 소비 욕구를 자극하기 위해 홈페이지를 꾸몄다. 그리고 마케팅 방법 또한, 배울 점이 많아 나의 온라인 쇼핑몰에 적용한 것이 많다. 심지어 홈페이지도, 의류 쇼핑몰 홈페이지를 벤치마킹하여 만들었다. 내가 1등이 간 길을 2등으로 가라는 말은 동종업계에서 1등을 벤치마킹하여 2등을 하는 것도 좋지만, 법적으로 문제없는 다른 업계의 1등을 벤치마킹하여 당신의 사업 분야에 접목해 새로운 사업 아이템 및 사업 아이디어를 생각해도 좋다는 말이다.

블로그에 글을 올려라

구관이 명관이라는 말이 있다. 온라인 광고는 소수의 업종을 제외하고는 블로그 마케팅이 최고인 것 같다. 효과도 좋고 다른 광고보다는 업체에 맡겨도 저렴한 편에 속한다. 블로그 마케팅하는 회사 중 말도 안 되게 비싼 곳도 많다. 혹시 하려면 여러 업체와 비교를 꼭 해 봐라. 특히 한 달에 3만 원이라는 곳도 있는데 여기는 조심해라. 2년 치를 한 번에 결제하라. 한두 번 블로그에 포스팅해주고, 잠수타는 일이 많다. 돈 주고 블로그 마케팅을 하려면 당신의 블로그 포스팅 글이 노출은 몇 순위에 해줄 수 있는지 블로그 마케팅 업체에 꼭 물어봐라. 블로그 포스팅만 해준다고 해서 소비자가 검색 시 당신의 블로그 포스팅 글이 상위 노출되지 않으면, 돈만 날리고 아무 효과도 없다. 소비자가 검색하는 키워드마다 조회 수가 다르듯 키워드마다 비용도 다르다. 중간 정도 되는 키워드를 상위 노출하는데, 2023년 기준 한 달에 50만 원 정도 한다. 더 많이 받는 곳은 왜 그리 더 많이 받는지 한번 확인해 볼 필요가 있다. 하지만 사업 초기엔 수익보다 지출이 더 많아 광고비를 지출하기 힘들거나, 워낙에 돈 없이 사업을 시작해서, 광고를 생각조차 못 할 수도 있다. 그래서 당신이 블로그 계정을 만들고 직접 포스팅을 해라. 처음엔 뭘 써야 하나 막막할 수 있지만 유튜브와 병행하여 같은 콘텐츠의 글을 쓰면 편할 것이다. 블로그는 광고성 글이라 판단하면 글을 아무리 잘 써도 노출을 해주지 않는다. 다만, 당신의 사업하는 일상을 포스팅하면 광고로 보지 않을 것이다. 즉, 당신이 돈을 받고 다른 사람 것을 포스팅해주는 것이 아니기 때문이다. 만약 노출이 잘 안되더라도 실망하지 말아라. 고객이 당신 회사나 제품을 검색창에 검색 시 검색(노출)이 될 것이다. 고객이 당신의 제품을 구매하고 싶어도 당신의 제품이 검색되어야 구매할 것이 아닌가? 그러니 고객이 당신 회사나 제품을 검색하면 노출이 될 수 있도록 블로그에 포스팅해라. 당신이 블로그에 포스팅조차 하지 않는다면 당신 제품이 노출되지 않아 고객은 영영 당신의 제품을 구매할 수 없을 것이다. 블로그 포스팅하는 법, 상위 노출하는 법이 막막하면 이것 역시 유튜브에 검색해서 정보를 얻어라.

클릭당 광고 돈 적게 들고 하는 법

클릭당 광고(CPC)란 인터넷 포털사이트인 네이버, 다음, 네이트 등
(SNS 클릭당 광고도 방식이 동일하다)에서 소비자가 검색창에 검색하고 싶
은 키워드를 입력하면 메인 화면에 노출되는 사이트들이 클릭당 광고
를 하고 있는 업체들이다. 소비자가 클릭해서 해당 업체 사이트에 접
속하면 그 즉시 광고비가 지출된다. 앞서 잠깐 소개했지만, 소비자가
한번 클릭할 때마다 70원에서 10만 원씩 광고비가 지출된다. 키워드
조회 수가 높고 구매 전환율이 높은 키워드일수록 광고비가 비싸다
볼 수 있다. 만약 당신이 온라인 의류 쇼핑몰을 창업하여 클릭당 광고
를 한다고 치자. 의류 쇼핑몰에서 의류를 판매할 텐데 소비자들이 의
류를 인터넷에서 구매한다고 한다면 '의류'라는 키워드가 제일 비싼 키
워드일 것이다. 제일 많이 소비자들이 검색하니 경쟁사들이 너도나도
1위로 노출하고 싶어 '의류' 키워드 입찰가를 많이 올릴 것이다. 클릭당
광고는 입찰가 70원부터 시작하며 경쟁자들이 현재가에서 최소 10원
에서 최대 10만 원까지 실시간으로 입찰에 참여할 수 있다. 실시간으
로 제일 높게 입찰한 업체가 1순위 순으로 노출된다. 클릭당 광고는
광고효과가 정말 좋은 대신에 광고비 지출이 어마어마하다.

당신이 '의류' 키워드를 클릭당 5만 원에 입찰해서 1순위로 유지 중이
라 하자. 소비자 1명이 당신의 온라인 의류 쇼핑몰을 클릭하여 의류
한 벌을 구매하였다. 그러나 구매한 의류는 2만 원이다. 또 다른 소비
자가 당신의 의류 쇼핑몰을 클릭하여 당신의 온라인 의류 쇼핑몰에
접속했는데 구경만 하고 나갔다 그럼 2번 클릭 받았으니, 광고비는 10

만 원이 지출되었다. 의류 한 벌 팔아서 2만 원 벌었다 해도 택배도 보내줘야 하고 의류 원가도 빼니 순수익이 1만 원이다. 그런데 광고비가 10만 원이 지출되었으니 실제로 9만 원이 마이너스이다. 클릭당 광고비는 양날의 검이다. 잘 사용하면 금방 성공할 수 있어도 잘 모르고 했다간 광고비가 너무 많이 나가 배보다 배꼽이 더 클 수 있다.

클릭당 광고를 잘 몰라도 내가 비법을 알려주면 아주 적은 돈으로도 큰 효과를 발생시킬 수 있다(광고대행사 직원도 모르는 특급 비법도 있지만 광고 대행에 대해 잘 알고 있어야 해서 이 책에 쓰기는 힘들 듯하다). 인터넷 포털 사이트를 사용하는 소비자는 물건을 구매하는 사람만 사용하는 것이 아니다. 정보 검색을 위해 사용하는 사람도 있다. 인터넷 검색창에 '의류'라는 키워드를 검색했다 하여 모두 의류를 구매하는 사람이 아니라는 것이다. 요즘 유행하는 의류가 무엇인지 알아보기 위해 검색한 사람, 의류의 뜻이 무엇인지 검색한 사람, 의류 만드는 방법을 검색한 사람, 의류 쇼핑몰을 창업하려 하는데 벤치마킹하기 위해 검색한 사람 등등… 무수히 많다.

이런 사람들이 의류를 검색하여 당신이 광고 중인 의류 쇼핑몰을 클릭하면 당신의 의류 쇼핑몰에서 의류를 구매하는 것과 상관없이 똑같이 광고비가 지출된다. 그래서 포괄적 의미를 담는 키워드보다 세부적인(포괄적 반대 단어가 뭐지? 국어사전도 없고 하… 포괄적 의미의 반대말로 생각하면 된다. 단어가 뭐가 중요하냐? 뜻이 통하면 되지ㅎㅎㅎ, 뭔 말인지 알지?) 키워드로 검색하여 광고를 클릭한 소비자가 구매율도 높고 광고료도 저렴하다. 왜 그러냐면 당신 의류 쇼핑몰 이름이 '잭 의류' 쇼핑몰이라 하자. 잭 의류 쇼핑몰에서 파는 '잭 의류 청바지' 키워드는 경쟁자가 없어 당신이 클릭당 70원에 광고 중인데 소비자가 잭 의류 청바지를 검색해서 당신의 의류 쇼핑몰을 클릭하여 방문한 소비자는 당신의 의류 쇼핑몰의 단골이거나 그전에 사려고 찜을 해둔 사람일 것이다. 그래서 잭 의류 청바지는 세부 키워드임에도 구매 전환율이 높고 아는 사람이 많이 없어 검색량이 적고, 경쟁자도 많이 없기 때문에 광고료가 낮을 수밖에 없는 것이다. 그런데도 '의류' 같은 키워드를 광고하는 이유는 신규 고객을 유치하기 위해서이다. 지금은 구매하지 않더라도 소비자들에게 계속 노출이 되면 구매로 이어지기 때문이다. 그렇다고 돈이 많이 없는 당신이 비싼 키워드로 광고할 수는 없는 노릇이다. 그래서 내가 알려주는 방법은 1,000원 미만의 키워드를 모조리 등록해 광고하는 것이다. 네이버 기준으로 클릭당 광고는 키워드를 10만 개까지 등록할 수 있다. 조회 수 많은 키워드 몇 개 대신 조회 수가 별로 없는 키워드를 10만 개 등록하면 얼추 비슷한 효과를 낼 수 있다. 조회 수가 별로 없는 키워드도 장점이 있다. 광고 가격도 저렴하고 구매 전환율이 높다. 세부 키워드는 예를 들어 'MZ 세대 유행하는 의류', '다리가 길어 보이는 바지', '여자들이 좋아하는 남자 옷', '여행 갈 때 입는 옷' 등등이다. 이런 키워드들을 10만 개 등록하면 된다. 10만 개의 키워드를 등록해도 한번 클릭당 70원~1,000원이기 때문에 한 달에 10만 원 미만의 아주 저렴한 비용으로 클릭당 광고를 이용할 수 있다.

클릭당 광고를 하려면 '광고대행사'를 통해 진행하는 것이 좋다. 당신이 광고 관리를 할 줄 알면 좋은데, 초반엔 광고에 대한 개념이 없어 힘들 것이다. 광고에 대하여 개념이 없거나 광고를 할 줄 모르는 사람들을 위하여 광고를 대행해주는 업체가 광고대행사이다. 광고대행사에 클릭당 광고를 맡기면 좋은 점이 있다. 광고대행사에 당신의 광고를 맡긴다 해도 광고대행사에 대행비를 지급하거나 매출에 일정 부분을 가져가는 것이 아니다. 네이버 및 다음 카카오 등에서 당신이 지출한 광고비에 15%를 네이버 및 다음 카카오 등에서 광고대행사에서 지급해주어, 실제로 당신이 광고대행사에 지급할 비용 없이 광고대행사를 이용할 수 있다. 하지만 광고대행사도 광고 지출이 많은 클라이언트를 선호하기 때문에 한 달에 10만 원도 안 쓰는 당신 같은 클라이언트들은 광고대행사가 광고를 맡지 않을 수도 있다. 한 달에 광고비 10만 원이면 광고대행사가 가져가는 수익이 15,000원이다. 그리고 광고대행사는 당신의 광고 대행 담당을 맡은 직원의 수당도 챙겨줘야 한다. 거의 수익이 되지 않는 당신의 회사에 키워드 10만 개를 등록해달라 해 봐라. 당신 같으면 해주겠나…. 그래서 액션이 필요하다. 광고대행사 미팅 시 광고비를 한 달에 어느 정도 지출할 예상이냐고 물어보면 '광고하면서 결정하겠다', '나도 이제 창업해서 잘 모르겠다' 당당하게 이야기해라. 드라마에서 보지 않았는가? 광고주(클라이언트)는 갑 중의 갑이다. 절대 주눅 들거나 쫄지 마라. 그리고 여러 광고대행사와 미팅 후 광고대행사를 결정해라. 많이 만나보면 아무래도 도움이 많이 된다. 모르는 분야니 많이 물어보면 물어볼수록 좋다. 광고대행사의 수익은 광고주가 광고비를 많이 써야 수익이 올라간다. 그래서 어떡하든 당신이 광고비를 많이 쓰게 유도할 것이다. 절대 현혹되지 말아라. 여러 광고대행사와 미팅 후 괜찮은 광고대행사를 선택해 계약하면 당신 광고를 관리할 담당 직원이 결정된다. 이제부터 중요하다. 광고 세팅을 하기 때문이다. 담당 직원에게 키워드를 몇 개까지 등록할 수 있는지 물어보고 전부 등록해 달라고 해라. 그럼 '의류' 키워드 같은 비싼 키워드도 등록할 것이다. 등록할 때 비싼 키워드는 100개 정도만 등록해주고 나머지 전부 1,000원 미만의 키워드들만 등록해 달라고 해라. 또, 비싼 키워드는 따로 관리하게 그룹을 나눠서 등록해달라 하면 된다. 광고 시작 시 비싼 키워드 그룹은 Off 해놓고 광고하지 않으면 되니까 광고비 걱정은 하지 말아라, 그럼 돈도 나가지 않는다. 광고 관련은 광고대행사 직원이 전문가이지만 의류 관련은 당신이 전문가이다. 비싼 키워드 100개를 뺀 나머지 99,900개의 세부 키워드는 광고대행사 직원이랑 함께 어떤 키워드를 등록할지 상의하면서 등록해야 한다. 광고대행사와 계약한 이상 광고대행사 직원은 광고 수익이 발생하지 않더라도 클라이언트인 당신의 정당한 요구는 들어줘야 한다. 광고 문구 수정, 키워드 수정 및 삭제, 재등록 등등 광고대행사 직원이 불친절하면 광고대행사 본사에 전화해 상급자와 통화해라. 그리고 컴플레인을 걸면 그다음부터 친절해질 것이다. 10만 개의 1,000원 미만 키워드를 전부 등록하지 않고 100개는 비싼 키워드를 별도로 등록한 이유는 어떤 키워드가 소비자로 하여금 인기가 좋은지 분석할 수 있고, 비싼 키워드도 등록해야 기대 심리로 광고대행사 직원이 광고 세팅 때 깍듯하게 당신을 모시며 제대로 광고 세팅을 해준다. 참고로 광고 세팅은 광고하기 위한 준비 작업이므로 비용이 일절 발생하지 않는다. 그리고 10만 개 키워드에서 100개 키워드를 등록 못 한다고 해서 티도 나지 않는다. 10만이라는 숫자를 얕보지 말아라. 키워드 등록할 때 머리에 쥐 좀 날 것이다ㅋㅋㅋ. 이 방법으로 하면 한 달에 10만 원 미만으로 그 비싼 포털사이트 클릭당 광고를 아주 효과 좋게 할 수 있다.

유명 유튜버 및 방송 프로그램에 사연 보내기

유튜버들은 초반에 조회 수도 없고, 구독자도 없을 때는 무료로 촬영해주다가 조회 수 및 구독자 수가 늘어나면 홍보를 위해 촬영해주는 대가로 돈을 받는다. 그래서 유명 유튜버들이 뒷광고로 곤욕을 치른 것을 기억하고 있을 것이다. 이제는 유튜버들이 대놓고 광고비를 받고 홍보 및 촬영을 해준다. 그렇다고 너무 돈만 받고, 광고성 촬영만 하면 조회 수 및 구독자가 줄어들기에 광고성 아닌 리얼로 촬영할 때도 많다.

방송 프로그램도 마찬가지다 생방송 ○데이 등도 진짜 맛집이거나 시청률이 높을 것 같은 곳을 찾아가 방송을 위해 광고비를 받지 않고 촬영하기도 한다. 유튜브와 방송 프로그램도 조회 수와 시청률을 높여야 광고가 많이 들어와 돈을 많이 벌 수 있기 때문이다. 그렇기에 당신의 사업장에 맞는 유튜브 채널 및 방송 프로그램을 찾아 시청률을 올릴 수 있는 기가 막힌 아이디어를 생각해 사연을 보내라. 그렇게 해서 촬영을 해야 돈 주고 촬영하는 것보다 훨씬 조회 수와 시청률이 잘 나오고 진실해 보인다. 한번 사연을 보냈는데, 연락 없다 포기하지 말고 아이디어를 생각해 계속 사연을 보내라. 유튜브 채널과 방송 프로그램은 한두 개가 아니다. 비슷한 것이 엄청 많다. 모조리 다 보내라. 유명 유튜브와 방송 프로그램에 출연하면 파급효과가 장난 아니다. 당신이 요식업을 한다면 가맹점 문의가 줄을 설 것이다. 출연 한 번에 바로 성공할 수도 있다는 말이다. 어떠한 마케팅보다 돈 없이 할 수 있는 마케팅 중에 가히 최고봉에 손꼽힌다. 그러니 사활을 걸어라.

어느 사장은 힘들게 음식 장사를 하고 있었는데 장사가 안되어 죽을 생각도 했다고 한다.

밑져야 본전이라는 생각에 유명 유튜버에게 사연을 보냈다. 다행히 유명 유튜버에게 연락이 와서 촬영했다. 유튜브에 영상을 올리자마자 조회 수가 100만 뷰가 넘었다. 그리고 가맹 문의가 쉴 새도 없이 와 가맹 사업도 시작해 순식간에 100개로 가맹점이 늘어났었다. 그러나 가맹 사업을 한 번도 하지 않아 어려움을 겪고 있을 때 고등학교 친구가 가맹 사업을 해봤다 하여 끌어들였고 동업을 했다. 결국 그 고등학교 친구는 가맹 사업을 하나도 모르는 친구인 사장을 상대로 돈 욕심이 나 회사 자체를 빼앗으려 했고, 실제로 50% 정도 빼앗았다. 현재 사장하고 고등학교 친구와 소송 중이며, 결국 가맹 사업도 망해가기 시작했다.

유명 유튜브 채널에 방송이 나가면 갑자기 너무 잘되어 당황할 수도 있다. 너무 준비 없이 욕심내면 화가 꼭 미친다. 그러니 한 분야에서 성공하려면 끊임없이 공부해야 한다. 이럴 땐 내가 옆에서 조언해주면 정말 좋은데, 안타깝다. 당신은 물가에 내놓은 아이 같아 책 쓰면서도 잔소리가 늘어나는 것 같다. 이해하기를 바란다.

내가 당신에게 알려준 마케팅 기법들은 비교적 쉽고 효과가 좋은 마케팅 기법들이다. 그리고 돈이 거의 들지 않아 당장 시작해도 큰 어려움 없이 어느 사업 분야에도 접목하기 좋다.

그리고 내가 알려준 마케팅 기법들은 누구나 알고 있었을 수도 있다. 기본 중에 기본이기 때문이다. 하지만 이 기본도 제대로 하는 사람들이 손에 꼽는다. 내가 알려준 마케팅 기법을 2~3개만 적용해도 성공한 사례들이 많다. 대박집과 쪽박집은 종이 한 장 차이이다. 음식점을 하는 사장들은 모두 음식에 자신이 있어 시작했을 것이다. 그렇지만 모두 대박집이 될 수 없다.

10곳 중에 1~2곳 될까 말까다. 그 이유는 음식 맛만 믿고 기본 중에 기본인 마케팅을 하지 않은 탓이다. 내가 알려주는 성공하거나 부자되는 노하우도 마찬가지다. 알고 나면 별거 없다. 사람들이 하지 않을 뿐이다. 이러한 이치를 하루빨리 깨닫고 받아들여 하루라도 빨리 시작해라. 내 책을 보고 나면 당신은 반드시 성공할 것이다.

내가 밖에 있었다면 더 좋고 더 많은 마케팅 기법을 알려줄 수 있는데 그러지 못해 너무 아쉽다. 여기는 너무 한정적이다. 인터넷도 못 하고 핸드폰이 없는 것이 이렇게 힘들 줄 몰랐다. 오롯이 내 머릿속에 있는 정보만으로 마케팅 기법을 알려주는 것이 제약이 많이 걸렸다. 나는 머리가 좋지 않아 기억력이 좋은 편이 아니다. 그래서 밖에 있을 땐 길을 외우기 너무 힘들었다. 지하철을 타면 반대로 타는 게 일쑤이며, 지하철에 내려 나가는 출구도 다른 곳으로 나가는 게 일과이다. 공부를 해도 외워지지 않아 똥줄 강사가 없는 한 뒤돌아서면 잊어버려 벌써 치매에 걸렸나 생각도 많이 했다.

마케팅 관련된 것은 용어들이 다 어렵다.

그리고 기법까지 설명하려면 정보를 보면서 설명할 수밖에 없다. 그래서 조금이라도 용어가 생각이 나지 않는 것은 책에 적지 못해 너무 아쉬웠다. 내가 출소 후 다시 책을 쓸 기회가 온다면 당신이 부자에 더 가까워질 수 있도록 더욱 노골적으로 알려주겠다.

위기는
기회다

:

위기는 매 순간 찾아온다. 바이러스, 경제, 기후변화, 자연재해 등 위기는 항상 당신의 곁에 있다. 나는 특히 세상의 위기가 올 때는 항상 초 집중했다. 위기는 언젠간 해소되기 마련이다. IMF 때도, 경제 대공황일 때도, 코로나일 때도 그랬다. 위기 속에서도 사업 아이템이 있고 위기가 끝나는 시점에도 사업 아이템이 존재한다. IMF와 경제 대공황을 겪으며 10년 주기로 경제 위기가 온다는 것을 학습했고, 사스, 신종플루, 메르스, 코로나 등으로 신종 바이러스가 5년 주기로 발병한다는 것도 학습했다. 그 위기 속에서 어떤 사업이 잘되고 어떤 사업이 안되었는지 공부해라.

위기는 다시 온다. 그때를 대비해라. 또한, 위기를 극복했을 때 어떤 사업이 잘되고 어떤 사업이 잘 안되었는지도 공부해라. 위기가 끝나갈 때는 사업 분야를 변경하든 추가해야 한다. 예를 들면 여행업은 위기에 다 망하고 위기가 끝나면 여행업은 호황이 된다. 전쟁도 마찬가지다 전쟁은 주로 종교 문제나 돈, 영토 문제로 인해 발생한다. 러시아 우크라이나 사태처럼 중국과 대만, 대한민국과 북한, 일본의 독도 문제, 중동 등, 우리나라 및 주변 국가에서도 전쟁이 일어날 수 있다. 전쟁이 일어나면 전쟁에 필요한 물자는 가격이 폭등한다. 또 미국에 허리케인이 한번 오면 생필품 가격은 천정부지로 폭등한다. 폭등하는 가격을 제재할 방법이 없다. 미국에서도 허리케인으로 인하여, 생필품 가격이 폭등하자 대중이 분노하여 법원에 소송을 제기했지만 법원은 "대중의 분노가 치솟는다고 해서 자유 시장에 대한 개입은 정당화할 수 없다"고 했다.

그리고 정권이 바뀔 때마다 규제가 생기고 풀린다. 또한 외교 문제 등도 발생한다. 내가 지금 온라인 판매를 한다면 기후 변화와 코로나 때 필요한 물품, 전쟁에 필요한 생필품 등을 평시에도 물품을 추가해서 팔 것이다. 생필품들은 유통기한이 거의 없어 오래 보관해도 문제가 되지 않는다. 평시에는 적게 팔려도 전시엔 100배 1,000배 가격에 팔아도 없어서 못 판다. 내가 아는 사람도 평시에 마스크를 팔고 있었다. 잘 팔리지 않아 창고에 보관해 두고 팔았는데 코로나가 유행하자 중국 업체들이 어떻게 알고 찾아왔는지 창고에 있는 마스크를 100배 넘게 주고 다 사 갔다. 그러니 위기가 오는 것에 항상 감사해라.

당신이 살면서 배운 것
전부 버려라

⋮

당신이 살면서 힘들게 배운 지식, 생각, 관념, 성격 등 모든 것들은 성공하는데 전혀 쓸모가 없다. 성공하지 못하고 있는 현재 당신의 모습이 그 증거이다.

그림을 그릴 때 아무것도 없는 흰 도화지에 그림을 그려야 잘 그려지듯, 얼룩덜룩한 도화지에 그림을 그리면 원하는 그림을 그릴 수 없다(세상의 이치 - 돈 버는 이치와 같다 편 128p 참조).

당신이 살면서 배운 것들은 학교에서 배우거나 대학을 가기 위한 수능 공부 등일 것이다. 물론 한 국가에 사회의 한 일원으로써 도덕, 윤리 등 초등학교 수준의 기본 상식은 필요하지만 그 외의 것은 성공하는 데 걸림돌만 될 것이다. 당신이 만약 치킨 장사를 한다면 중·고 학생 때 배운 지식이 필요할까?(근의 공식, 미분, 적분, 화학기호 등) 성공하려면 성공하는 공부를 해야 한다. 학교 선생님이나 교수님들이 쓴 책이 아니라. 성공한 사람들의 책을 읽어야 한다.

성공한 사람들은 성공하기 위해 실제로 직접 간 길이라 당신에게 제대로 된 길로 안내할 것이다. 성공한 사람들의 책을 보는 이유는 당신이 사업하면서 제대로 하고 있는지, 제대로 된 방향으로 가고 있는지, 당신이 자만하고 있지 않은지 등 초심을 잃지 않게 도와줄 것이며, 당신이 다른 길로 가지 않고 옳고 바른 길로 안내해 줄 나침판이 되어 줄 것이다.

나는 책 따위는 보지 않았다. 내가 최고이고 짱인 줄 알았다. 그래서 나는 모든 안 좋은 것을 다 겪고 갔다. 그렇게 어렵게 성공하고도 맨날 쉽게 망했다.

이제부터라도 당신이 살면서 배운 것 모두 버리고 제로 시점에서 다시 출발하자.

제로 시점에서 다시 출발하라니 얼마나 세상이 불공평한가? 대학 가기 위해 놀지도 못하고 공부한 젊은 날의 청춘은 누가 보상해 준다는 말인가?

학교 다닐 때 공부도 안 하고, 연애하고 다니고, 놀고먹고, 사람을 괴롭힌 놈들은 왜 나보다 잘 살고 사장이 되어 성공하고 떵떵거리며 사는가? 당신은 학교 다닐 때 성공과 부자와 거리가 먼 대학 가기 위해 연애 한 번 못 해보고 공부만 했는가? 아니면 공부도 안 하고 게임만 하고 놀았는가? 전자인가? 후자인가? 전자라면 할 수 없다. 지금이라도 부자 되는 제대로 된 공부를 해라. 설마 후자인가? 아주 운 좋은 줄 알아라. 평생 놀고먹고도 청춘 다 바쳐 노력한 자와 같은 제로 시점에서 출발하는 것을 말이다. 갓난아기에게도 배울 점이 있다. 갓난아기도 배고프면, 맘마 달라고 운다. 아기 엄마는 아기를 달래기 위해 바로 맘마를 준다. 아기는 신기하게도 울음을 뚝 그친다. 고객을 대할 때도 갓난아기처럼 소리치는 고객에게 원하는 것을 들어주면 갓난아기처럼 울음을 뚝 그친다. 이 방식으로 나는 고객이 원하는 마케팅을 했다(고객의 갑질과 원하는 것은 다르다 혼동하지 말아라).

나의 사례로 몇 가지 예를 들어보겠다.

내가 변호사 사무소인 로펌을 컨설팅 및 마케팅을 해준 적이 있다. 내가 컨설팅 및 마케팅을 해주기로 한 로펌의 첫인상은 너무 화려하고, 엘리트들의 집단 같아 일반 사람들이 다가가기엔 힘들겠다고 생각했다. 로펌 이름도 어렵고 뜻깊은 이름이었다. 이렇듯 변호사들은 고객들에게 믿음과 신뢰를 주기 위한 것들이 오히려 고객들을 다가가기 힘들 정도로 벽을 높이 세운 꼴이 되었다.

그래서 제일 먼저 한 일이 로펌 이름을 고객들이 다가가기 쉬운 이름으로 바꾸고, 화려한 분위기를 아기자기하게 꾸미고, 옷도 정장보다는 캐주얼 복장으로 입게 했다. 특히 로펌 홈페이지를 변호사 약력, 연혁 등을 다 없애고, 고급스러운 이미지를 직관적이고, 알기 쉽게 만들었다. 일반인들이 생각하기에 변호사의 이미지는 공부 잘하는 사람, 대하기 어려운 사람, 나와 신분이 다른 사람, 귀족 등으로 생각하여 다가가기 힘들었다. 그러니 일반인들이 의뢰 맡기기엔 '내 사건이 별것도 아닌데 맡아 줄 수 있을까?', '수임료가 너무 비쌀 것 같다' 등의 인식 때문에 수임은 점점 줄어들고, 매출은 계속 떨어지는 것이다. 고객이 원하는 대로 변호사의 선입견을 없애고 로펌의 장벽을 허무니 그날로 매출이 수직으로 상승했다.

또, 다른 사례가 있다.

당신은 사람들이 왜 줄까지 서면서 맛집을 가는지 아는가?

단순히 맛있어서일까? 맛집은 맛이 전부가 아니다. 당신도 알 것이다. 집 앞에 김밥천국이 더 싸고 맛있다. 그런데도 사람들이 맛집을 가는 진짜 이유는… 남들에게 자랑하고 싶어서이다. 맛집을 가면 항상 핸드폰 카메라로 줄 서는 것부터 간판, 메뉴, 음식 사진 등을 찍어서 SNS에 올리거나, 단톡방에 맛집 왔다며 자랑을 한다. 하지만 김밥천국에서 밥 먹을 때 맛집에 간 것처럼 핸드폰 카메라로 사진을 찍으며, 자랑하지 않을 것이다. 맛집 사장들도 고객이 진정 무엇을 원하는지 세상의 이치를 깨달은 사람들이다. 아직도 음식점은 누가 뭐래도 국내산 신선한 재료에, 조미료를 첨가하지 않는 아무도 따라올 수 없는 맛이라고만 생각하는가? 고객이 진정 원하는 것을 들어줘야 성공할 수 있다. 갓난아기가 배가 고파서 우는 것인데 기저귀를 갈아주면 울음이 그치겠는가? 이제부터라도 당연하게 생각하고 있는 당신의 고정관념을 깨부술 때가 왔다. 당신의 고정관념을 되돌아봐라. 성공하는 데 도움이 되었는가? 여태껏 잘못 살아온 것을 인정하고, 세상의 이치를 깨달아 돈 버는 이치로 적용하길 바란다. 갓난아기한테부터 배우고, 다시 시작하자.

의심하지
마라

⋮

당신은 현재 가진 게 쥐뿔도 없다. 사기당할 돈도 없고, 이용당하더라도 인생 경험이라 생각하면 손해가 없다. 밑져야 본전인 것을 왜 의심부터 하는가?(보이스피싱, 투자 권유 등 상식적인 사기를 지금 말하는 것은 아니다. 사업의 자세에 대해 설명하고 있다)

아무 준비도 없이 당장 사업을 시작하면 당신의 머리가 좋아지고, 똥줄 강사님이 도와줘 잘 된다는 내가 쓴 글을 못 믿겠나?

그저 책 팔기 위한 거짓 같은가? 진심으로 나를 믿어라. 나도 당신에게 내 진심이 전해져야 오히려 책이 더 잘 팔려 입소문이 나 돈을 더 많이 벌 수 있다.

처음부터 성공하는 사람은 드물다. 더 늦기 전에 실패를 해 봐야 깨달음을 얻어 성공할 수 있다. 더 이상 늦으면 실패해도 일어날 힘이 점점 줄어든다. 지금까지 살아온 인생을 미래에도 계속 그렇게 살고 싶지는 않을 것이다. 얼마 되지 않지만 지금까지 힘들게 모은 돈을 날릴까 봐, 지금까지 살아온 당신의 삶 전체를 부정해야 해서 두려운 것도 알고 있다. 나도 그랬으니까⋯ 하지만 성공하려면 두렵고, 외로운 길을 골라서 가야 한다.

자수성가로 성공한 사람 중에 대부분 실패하고 망하고 알거지가 된 적이 있다. 성공하기 위한 과정일 뿐이다. 그러니 실패하더라도 성공과 더 가까워지고 있고, 성공하기 위한 과정이라 긍정적으로 생각해라. 나도 감옥에 온 것은 엄청난 큰 부자가 되기 위한 과정이라 긍정적으로 생각한다. 하늘에서 주신 기회라 여기고, 출소하면 엄청난 큰 부자가 될 것이다. 그러니 아무 걱정도 하지 말고, 당신도 당장 사업을 시작해라. 행동이 먼저고, 생각은 사업 시작하고 해라.

성공하려면
부지런해야 한다

⋮

사업은 시작하고 어느 정도 정상화될 때까지 잠을 6시간 이상 자지 말고 인간관계 다 끊고 사업에만 몰두해야 한다.

잠은 6시간 이하로 자면 머리가 둔해지고, 정신 상태가 흐리멍덩해지는 것은 알고 있다. 사업을 막상 시작하면 사업 아이템을 정하고 사업의 방향성도 어느 정도 잡고 사업을 시작하는 것이기에 머리 쓸 일은 많이 없을 것이다. 몸쓸 일만 있을 뿐…

사업은 시작 후 초기가 매우 중요하다. 사업이 어느 정도 정상화되기까지 최소 1개월에서 길게는 3개월 정도 걸린다. 이 시기가 황금 타임이다. 적어도 이때까지만 아무것도 하지 말고, 사업에만 몰두해라. 어느 정도 사업이 정상화되면, 잠은 8시간 정도 충분히 자도 된다. 정상 근무 시간이 오전 9시라면 오전 6시에 일어나 운동을 하고, 아침을 먹고, 종이로 된 신문을 보고 출근해라.

그리고 하루 중 최소 1시간 정도 짬이 나는 대로 책도 많이 봐야 한다. 책은 자기 계발서 위주로 성공한 사람들이 쓴 책을 보고, 당신의 사업 분야에 맞는 전문 서적도 보면 된다. 쓸데없는 소설책, 재테크 관련된 책(재테크 관련된 책은 사업을 몰두해야 하는 당신의 마음만 싱숭생숭하게 만들고 사업의 의지만 꺾는다) 등 읽지 말고, 특히 유튜브, OTT 등도 보지 말아야 한다. 자기 계발서는 당신의 마음가짐을 잡아 줄 것이며, 전문 서적은 당신의 사업에 많은 도움을 줄 것이다. 종이로 된 신문은 인터넷 신문보다, 당신 머릿속에 잘 박히며, 트렌드를 한눈에 볼 수 있고, 당신의 사업 아이디어에 큰 영감을 줄 것이다.

또, 아침 일찍 일어나 운동부터 하여 하루를 시작하라. 자신과의 싸움에서 이기는 것 중에 운동이 제일 빠르게 자존감이 많이 올라가고, 성취감이 제일 좋다. 체력도 좋아져 힘든 사업 초기에 많은 도움이 된다. 하루 시작 전부터 나 자신과의 싸움에서 이기면 남은 하루가 어떤 어려움이 생겨도 이겨낼 수 있는 자신감이 생기고 두뇌도 명석해진다. 시간을 헛되이 보내지 않는다고 생각해, 남은 하루가 활기차고 열정적이며, 근성 있는 하루를 보내게 된다. 남들과 주어진 시간은 같지만, 당신이 시간을 사용하는 것은 남들과 다르게 알차게 흘러갈 것이다. 배는 복근을 유지하는 것이 좋다. 복근으로 당신이 초심을 잃었는지 아직 잃지 않았는지의 척도가 될 것이다. 당신의 복근이 뱃살로 하나씩 뒤덮여 간다면 당신의 돈과 사업이 망해간다는 징조이다. 그리고 인맥이나 술(접대)로 하는 비즈니스는 끝이 좋지 않다.

사업이 정상화될 때까지
모든 업무를 마스터해라

⋮

사업 초기엔 할 일이 태산이다. 그렇다고 직원에게 맡겨버리면 훗날, 사업이 정상화되고 다른 사업 준비할 때, 문제가 발생하면 대처를 못하거나, 맡긴 직원이 일을 대충 하여, 문제가 발생할 수도 있다. '명품은 디테일이다' 사소한 차이가 명품을 만든다.

컴퓨터 세팅, 사무실 책상 및 가구 위치, 간판, 문서 양식, 영업, 돈관리, 마케팅, 홈페이지 등등 심지어 쓰레기통 위치까지 모두 주도해서 일을 진행해야 한다. 그래서 주위 사람을 만나기는커녕, 잘 시간도 부족할 것이다. 당신이 하나부터 열까지 다해 봐야 업무에 맞게 직원을 적재적소에 배치할 수 있다(세상의 이치 - 황금 비율 법칙 편 참조). 사업이 정상화되면 당신이 관여를 많이 안 해도 직원들이 알아서 회사를 잘 운영할 것이다. 그럼 지금 하는 사업을 더 확장할지, 다른 사업을 해서 계열사를 늘릴지 결정하면 된다. 그렇게 사업을 하나둘 영역을 넓혀야 한다. 당신이 모든 업무를 마스터해야 일하지 않아도 사업의 흐름을 파악할 수 있다. 또한, 갑자기 직원의 부재가 올 시 당신이 업무하여, 대처를 할 수도 있다. 사업이 정상화되어 궤도에 올라도 당신이 사업 확장을 하지 않고, 직원들이 미덥지 않아 일을 놓지 못한다면 직원은 잠재력은 발휘 못하고, 수동적인 사람이 될 것이다. 당신의 말 한마디마다 긴장할 것이다. 혹시 알아? 직원이 당신보다 업무를 잘해서 회사 매출이 수직으로 상승할지?

그래서 대기업 대부분 전문경영인을 두고 월급 주며 회사 경영을 시킨다. 사업이 정상화되면, 당신의 계열사를 계속 늘려나가면 된다.

이것이 성공하고 부자가 되는 '비법'이다.

다시 한번 말하지만 실패를 두려워하지 마라. 부자들이 모두 겪은 과정의 일부분이다. 만약 실패했다면 부자에 대해 한 발짝 가까워졌구나, 기뻐해라. 당신도 부자가 되기 위해선 실패의 과정을 겪어야 한다. 배신, 사기, 외로움, 나락, 울분, 자살 충동, 자격지심 등등… 너무 힘들어하지 말고, 하나의 게임이라 생각해라. 퀘스트를 모두 깨면 부자라는 보상을 받는 것이다. 그러니 당장 부자 되는 게임을 시작하자. 당신 손에 내 책이 있다. 반드시 부자가 될 수 있게 해주겠다.

사업할 때 친구, 이성을
조심해라

:

    사업만 몰두하면, 놀 시간도 없고, 연애할 시간도 없다. 친구들에게 연락도 잘 못 하고 모임도 나가지 않으면 사업했던 친구나 사업을 하는 친구라면 이해를 해주는데 사업도 안 해본 친구들은 이해해주지 않는다. 특히 목표도 없고 노는 것만 좋아하는 친구가 있다. 저런 놈이 제일 문제다. 같이 놀 때는 엄청 재미있을지 모르지만, 당신이 사업하느라 바빠 친구들 모임에 못 나가면 놀기 좋아하는 친구는 당신이 없을 때 다른 친구들에게 당신 욕을 엄청나게 할 것이다. 당신이 사업하고 돈 좀 벌더니 이상해졌다면서 우리를 무시한다거나 유세 부린다고 한다. 처음에 몇 번은 그런가 보다 하겠지만 당신이 계속 바쁘다고 모임에 나가지 않으면 결국 다른 친구들은 놀기 좋아하는 친구 말에 동화된다. 술자리에 잘 나오고 당구라도 같이 치는 것, 그게 의리인 줄 안다. 그것도 아니면 놀기 좋아하는 친구의 성화에 못 이겨서 모임에 참석했는데, 오랜만에 친구들이랑 술 한 잔도 먹고 당구도 치니 '그동안 내가 너무 앞만 보고 달렸나 이것이 낙이지, 내가 돈 많이 벌어서 뭐 하겠다고… 부귀영화를 누릴 것도 아니고, 오늘 하루쯤은 괜찮겠지… 내일부터 다시 열심히 하면 되겠지. 그러니 오늘은 달리자 가즈아~!'라고 생각한다. 친구들을 만나면 친구들과 계속 놀고 싶어진다. 예전에 친구들과 화려했던 옛 감성에 젖으며… 그날부터 사업하는 당신의 의지가 사그라들기 시작한다. 사업 초기에는 미세한 금에도 깨지고 망하는 법이다. 그럼, 친구들은 언제 만나냐고? 부자 되기로 마음먹었으니… 부자가 될 때까지 만나지 마라. 그냥 연을 끊어라 그게 제일 좋다. 부자 되는데 제일 걸림돌이 되는 게 친구다. '인생에서 마음 나눌 친구 하나만 있으면 그 인생은 성공한 것이다', '친구를 위해 내가 대신 죽는다면 그보다 찐한 우정은 없다' 등의 말은 다 개소리다. 당신은 친구가 사고로 앞을 못 보게 되었다면 눈 한쪽을 줄 수 있을까? 그럼 친구도 당신도 한눈이지만 앞을 볼 텐데? 눈은커녕 돈도 10만 원이면 주겠지만 천만 원은 절대 안 줄걸? 내가 너무 심한 말을 하는 것 같다고? 그래도 인생에 친구 없이 어떻게 사느냐고? 자수성가한 부자 중에 과연 친구가 있을까? 제대로 된 친구는 당신이 10년을 연락 안 해도 이해하고 기다려 준다. 걱정하지 마라. 당신에게 도움 하나 되지 않고 당신을 꼬드겨 사업하는 의지나 꺾는 친구들은 다 버려라. 사업하는 데 있어 걸림돌이 된다. 또, 놀기 좋아하는 친구가 당신한테 서운하다며 그렇게 불러도 안 나오고 이제 돈 좀 벌었으니 술을 마시러 가자, 이성 만나러 가자 한다. 돈도 있고 술도 먹고 기분도 좋겠다 안 갈 수 있나? 그러다 오랜만에 이성이라도 만나게 되면 친구는 연신 당신 칭찬을 할 것이다. "내 친구가 사실 돈도 잘 벌고 차도 외제 차야" 하며 당신을 엄청나게 띄워준다. 그러고 나서, 우리 지금 헤어지면 너무 아쉬우니까 주말에 저 앞에 맛집 생겼는데 2대 2로 가자며 이성들과 번호도 교환한다. 당신도 그 분위기에 가자고 할 것이다.

얼마 만에 느껴보는 행복인가… 다들 당신을 사업가라고 치켜세워 줘, 주말에 만나자 해….

그다음 당신과 회사는 어떻게 되는지 말 안 해도 알 것이다. 성공 하나 바라보고 개처럼 일한 당신은 이성을 만나 노는 즐거움 앞에서 쉽게 흔들릴 것이다.

그리스 로마 신화에 여신 헤라, 아테나, 비너스는 본인들이 가장 위 대하고 아름다운 여신이라고 다투고 있었다. 그때 트로이의 왕자에게 세 여신이 물었다. "우리 셋 중에 누가 가장 위대하고 아름다운지 선택 해"라며, 헤라는 부와 권력, 아테나는 전장의 승리와 지혜를, 비너스는 아름답고 사랑스러운 여인과 사랑에 빠지게 해준다고 하나를 선택하 라고 하였고, 트로이의 왕자는 비너스가 말한 사랑의 힘이 제일 위대 하다며 사랑스러운 여인을 선택하였다. 그래, 사랑. 실제로 중요하다. 그러나 진정 사랑하는 사람은 당신이 잘 되길 응원할 것이다. 나도 여 기 있으니 확실히 사람이 갈리더라. 내 고등학교 친구는 아직도 부모 님이랑 지하실에 살고 있어 너무 짠해서 힘들 때 많이 도와주고 위로 도 해줬는데 내가 교도소 들어가자마자 다른 친구들에게 내 욕을 하 고 다닌다더라. 재미는 없지만 좋은 친구라 생각하여 잘 만나지 못한 친구는 내가 이렇게 되고 바로 면회부터 왔다. 그 좋은 친구 빼놓고 연락에 편지 한 통 없다. 내가 잘 나갈 땐 그렇게 꼬리를 흔들더니 만… 양아치 같은 놈들…. 내가 나락에 빠지니 다 떠나는 것이 사람 인심이다. 그러니 성공할 때 제일 무서운 적은 친구와 이성이다.

직원 채용 시
주의할 점

:

　당신이 사업하고 잘되기 시작하면 직원을 채용해야 한다.

　당신이 구인, 구직 사이트에 직원 채용한다고 글을 올리겠지만 좋은 스펙에 사람들은 지원을 하지 않을 것이다. 입장 바꿔 생각하면 이해가 쉽다. 당신 회사가 비전도 있고, 사장인 당신이 좋더라도 좋은 스펙을 가진 사람들은 비전 좋은 회사보다는 그냥 원래 좋은 회사로 가고 싶어 한다. 그래서 당신의 회사를 지원하는 사람은 고졸, 전문대, 나이가 많은 사람 등이 지원할 것이다. 그래서 면접 볼 때보다 서류 전형 시 지원한 입사지원서를 더욱 꼼꼼히 봐야 한다. 어차피 면접자로서 취업자 면접 본 적도 많이 없지 않은가? 면접은 솔직히 봐도 잘 모를 것이다.

　그러나 서류는 다르다. 성적이 제2의 성실함이다. 공부는 성실하기만 하면 성적이 좋게 나온다. 만약 고졸이 지원했다고 하면, 자기소개서부터 꼼꼼히 읽어라. 당신 회사는 별 볼 일 없는 회사라 생각해서 자기소개서를 단순 복사하여 붙여놓기를 하는 사람들이 많을 것이다. 분명 복사해서 붙여넣었을 뿐인 흔적이 있을 것이다. 자기소개서가 완벽하다면 면접 시 확인차 질문해라. 어디서 베껴서 자기소개서를 제출한 게 아닌지 말이다. 지원자는 좋은 회사를 지원할 때 서류 전형 지원 시에도 최선을 다한다. 그런데 별 볼 일 없는 회사는 붙어도 그만, 안 붙어도 그만이라서 대충 지원할 것이다. 작은 회사라도 꼼꼼하고 최선을 다하는 사람을 찾아야 한다.

그리고 초중고 생활기록부도 봐라. 지각은 했는지, 결석은 했는지도 봐야 한다. 개근도 중요하고 성적도 중요하다. 나는 창업 초기에 회사가 잘 되자 근처 실업계 고등학교를 찾아가 취업 담당 선생님에게 우리 회사를 설명해 드리고 고등학교 졸업예정자 중에 공부도 잘하고 지각 한 번 안 하는 성실한 사람을 직원으로 채용했고, 회사 근처 실업계 고등학교와 제휴를 맺어 매년 같은 방식으로 젊고 유능한 인재를 적은 연봉에 채용했다.

대학을 안 가는 고등학교 졸업자 중에 공부는 잘했지만, 형편이 어려워 가지 않거나 대학보다는 경력을 더 중요하게 생각하는 사람도 있다.

혹시나 당신 회사가 교통편이 불편한 곳에 있거나, 근무환경이 좋지 않다면, 직원 채용 시 직원들이 당신 회사에 지원을 하지 않거나 별 볼 일 없는 사람이 지원할 수도 있다. 그럴 경우 스펙 같은 것은 보지도 말고 아무나 채용해라. 사람이 아무리 스펙이 좋더라도 일을 못 하는 사람이 있고, 스펙이 좋지 않더라도 일을 잘하는 사람이 있다. 서류상으로는 분별하기 어렵다. 사람은 겪어봐야 하고 직접 일을 시켜봐야 알 수 있다.

일본의 한 기업은 신입 직원을 채용할 때 지원자 모두 밥을 먹이고, 제일 빨리 먹는 사람 순으로 채용하거나 지원 선착순으로 채용한다.

그 이유는 지원자들의 서류를 아무리 검토해도 실제로 일을 시켜보면 서류와 연관성이 없는 경우가 많다고 한다. 다소 황당하지만 신입 직원을 선착순으로 채용하는 이유라 설명했다. 어차피 당신 회사의 업무는 학교에서 배운 공부와 전혀 연관이 없을 것이다. 당신 회사에서 역사가 필요하나? 시, 시조 등이 필요하나? 심지어 피타고라스 정리, 미분, 적분은 말할 것도 없고, 사각형 넓이, 삼각형 넓이 구하는 것도 필요 없을 것이다. 물론, 아무나 채용해서 그 사람이 일을 잘하고 사고 치지 않을 것이라는 보장은 없다.

신규 직원을 채용하면 그 직원하고 평생 같이할 생각으로 채용하긴 하지만 직원은 그렇게 생각하지 않는 경우와 당신 회사와 서로 맞지 않는 직원이 있다.

그럴 경우 당신 회사에 피해 없이 당신 회사와 맞지 않는 직원을 해고하는 방법이 있다. 신규 직원을 채용했다면 3개월 수습 기간을 꼭 명시하고 수습 기간이 끝났다 하더라도 1년 동안은 계약직이며, 1년 후 정식사원이 된다 해라. 서류전형 및 면접을 통과해 입사시켰다 해도 일을 실제로 시켜보면 못 하는 경우도 있다. 수습 기간 3개월은 업무를 잘하는지, 근태가 좋은지, 당신 회사에 적합한 인물인지 등을 보는 기간이다. 수습 기간에 해고해도 문제가 되지 않는다. 또, 계약 기간도 1년을 둔 이유도 마찬가지다. 수습 기간 때야 초심이고 회사에 잘 보이려고 열과 성을 다한다. 3개월은 위선을 떨 수 있어도 1년은 위선 떨기 힘들다. 사람은 1년 사계절을 겪어봐야 알 수 있다. 그것이 보여주기식인지 위선인지 정말 성실하고 열심히 일하는 것인지 판별할 수 있다. 열 길 물속은 알아도 한 길 사람 속을 알 수가 없는 법이다.

무턱대고 정직원으로 채용하면 우리나라 현행법상 해고하기 힘들다. 직원은 아무 때나 퇴사해도 법적인 문제가 되지 않지만 당신은 정직원인 직원을 내보내려면 법적인 문제와 많은 돈을 지불해야 할 것이다.

그리고 직원 채용 시 지인, 친구, 가족, 친척 등은 절대 채용하지 마라. 술 먹고 놀 때는 사람이 좋아 보여도 막상 일 시키면 엉망인 경우가 많다. 일 못 한다고 해고하기도 힘들다. 해고했다간 지금까지 맺은 관계까지 끝나기 때문이다.

중요한 게 또 있다. 당신 회사의 기술이 너무 좋아 가짜로 취업하여 당신 기술을 빼가려는 사람도 있다. 무슨 그런 일이 있겠냐고? 사업 시 사람을 대할 때는 절대 안일해서는 안 된다.

그래서 근로계약서 작성할 때 '퇴사 시 3년간 동종업계로 취업할 수 없다'는 조항도 넣고, '비밀 유지 계약서'도 써라.

하나의 잘못으로 인해 당신이 피땀 흘려 키운 회사가 망할 수 있고, 빼앗길 수도 있다. 사업이란 모래성과 같다. 공들여 지은 것 같아도 어린애 발차기 한 번에 무너질 수도 있다.

나도 카페 프랜차이즈가 잘 되자, 나의 사업 아이템을 빼가려 염탐하러 온 사람도 많았고, 심지어 아르바이트로 몰래 위장 취업해 내가 했던 모든 노하우를 가로채 가려는 사람도 있었다. 나의 경쟁 프랜차이즈 업체 중에 한 곳은 나를 속여서 아르바이트로 위장 취업했던 사람이고, 다른 한 곳은 우리 가맹점주였던 사람이다. 아무리 3년간 동종업계에서 일을 못 하게 하고, 비밀 유지 계약서를 써도 다른 사람 명의로 개업하면 답이 없다. 하지만 그렇게라도 함으로써 상당한 제약을 줄 수 있고, 계약서를 썼기에 처음부터 나쁜 의도로 접근하지 않는 한

도중에 나쁜 생각을 쉽게 가지지 못한다.

소매치기는 허술한 사람 지갑은 털어도 건달 지갑은 건드리지 않는 법이다.

당신 회사는 사업 초기라 매우 중요한 시기이다. 어떤 직원이 들어오냐에 따라. 회사가 더 크게 성장할 수도 있고, 성장하지 못할 수도 있다.

나는 사람을 너무 잘 믿었다. 그래서 안 당해 본 사기가 없었다. 중고 나라에서 거래할 때는 입금부터 하면 물건을 보내준다고 해서 입금했더니 "이런 멍청한 새끼 진짜 입금하네", "너 사기당한 거야 앞으로 인생 똑바로 살아"라며 나를 조롱하며 훈계한 사기꾼도 있었고, 보이스피싱도 당했었다. 은행 ATM 기기에 전화 받으며 입금하는 게 바로 나더라. 그렇게 있는 사기 없는 사기도 당하고, 동업자 배신에 친구한테까지 배신도 당하니, 관상 공부, 손금 공부도 하였고, 사람들 성격 분석 공부도 안 할 수가 없었다. 그때부터 사기는 당하지 않았고, 안 일하고 귀찮은 것도 없어졌다. 당신도 나처럼 겪으며, 깨닫지 말고 미리미리 예방해라.

당신이 사장일 때
직원들 대하는 자세

:

어떤 사장이 좋은 사장이고, 사장은 어떻게 행동해야 하고, 어떻게 사장으로서 직원을 대해야 할까? 이제 어엿한 사장으로서 당신 일만 하면 안 된다. 사업도 중요하지만, 직원 관리도 중요하다.

첫째, 존경받는 사장이 되어라

당신도 아르바이트를 해봤으면 알 것이다. 사장이 없을 때 아르바이트생끼리 모여 사장 욕하기 바쁠 것이다. 사장이 있을 때만 일하고 없을 땐 농땡이 피운다. 보통의 사장들은 본인 편해지자고 본인 돈(월급)을 주면서 일 시키는 것으로 생각한다. 물론, 그건 성공하고 부자가 되었을 때 이야기다. 부자도 아닌 사장이 저런 생각을 가지면 절대 안 된다. 존경은 솔선수범할 때 발생한다. 당신이 직원보다 일을 열심히 하면 직원들은 존경심이 자연스레 생긴다(화장실 청소까지 솔선수범하며, 열심히 하란 말이다).

여기서 중요한 것이 있다. 바로 '말'이다. 행동은 존경심 받게 잘했는데, 말로 다 까먹지 말아라. "사장인 나도 이렇게 뼈 빠지게 일하는데 내 돈 가져가면서 너는 나보다 더 열심히 해야 할 것 아니야!"라며 말로 까먹지 말고, 당신의 포부를 말해라. 매출 수백 억대 되는 회사를 만들 거라며 항상 긍정적인 말과 함께 비전이 있는 회사라는 말도 해라, "너는 정말 좋은 직원이야, 나와 회사를 잘 키워 보자"고 용기도 북돋아 줘라. 대충 일하는 직원은 당신이 갈구고 잔소리해도 사장이 안 볼 때 어차피 농땡이 피운다. 그런 직원은 조직에 해가 되므로 자르는 게 맞다.

둘째, 돈 자랑하지 마라

사장이 되고 돈을 좀 벌면 당신은 분명 자동차부터 외제 차로 바꿀 것이다. 처음부터 힘들게 일한 직원들이 사장이 탄 외제 차를 보면 '똑같이 일했는데 사장은 외제 차 타고 내 월급은 쥐꼬리 같네'라며, 매너리즘에 빠진다.

그래서 사장은 본인만 외제 차 타기 미안해서 직원에게 외제 차를 사주거나 보너스를 듬뿍 줄 것이다. 그럼, 직원들은 실적이 오를 때마다. 외제 차 및 보너스를 듬뿍 받은 것이 계속 생각나 또 그만한 보상을 주지 않을까 기대한다.

매번 이렇게 줄 수 없다. 냉정히 말하면 동업자도 아니고 지분이 있는 것도 아니고 월급받는 직원일 뿐이다. 그렇다고 실적이 올랐는데 아무것도 해주지 않으면 직원들의 사기가 뚝 떨어질 것이다. 외제 차를 타고 싶으면 직원들 몰래 집에서만 타라. 회사엔 BMW(Bus, Metro, Walk)만 타고 다녀라. 그럼 회사엔 언제 자동차를 타고 다니냐고? 당신이 운전기사를 둘 능력이 있을 때 회사에 자동차를 타고 다니면 된다. 당신이 직접 운전을 하면 운전 때문에 당신이 일할 수 있는 시간이 점점 줄어든다. 운전을 하다 보면 몸도 피곤하고 몸이 피곤하면 정신은 나약해진다. 운전기사 둘 능력이 없다면 버스나 기차를 타고 다니면서 버스 기사나 기관사들을 당신의 운전기사라 생각하고 그 안에서 업무를 보면 된다. 제발 돈을 벌면 허세 부릴 생각하지 마라. 허세를 버리지 못하는 한 반드시 망한다. 직원들에게 보너스 챙겨줄 일 있으면 너무 많이 주고 싶어도 꾹 참고 연봉에 맞게 적당히 줘야 한다. 그러면 보너스도 자주 줄 수 있어 직원들 사기가 하늘을 찌를 것이다. 나도 처음 회사 창업 때 돈이 벌리는 것이 너무 신기하고 기뻐 직원들에게 하루에 20건 이상 달성하면 21건부터 전체 직원에게 1건당 만 원씩 주기로 했다. 처음엔 하루에 20건도 잘 못 넘더니, 사업이 궤도에 오르자 100건은 기본으로 넘더라. 그럼, 하루에 80만 원씩 줘야 했다. 월급이 당시에 120만 원이었는데 한 달 보너스가 2,000만 원이었다. 감당이 안 되었고 보너스 대신 월급을 몇 배로 올려준다고 했지만, 반발이 엄청났다. 결국 어떻게 되었겠나? 나와 대판 싸우고 회사를 그만두고 자기들끼리 새로 회사를 차리더라(물론 얼마 못 가 망했지만…).

기분 내키는 대로 행동하면 항상 화가 따르는 법이다. 나는 그날 이후 직원들을 대할 때 조삼모사(원숭이한테 먹이가 부족해 아침에 3개 저녁에 4개의 먹이를 준다고 했다. 그러자 원숭이들이 마구 반발하며 화를 내자 아침에 4개, 저녁에 3개를 주면 어떻겠냐고 말했더니 원숭이들이 좋아했다는 이야기) 방법으로 보너스를 챙겨준다.

현금을 주는 것보다. 외식 상품권, 백화점 상품권, 해외여행권 등으로 준다. 현금을 주면 본인을 위해 쓰지만 외식 상품권, 백화점 상품권, 해외여행권 등으로 주면 가족이나 지인과 함께 사용한다. 그러니 가족이나 지인들은 당신 회사가 정말 좋다며 칭찬할 것이다. 그럼, 직원도 덩달아 기분이 좋아지고, 회사의 자부심을 느낀다.

또 현금보다 상품권이 같은 금액이라도 받는 입장에서는 비용이 더 커 보인다. 당연한 이야기겠지만 노파심에 말한다. 직원들에게 집 샀다고 자랑하지 말고 명품 샀다고 입고 다니지 마라.

셋째, 직원과의 약속은 신중히 해라

사장이 되면 감정 컨트롤을 잘해야 한다. 처음 회사 창업할 때 고생해 준 직원이 고마워 그 직원한테 잘 되면 임원 시켜줄게, 잘 되면 지분 줄게, 잘 되면… 등등 공약을 남발한다.

제발 그러지 말아라, 직원들은 당신이 뱉은 공약을 평생 안 잊어버린다.

그리고 와전되고 부풀려서 받아들인다. '사장이 잘되면'과 '직원이 잘되면' 받아들이는 입장에서 천지 차이다. '왜? 잘 됐는데 임원 안 시켜주고 지분 안주지?'라고 직원은 항상 배신감을 느끼며, 사장에 대한 불신감을 가슴에 품고 출근한다. 결국 일 잘하는 개국 공신 직원을 잃는다. 사장의 말은 회사에서 절대적이다. 나는 장난으로 크리스마스에 출근하라고 던진 말을 직원들이 그대로 받아들여 크리스마스에 나 빼고 다들 출근한 적도 있었다. 그러니 직원들과 약속하고, 공지할 때는 정말 신중하게 말해야 한다. 그렇지 않으면 허풍쟁이 사장이나 헤픈 사장이 된다. 직원들이 고마우면 "뭐 해주겠다" 말하지 말고 진심 어린 말로 담백하게 "고맙다"고 한마디만 해라. 또 회사가 어려워질 때도 마찬가지다 "잘 되면 뭐 해주겠다" 말하지 말고 진심이 느껴지도록 도움을 청해라 "지금 회사 초기라 많이 힘들다. 너의 도움이 절실히 필요하다"고 말해라. 지키지 못할 공약을 남발하면 절대 안 된다. 사장은 진중하고 위엄을 보이고 카리스마가 있어야 한다.

  당신이 사장이 되어 직원들이 하나둘씩 늘어나면 직원들은 당신의 말 한마디면 시키는 대로 다 하니, 이때 처음 느껴보는 권력의 맛을 보게 된다. 권력의 맛은 너무 달콤해 마치 왕이라도 된 마냥 직원들에게 무리한 요구를 한다든지, 직원들을 막 대하기 시작한다. 이때를 조심해라. 회사가 망하는 징조이다.

사람
보는 법

⋮

　사업을 할 때 사업 아이템도 중요하지만, 사람도 정말 중요하다. 그래야 배신도 당하지 않고, 사기도 당하지 않는다. 당신이 아무리 사업을 잘하고, 사업 방향성이 좋아도 당신의 사업을 한 방에 망하게 할 수 있는 것이 사람이다. 나도 사업할 때 배신당해 망해도 보고 사기도 당해 회사가 큰 어려움에 빠진 적이 있었다. 그렇기에 성공하고 부자가 되려면 사람을 특히 잘 봐야 한다. 드라마나 영화에 재벌가 회장들을 보면 다들 관상도 잘 보고 모든 답을 알고 있는 간달프로 묘사된다. 실제로도 재벌가 회장들은 사람을 잘 본다.

　그만큼 재벌가의 회장들은 수많은 실패와 시련을 이겨내고 재벌이 되었다.

　수많은 실패와 시련을 이겨낸 경험이 있기에 사람을 잘 볼 수밖에 없던 것이다.

인상 좋고 말이 많거나 말이 청산유수인 놈은 곁에 두지 마라

이런 놈들의 특징은 본인이 노력해서 돈을 벌기보다 남의 것을 탐하거나 무임 승차하려 한다.

자기 계발하는 꼴을 못 봤다. 항상 술 약속이 많고, 인맥 관리를 중요시한다.

> "마, 느그 서장 남천동 살제? 어? 내가 인마, 느그 서장이랑 인
> 마, 어저께도 같이 밥 묵고, 사우나도 같이 가고, XXX야, 다 했
> 어 인마!"

사람들과 쉴 새 없이 떠들고 다녀 말은 정말 잘하고 재미있다. 그리고 웃는 상이라 인상이 좋아 첫인상도 좋고 성격도 좋아 보인다. 속지 마라. 딱! 전형적인 사기꾼 상이니까. 곁에 두면 사건·사고가 끊이질 않는다. 뒷말, 남 욕, 정치질을 좋아해 항시 피곤하다. 일을 시키면 하는 척만 하고 말로 다 때우려 한다. 아니면 만만해 보이는 동료나 아랫사람에게 온갖 감언이설로 일을 떠넘기고 당신에게 보고할 때는 본인이 힘들게 다 한척한다. 이런 놈들은 신기하게 늙으면 이부터 다 썩고 이부터 다 빠지더라. 양치질을 제일 귀찮아한다.

일은 잘하는데 가끔 보여주기식 액션 까거나, 말 많은 놈도 주의하고 경계해야 한다. 이런 놈들은 정치질을 좋아한다. 본인 마음에 들지 않으면 주위 사람을 동원해 이간질을 한다.

보이는 것부터 내미는 놈은 경계해라

본인이 연예인 누구랑 친하다면서 핸드폰에 있는 사진도 보여주고, 본인이 잘 나간다면서 해외 골프장에서 골프선수와 찍은 사진 등 말로만 하는 것보다는 증거를 보여주어 사람들을 믿게 만든다. 또 보여주기식 고수는 인터넷 기사에서 인터뷰한 내용이 있으니 검색해 보라는 등 방송에 출연했으니 유튜브나 포털사이트에서 검색해 보라 한다. 심지어 검색도 된다.

내 지인이 앵무새 사업을 한다며 전화 온 적이 있었다.
아래는 나와 내 지인의 통화 내용이다

지인: 앵무새 사업을 해볼까 하는데… 괜찮겠지?
나: 앵무새 사업? 처음 들어보는 사업인데? 어떤 사업인데?
지인: 앵무새를 키우면서 알을 낳으면 앵무새알을 파는 사업이야.
나: 앵무새알을 팔면 돈이 되나? 어디서 팔 건데?
지인: 본사가 있는데 앵무새가 알을 낳으면 수요가 엄청 많아서, 본사에서 비싸게 바로 사 간다 하더라.
나: 본사에서 앵무새알을 매입 안 하면 어떡하려고? 그리고 앵무새는 어떻게 키우려고?
지인: 본사에서 무조건 매입한대. 그리고 앵무새를 키울 수 있게, 새장 및 장비 일체를 다 설치해 준다고 하네….
나: 그래서 얼마 달라는데?
지인: 5천만 원 정도 달라는데 한 달 수익이 천만 원 넘게 벌 수 있대.
나: 딱 봐도 사기다, 하지 마라.
지인: 아니야 인터넷 기사에도 나오고 TV에도 출연했어.

나: 인터넷 기사와 TV 출연해서 사업 소개하는 것은 돈 조금만 줘도 다 해준다. 믿지 마라.

이렇게 지인이랑 전화를 끊었지만 결국 지인은 내 말보다 본사 대표의 인터넷 기사와 TV 출연한 것을 더 믿고, 앵무새 사업을 시작했다. 앵무새는 알도 잘 못 낳고, 알을 낳아도 본사에서 매입하는 둥 마는 둥 하다가 결국 매입하지 않았다. 본사는 전 지점들과 사기죄로 재판 중 (2023년 기준)이며, 본사 대표는 구속되었다. 피해자만 수십 명이고, 피해액은 수십 억이다. 사람들은 말보다 증거를 보여주면 잘 믿게 된다. 연예인들은 팬이 사진 찍어 달라고 하면 친절히 웃으며 다 찍어 준다.

어느 사이비 종교 교주는 유명한 정치인이나, 다른 나라의 대통령들과 사이비 종교를 지지한다는 인증서를 함께 들고 찍은 사진도 있다. 사이비 종교 교주와 사이비 종교인들이 짜고, 유명한 정치인이나 다른 나라의 대통령들의 행선지를 미리 알아내어, 길목에서 기다리고 있다가 엄청난 환호에 유명한 정치인이나 다른 나라의 대통령들의 얼을 빼놓고 어리둥절할 때, 그 틈을 놓치지 않고, 인증서를 들게 하고 교주와 사진을 같이 찍는 것이다.

인터넷 기사는 10만 원 정도에 기사가 올라가고, TV 출연도 메인 방송이 아니면 돈 좀 주면 다 출연할 수 있다. 왜 당신에게 잘나가는 사진들을 보여주겠는가? 그건 당신에게 뭔가 빼먹을 것이 있다는 것이다. 또 사기꾼들은 서류도 완벽하다. 다 포토샵으로 조작된 것들이다. 사기꾼들의 최고 약점은 팩트 체크다.

당신에게 연예인 및 유명한 사람이랑 같이 찍은 사진을 보여주면 그

유명한 사람 팬인데 통화 한 번 하자 해라. 그렇게 친하다는데 통화 한 번 안 시켜주겠는가?

혹시 비싼 차나, 슈퍼카를 타고 온다면(부자들은 비즈니스 하면서 웬만하면 슈퍼카를 타지 않는다. 부모덕에 부자인 사람 제외) 번호판 조회를 해 봐라. 명의가 누구 것인지 차량 보험 이력 조회할 수 있는 앱이 있다. 약간의 돈을 주면 된다. 아니면 주변에 중고차 판매하는 사람에게 차량 조회를 부탁해 보면 알 수 있다. 인터넷 기사도, TV 출연도, 직접 전화해 봐라. 어떻게 기사가 쓰이고 TV에 출연했는지 알 수 있다. 서류가 완벽하면 서류 관계 기관에도 전화해 봐라. 실제 맞는지, 확인해 봐라. 포토샵으로 서류 조작하는 것은 식은 죽 먹기보다 쉽다. 소 잃고 외양간 고치지 말아라 팩트 체크만이 살길이다.

매사에 부정적이고 남 탓하는 사람을 멀리해라

매사에 부정적이고, 남 탓하는 사람은 당신의 자존감과 의욕을 저하시킨다. 무슨 말만 하면 그게 되겠냐? 네 주제에 할 수 있겠냐? 너의 엉터리 아이디어가 통하겠냐? 그 제품이 팔리겠냐? 등등… 뭔가를 시도하기 전에 당신의 의욕을 떨어트린다. 계속 듣다 보면 맞는 말 같아 패배자의 마인드로 동화될 수 있다. 매사에 부정적이고, 남 탓하는 사람과 같이 있으면 있던 운도 날아간다. 운은 항상 긍정적이고, 열린 마음일 때 운이 찾아온다. 기회가 왔을 때 잡아야 하는데 마음이 닫혀 있으면 기회는 날아간다. 나는 사업하기 전까지 내가 바보인 줄 알았다. 무슨 아이디어를 주변 사람들에게 말하면 모두 하나같이 안된다며, 바보 취급을 하였다. 내가 어릴 때 생각한 아이디어 제품은 손가락 위생 장갑이었다. 과자 먹을 때 과자 부스러기가 손가락에 묻고 비위생적이라 손가락에만 낄 수 있는 위생 장갑이 있었으면 좋겠다고 생각했다. 몇 년 후, 손가락 위생 장갑이 출시되었다. 그리고 나는 봉지 라면을 끓일 때 물 양을 항상 실패했다. 라면 봉지에 물 양을 표기해 물을 봉지 안에 넣어 물 양을 맞춘 후 냄비에 봉지에 넣은 물을 다시 부어 맛있는 라면을 끓일 수 있었으면 했다. 또 캔 음료수를 마실 때 입에 닿는 부분이 먼지가 뽀얗게 쌓여있어, 항상 손이나 옷으로 닦아 마셨다. 그래서 캔 윗부분에 캡이 씌워져 있어 안에 있는 내용물을 마실 때 캡을 벗겨 마시면 좋겠다는 생각을 했다. 그것도 10년 후 클린 캡으로 밀봉된 캔 음료를 출시했다고 신문에서 봤다. 그래서 나는 사업 아이디어를 생각한 후 그 누구의 말도 듣지 않고 사업을 했더니 모두 성공했다.

그리고 당신 회사에 항상 부정적이고, 남 탓하는 사람이 직원으로 있으면 다른 직원들도 부정적이고, 당신이 없을 때 항상 사장인 당신 탓을 할 것이다. 그렇다고 너무 긍정적인 사람하고만 가까이 지내라는 것은 아니다. 매사에 부정적인 사람과 부정적 의견을 내는 사람은 다르다. 당신이 중심을 잡고, 귀가 얇지만 않다면 부정적 의견을 들어도 사업할 때 참고하여 당신의 아이디어나 계획을 더 발전시킬 수 있다. 그러니 부정적인 의견을 듣더라도 자존감이 낮아지고, 동화되지 말고, 자신을 믿고 더욱 발전의 계기로 삼았으면 좋겠다.

세상의 이치
– 황금 비율 법칙 편

⋮

집안에 가구 배치를 할 때, 한 번씩 소름 돋는 일이 있을 것이다. '이렇게 해도 안 맞고 저렇게 했는데도 안 맞더니 거꾸로 하니 맞네? 어떻게 자로 잰 듯 이렇게 잘 맞지?'라며 말이다.

인체는 눈 2개, 귀 2개, 코 1개, 입 1개, 손가락 10개 등 모두 필요하지 않은 것이 없을 정도로 신기하다 못해 신비롭다. 사업도 마찬가지다. 나는 인사관리 할 때 황금 비율 법칙을 자주 쓴다.

A 업무를 못 하는 직원은 B 업무를 잘한다. 그래서 직원마다 장단점을 파악해 인사이동을 자주 시킨다.

한번은 업무에 개념 파악을 잘 못하는 직원이 있었다. 어떤 업무를 시켜도 업무를 잘하지 못했다. 성실하고 착한데 해고시키긴 너무 아쉬웠다. 그러던 중 고객 컴플레인 업무 담당자가 스트레스받아 일이 힘들다며 다른 부서 이동을 요청하였다. 고객 컴플레인 업무는 모든 업무 내용을 알고 있어야 해서 숙련된 경력자만 할 수 있는 업무였다.

어쩔 수 없이 업무개념의 파악을 잘 못하는 직원을 잠시 고객 컴플레인 부서에 일하도록 부서 이동을 시켰다. 그래도 사람은 착하니 업무는 서툴겠지만, 고객이랑 다투지 않을 거란 기대였다. 그런데 이상한 일이 발생하였다.

고객에게 제품 설명도 잘하고 고객 응대도 너무 잘했다. 알고 보니 알아듣는 능력은 낮지만, 다른 사람에게 설명하는 능력은 월등했다. 그 직원도 '고객에게 제품을 설명하다 보니, 업무 파악이 더 잘 되었다'고 했다. 이렇듯 사람마다 제각기 능력이 달라 본인에 맞는 자리가 있다. 황금 비율은 당신이 포기하지 않고 계속 생각 한다면 황금 비율은 언제든 맞는다. 그러니 사업을 시작했으면 포기하지 말아라. 나는 벽에 부딪히면 고집부리지 않고 항상 반대로 생각한다.

'막히면 돌아가라'는 속담은 사업에 있어 참으로 진리다. 짚신도 제 짝이 있고, 개똥도 쓸데가 있다. 상황이 조화롭지 못하고, 뭔가 조율이 맞지 않는다면, 황금비율 법칙을 생각해라.

성군으로 칭송받았던 선대 왕들도 음율을 중요시했다. 음이 하나라도 어긋나면 조화롭지 않다. 선대 왕들도 이런 세상의 이치를 깨달아 나라를 잘 다스렸다. 당신의 사업이 잘되려면 모든 음이 제자리에 있어야 음률이 잘 맞는다. 내가 글을 어렵게 썼나? 이해했을지 모르겠다. 그러니까… 일찍 일어나도 피곤하지 않으려면 일찍 자야 하고, 오늘 할 일을 내일로 미루지 말고, 쓸데없는 지출이 발생하면 조치하고, 회사가 멀어 출퇴근 시간이 낭비되는 것 같으면 회사 근처로 집을 옮겨라 등등등…. 사업이든 당신 삶이든 물 흐르듯 음률이 잘 맞아 조화로워야 한다. 당신의 마음에서 거부반응이 나타나는 것은 음이 깨진 것과 다름없다. 만약 당신이 두 가지 중 한쪽만 선택해야 한다. 선택에 앞서 누가 봐도 A 선택이 맞는데, 왠지 마음 한쪽이 괴롭고 후회할 것 같고, B 선택을 하면 손해일 것 같은데도 마음이 편안하다. 이런 경험 한 번쯤은 있을 것이다. A를 선택하면 당장의 이익을 볼 수 있지만 결국 B를 선택할 것을 후회한다. 당신의 마음이 가는 선택이 모든 사업, 삶에 음이 깨지지 않고 조화로운 것이다. 마음이 편안해지는 선택을 해야 복도 오고, 운도 따라온다.

당신이 못하는 영역은
외주를 맡겨라

:

사람은 만능이 아니다. 잘하는 게 있으면 못하는 게 있기 마련이다.

아무리 모든 노하우가 유튜브에 다 있다지만… 다 배울 수는 없는 노릇이다. 예를 들어 당신이 매장을 오픈하려 하는데, 매장 로고가 필요하다. 로고 만들어 주는 업체에 맡기기에는 비쌀 것 같아 포토샵 잘하는 친구에게 부탁할 것이다. 친구 중에 포토샵 잘하는 친구가 꼭 한 명씩은 있기에 친구한테 로고를 만들어 달라 맡긴다. 친구가 로고는 만들어 왔는데 전문가는 아니어서 좀 허접하다. 혹여나 마음에 들었다 해도 세상의 공짜가 어디 있겠는가? 술도 사주고 밥도 사줬다. 10만 원 정도 나왔지만 싸게 먹혔다고 생각할 것이다.

나는 '숨고'와 '크몽'을 정말 좋아한다. 실력 좋은 전문가들이 사무실 및 소속 없이 프리랜서로 일을 하는 사람들을 중개해주는 앱이다. 나는 내가 못 하는 일을 대부분 숨고나 크몽에 맡긴다. 로고도 맡긴 적이 있었는데 5만 원 정도에 아주 흡족하게 해줬다.

나도 예전엔 친구 중에 포토샵 잘하는 친구가 있어 로고를 만들어 달라 맡겼더니 시간도 오래 걸리고 너무 허접했다. 친구라 허접하다고 말도 못 하고 중간에 수정할 부분도 기분 안 나쁘게 눈치 보며 말해 수정했다. 그리고 작업 후 20만 원 정도 고생했다고 준 적 있다. 친구는 로고를 만들어주고 20만 원을 받고서 약간 떨떠름해하더라. 친구는 전문가가 아니라서 내 로고를 만들어 주려고 몇 날 며칠을 밤새워 만들어 줬다. 고생한 거에 비해 비용이 작다고 생각하더라. 이 일이 있고부터는 친구들에게 절대 외주 일을 부탁 안 한다. 숨고나 크몽에서 의뢰 맡긴 전문가들은 훨씬 빨리 만들고 퀄리티도 좋고, 부족하다 싶은 부분을 수정해 달라 당당히 말할 수 있고, 가격도 저렴하니 금상첨화다. 또, 마음에 안 들면 컴플레인도 걸 수 있어 아주 아주 좋다. 또 한번은 외벽공사 할 일도 있었는데 일반 인테리어업체에서 300만 원 부르는 것을 숨고에서 50만 원에 한 적도 있다. 인테리어업체 사장은 사장이 일하는 경우가 거의 없이 외주를 맡긴다. 그래서 비싸다. 숨고와 크몽은 중간 유통단계를 생략하여 가격이 저렴하다. 또 한번은 프레젠테이션(PPT)을 만들 일이 있었는데 숨고와 크몽을 통해 전문가에게 8만 원에 맡긴 적이 있다. 나도 전문가 수준은 못 되었지만, 어느 정도 만들 수 있었고, 3~4일 정도 소요되었다. 8만 원 아끼자고 3~4일을 허비할 바에 전문가에게 맡기고 내가 다른 일을 할 수 있으니, 나는 훨씬 이익이라 생각한다. 사업은 너무 거창하고 아무것도 할 줄 아는 게 없어 막막할 수도 있다. 사업을 해본 적이 없어 처음이라 불안하여 내가 할 수 있을까? 라고 생각할 수 있다. 아직 일어나지 않은 일에 대한 걱정부터 하지 말고 시작한 다음 걱정해도 늦지 않는다.

사업하면서
딴짓하지 마라

⋮

　사업함에 있으며 제일 독이 되는 것이 재테크이다. 사업을 한창 열심히 할 때는 몰랐는데 통장에 돈이 쌓이자, 이 돈을 통장에 두기가 너무 아까웠다. 그래서 남들이 하는 주식도 하고 싶고, 코인도 하고 싶고, 부동산 경매 등등 돈을 불리고 싶을 것이다. 절대 하지 마라. 당신이 재테크를 하는 순간 당신의 사업은 곪아 썩을 것이다. 당신이 주식이나 코인을 하면 사업은 하지 않고 밤낮으로 핸드폰만 볼 것이다. 그럼, 당신의 신체 밸런스도 깨지고 무기력증이 와 다 하기 싫은 상태가 온다. 주식과 코인은 제대로 배우지 않으면 도박처럼 중독이 되어 사업도 내팽개치고, 그 핸드폰으로 주식이나 코인만 할 것이며, 손해가 나는 날엔 회사 공금을 있는 대로 끌어들여 주식이나 코인에 꼬라박을 것이다. 부동산 경매도 마찬가지다. 사업은 안 하고 땅만 보러 다닐 것이다. 그 이유는 사업이 너무 힘들어 쉽게 돈을 벌고 싶은 보상 심리가 발동한다. 그동안 당신이 앞만 보며 자신도 돌보지 않고 달려왔으니 힘든 사업보다 돈 좀 벌었으니, 좀 쉬엄쉬엄 편하게 벌고 싶을 것이다. 또 당신의 사업이 어느 정도 자리를 잡고 성공했다 생각하여 자만심에 빠진다.

'내가 이 어려운 시대에 불굴의 투지로 돈도 없이 시작해 이만큼 일
궜으니, 나는 천재야 주식, 코인, 부동산 경매도 별거 아니야. 내가 하
면 주식 왕, 코인 왕, 부동산 왕이 될 수 있어, 으하하하…!'

아, 제기랄. 내가 했던 짓이다. 나는 사업하다 말고 재테크에 손대서
사업까지 홀라당 말아 먹은 적이 있다. 성공할수록 겸손해야 한다. 성
공을 했지만 다음에도 성공하리란 보장은 없다. 만약 당신도 성공하
고 '나는 이제 뭐든지 할 수 있어'라고 생각한다면 휴브리스의 덫에 걸
린 것이다. 휴브리스는 그리스어 '히브리스'가 어원이며 '과잉'이라는 뜻
이다. 휴브리스의 덫은 성공한 자가 자신이 신이 된 마냥 교만해져 무
모하게 사업하다 신의 응징을 받게 되는 현상이다. 돈이 통장에 쌓이
면 돈으로 할 수 있는 사업을 확장해라. 돈 없을 때는 돈 없는 사업의
경쟁자가 많았지만, 돈이 있다면 돈으로 할 수 있는 사업은 경쟁자가
많이 없다.
　당신의 회사가 클 수 있게 당신의 회사에 투자해라. 제일 좋은 재테
크는 당신 회사에 투자하는 것이다. 당신의 회사는 당신이 제일 잘 알
텐데 왜 잘 알지도 못하는 남의 회사에 투자(주식, 코인, 부동산 등)를 한
단 말인가? 되지도 않는 주식, 코인, 부동산 등 하지 말고, 당신이 제
일 잘하는 사업을 해라. 나도 주식에 투자했을 때 사업이고 뭐고 핸드
폰만 보게 되더라. 처음엔 우량주에 투자하여 별 소득이 없어 코스닥
에 투자하게 되고 그것도 별 소득이 없어 테마주에, 그리고 초단타로,

마지막엔 선물까지 간다. 잠이 안 오더라. 주식 때문에 그때 생긴 불면증, 다크서클이 아직도 없어지지 않는다. 사업가는 사업만 해야 한다. 딴짓하는 순간… 이제 사업가가 아니다. 사업 시작할 때 가슴속에 새겼던 목표를 항상 생각하며 목표를 이룰 때까지, 딴생각하지 말고 부자가 되겠다는 목표를 삼고, 내 책을 사업하는 동안에도 한 번이고 두 번이고 반복해서 읽어라. 나도 다시는 지금 같은 실패를 하지 않을 것이다. 다시는 지금 같은 나락에 안 빠질 것이다. 다시는 지금 같은 교도소에 안 온다. 그러니 가르침을 줄 때 새겨들어라. 뜬구름 잡는 책 보지 말고 내 책만 반복적으로 읽어라. 당신을 기필코 반드시 성공하게 만들어 줄 테니…:

주식과 부동산 투자는
언제 하면 좋을까?

⋮

초인적인 자제력이 있다면 사업하면서 주식과 부동산을 해도 상관없다. 하지만 사업하면서 주식과 부동산을 병행하기란 쉽지 않다. 사업해서 돈 버는 것보다, 주식과 부동산으로 돈을 버는 게 더 쉬울 것같고, 돈 버는 게 눈에 보여 사업을 등한시할 것이 뻔하다. 뉴스나 신문을 보면 기업 매출은 1,000억인데 영업이익은 10억도 안되거나 적자를 기록할 때도 많다. 그만큼 사업해서 순수익을 남기는 것이 어렵다. 그럼, 주식과 부동산 투자는 언제 하란 말인가?

당신의 회사가 당신이 크게 관여하지 않아도 잘 운영이 되고 여유자금(없어도 되는 돈)이 10억 이상 있을 때 주식과 부동산에 투자해도 좋다.

그렇다고 주식과 부동산에 너무 몰두하면 안 된다. 장기적인 투자라 생각하고, 하루에 1~2시간 정도면 적당하다. 자산 증식은 주식과 부동산이 맞지만 기초자산은 당신의 사업에서 나온다. 기초가 무너지면 모든 게 무너진다. 주식에 투자해서 천만 원을 벌려고 할 때 10억 있을 때는 1%만 올라도 벌지만 1억 있을 때는 10%가 올라야 천만 원을 벌 수 있다. 똑같은 것 같지만 천지 차이다 주식과 부동산 투자는 적은 돈으로 크게 벌려고 하면 투기나 도박이다. 또한 주식과 부동산은 공부를 해야 투자이지, 공부도 하지 않고 남들의 말에 휩쓸리거나 차트만 보고 하는 것은 투기나 도박이다.

특히 코인은 나는 도박으로 본다. 공부로 인한 투자가 아니라 차트로 보고하는 코인은 투자가 절대 될 수 없다. 일확천금은 없다. 공부와 노력이 만나 결국엔 당신을 부자로 만들어 주는 원동력이 될 것이다.

그렇다고 당신이 주식, 부동산 등 재테크를 못하는 성향이라면 조급해하지 말고 주식, 부동산 등 재테크를 하지 말고 사업에만 몰두해라. 오히려 재벌이 될 수 있는 확률이 높아진다.

아무래도 재테크를 하다 보면 당신도 사람인지라 사업을 등한시하고 사업 아이템 발굴 보다 자꾸 재테크를 하고 싶어질 것이다. 주식과 부동산은 대표적인 위험자산이다. 주식이든 부동산이든 미래에 형성될 가격을 추측해 시세차익을 노리면서 투자한다면 '투기'이다. 부자가 되는 길은 한 가지 길이 아니다. 그래서 정답이 없다. 나는 개인적으로 주식 부동산 재테크 등 일절 하지 말고 당신이 잘하는 사업에만 집중했으면 좋겠다. 그럼 사업해서 생긴 돈은 어떡해야 하냐고? 당신보다 훨씬 돈을 잘 굴리는 자산운용사, 펀드 매니저 등에게 맡겨라. 당신도 사람인지라 돈 욕심이나 재테크에 관여하는 순간 반드시 실패할 것이다. 어느 정도 규모가 있는 회사들 모두 재무팀이 있다. 재무팀이 무슨 업무를 하는지 알고 있는가? 회사에 수익이 나면 더 많은 수익을 창출하기 위해 회삿돈을 굴리는 사람들이 모여 있는 팀이다. 회사의 CEO는 경영만 해야 된다. 그러니 당신도 잿밥(재테크)에 눈이 어두워지지 말고, 경영을 해라. 재무는 전문가에게 맡겨라.

사업 팽창(확장)을
어떻게 할까?

:

　사업 초기 고비를 넘기고 이제 회사를 더 키워야 하는데 어떻게야 회사 볼륨이 커질까? 내 사업 이야기를 해주겠다. 내 주변에서 대출받고 장사나, 사업 주식 등을 하다가 어느 한 곳이 어긋나면 바로 망하는 것을 많이 보았고, 내 타입도 빚지고 사는 것을 좋아하지 않아 신용카드도 쓰지 않았다. 사업 초기 고비를 넘기고 어느 정도 자리를 잡자, 경쟁자도 하나둘 생기는 것이다. 그래도 내가 운영하는 회사가 독보적 1위여서 투자를 해준다는 사람들도 있었는데 회사 지분을 주기 싫었다. 빚지고 사는 것도 안 좋아하는데 내 지분을 남에게 주는 것이 웬 말인가? 회사 지분은 내가 100%인 것이 보기도 얼마나 좋은가…라고 거절하는 병신 짓을 했다. 계속 경쟁업체는 생기고 투자받은 경쟁업체 중 1곳이 치고 나와 결국 1위 자리도 뺏겼다.

　회사 볼륨을 키우려면 투자를 받아야 한다. 스타트업은 투자를 받지 못하면 거의 다 망한다. 당신 돈으로만 사업하는 것은 한정적이다. 회사가 팽창할 시기에 계속 공기를 주입해 줘야 하는데 시기를 놓치면 팽창하긴커녕 쪼그라든다.

당신 지분 100%에서 매출 10억 나는 것과 투자받아 당신 지분 70%에서 매출 100억 나는 것은 다르다. 오히려 당신이 가져갈 금액이 더 커지고 회사도 매출 10억에서 매출 100억으로 볼륨도 커진다. 그러니 꼭 투자를 받아 파트너를 맺어라. 사업은 혼자 할 수 없다. 내 것을 남 주기 아까워하는 혹부리 영감이 되지 마라. 그러다 혹 하나 더 붙는다.

만약, 투자받지 못해서 사업 팽창이 어렵다면, 지금 당신이 하고 있는 사업 분야가 투자받기 힘든 사업 분야일 것이다. 당신의 사업을 당신이 신경 쓰지 않아도 운영이 될 만큼 만든 다음에, 투자받기 쉬운 분야로 사업을 새로 추가해야 한다. 우리나라는 IT(앱, 플랫폼, 인터넷 등) 쪽 사업의 분야가 투자받기 쉽다. IT 사업은 적은 돈으로도 잘만 키우면 순식간에 중견 회사로 커지기 때문이다. 당근(당근마켓)도 수익이 전혀 없었는데, 400억을 투자받아 순식간에 중견 회사로 커져 단숨에 중고거래 중개업 분야 1등을 했다. 또, 우리나라 정부에서도 IT 사업 분야는 지원을 많이 해준다. 내가 아는 지인도 사업계획서만으로 정부에서 2억 원 정도 지원받아 IT 기업 단지에서 회사를 차려 지금도 승승장구하고 있다. 그리고 오히려 IT쪽 사업 분야가 사업하기 쉽다. 음식점이나 장사 등은 시작하기는 쉬울지 모르나 경쟁사가 너무 많고 당신이 기발한 메뉴를 생각하여 좀 잘 팔린다 싶으면 경쟁업체들이 금방 따라 해서 음식점이나 장사 등에서 성공하기란 하늘의 별 따기이다. IT 쪽 사업 분야는 생소하여 시작하기 어려울 수 있다.

그러나 요즘은 여기저기(유튜브, 인터넷, 앱, 교육기관 등)서 알려주는 곳이 많아 당신이 마음만 먹으면 금방 배울 수 있다. IT 쪽에서도 추천하는 분야는 '앱'이다. 그렇다고 당신이 앱을 직접 개발하라는 말이 아니다. 아이디어만 있으면 정부 지원을 받아 앱을 개발할 수도 있고, 저렴한 비용으로 앱 개발을 외주로 맡길 수 있다. 예전에는 앱 개발 시 폼이 많이 없어 하나부터 열까지 개발해야 해서 비용이 많이 들었다. 하지만 지금은 폼이 많아 저렴한 비용으로 앱 개발이 가능하다.

아이의 엄마나 주부들도 아이를 키우다 사업 아이디어가 떠올라 아이 관련된 아이디어 하나로 앱을 만들어 기업의 대표가 된 사례도 많다.

또한, 딜라이트룸 신○○(30대) 대표는 해외 뉴스에서 알람을 끄려면 침실에서 떨어진 화장실이나 주방에 설치된 버튼을 눌러야 하는 기상 알람 앱이 히트를 쳤다는 소식에 힌트를 얻어 그는 더 지독한 알람 앱을 만들었다. 화장실이나 거실 같은 특정 장소의 사진을 찍어 미리 입력해 놓고, 알람을 끄려면 같은 장소의 사진을 새로 찍어 올려야만 하는 기상 알람 앱(알림이)을 만들어 출시하자마자 글로벌 알람 앱 부분 1위를 차지했다. 2022년 매출은 192억 원이며, 영업이익은 110억 원을 올렸다. 딜라이트룸 신○○ 대표처럼 기존에 앱이 출시되어 있더라도 더 좋은 아이디어를 추가해 앱 관련 사업을 해라. 무에서 유를 창조하는 것은 정말 어렵다. 남이 힘들게 개척한 길을 뒷짐 지며 편하게 가면서 좋은 아이디어가 있으면 추가하는 것이 최고이다.

당신도 당신이 잘하는 분야부터 아이디어를 생각하면 좋을듯하다. IT 사업 분야가 아닌 다른 사업 분야는 이미 오래전부터 터줏대감들이 꽉 잡고 있어 뚫고 들어가기가 상당히 힘들다. 앱 시장은 일반인들이 쉽게 뛰어들지 못할 것 같은 프레임이 씌워 있다. 생각해 봐라, 당신 지인 중에 IT 관련 대표가 있는가? 아마 거의 없을 것이다. 이에 반면 음식점 사장은 지인 중에 1명씩은 꼭 있다. 그리고 앱 관련 사업은 음식점처럼 경쟁자가 쉽게 따라하지 못한다. 따라 한다 해도 여론이 가만 있지 않아 기업 이미지에 큰 타격을 받는다. 비교적 신사적으로 경쟁하에 사업을 할 수 있다. 그에 반해 음식점은 거의 야생을 방불케 한다. 뺏고, 빼앗는다. 내가 음식점 운영하면서 그렇게 염탐을 많이 올 줄 몰랐다. 위장취업에, 허위 가맹점 가입 등등… 대단하다. 나는 많은 사업 분야를 해봤지만 음식점을 성공시키는 것이 제일 힘들고 어려웠다. 조금만 정직하지 못하면 고객은 귀신같이 알아낸다. 다른 분야는 눈 가리고 아웅해도 모르더구먼… ㅋㅋㅋㅋ.

눈 가리고 아웅은 애플이 최고다. 그러니 전 세계 기업 순위 1위이지…. 당신도 애플 같은 눈 가리고 아웅하는 사업 아이디어를 생각하길 바란다. 수익은 보이는 것이 다가 아니다. 고객도 모르는 수익을 찾아야 성공할 수 있다. 예를 들어 가맹 프랜차이즈 사업을 한다면, 고객들이 신용카드 결제할 때마다 일부 수수료를 신용 카드사에서 하청업체인 VAN사(POS기, 카드기, 키오스크기 등을 설치해주고, 신용카드 가맹점과 신용카드 회사 사이에서 결제를 중개해주는 업체)에 VAN피(신용카드 수수료중 일부)를 준다. 그럼 가맹 프랜차이즈 본사는 VAN사에게 "너네 신용카드 결제기를 사용하는 조건으로 VAN피를 달라"고 하면 고객도 모르는 VAN피라는 수익이 생긴다. 이런 보이지 않는 수익들이 많아야 한다. 사업마다 보이지 않고 당신만 아는 수익들을 찾아야 한다. 모든 사업에 무조건 있다.

당신이 사업을 하고 있다면 매출을 올리기 위해 보이지 않는 수익을 찾아라. 안정적이고, 꾸준히 정기적으로 나오는 수입일수록 좋다.

홈페이지 업체는 홈페이지 제작은 무료로 해준다고 광고 후 홈페이지 제작이 끝나면, 호스트 비용, 유지 관리 비용, 홈페이지 수정 시 비용 등… 정기적으로 비용을 받는다. 애플도 핸드폰을 팔아 생기는 수익보다 앱스토어에 입점하는 업체에게 매월 정기적으로 받는 입점 수수료가 어마어마하다. 그래서 세계 1위 기업이 되었다. 항상 아이디어를 생각해야 한다. 머리가 나쁘면 몸이 고생이다.

세상의 이치
– 징조 편

:

모든 일은 문제가 발생하기 전에 조짐이 있다. 그러고 나서 꼭 문제가 발생한다. 제비가 낮게 날거나 구름 모양이 양떼구름일 때 그다음 비가 온다. 하인리히의 법칙이라는 것도 있다. 1번의 큰 사고가 발생하면 그전에 비슷한 원인으로 중간 사고가 29번이 발생한 적 있고, 또 그전에 비슷한 원인으로 작은 사고가 300번이나 발생했었다는 것이다.

해는 뜨기 직전이 제일 어둡다고 한다. 항상 잘되고 있거나 너무 순항 중일 때 문제가 발생한다. 그래서 나는 성공한 직전에 제일 조심하고 또 조심해야 하는 것을 수많은 실패를 하여 뼈저리게 깨닫고 알고 있지만, 성공을 막상 하고 나면 성공을 지켜 부자가 되려는 갈망보다, 성공만 바라보고 달려온 내 젊은 날의 청춘도 져버리고, 친구들의 배신과 주변 사람들의 조롱도 다 참아가며 여태껏 해보고 싶은 소소한 일상까지 다 포기해가며 살아온 불쌍한 내 인생이 가여워 성공했으니 이제라도 하지 못했던 것을 하고 싶은 갈망이 나를 지배해 달콤한 악귀의 유혹을 이기지 못해 더욱 게을러지고, 여행, 게임, 유흥, 도박, 드라마 및 영화 정주행, 슈퍼카, 연예인과 인맥 쌓기 등 사업은 등한시하고 돈을 물 쓰듯 쓰게 되었다.

당신도 성공한 직후 나랑 똑같은 전처를 밟게 될 것이다. 이 행동(전처)은 당신이 아무리 다짐하고, 아무리 공부해도 절대 바뀔 수가 없다. 당신의 마음가짐은 성공한 직후에 무장 해제되어 악귀의 유혹에 기필코 넘어갈 것이다. 나는 결과까지 뻔히 알면서 벌써 6번이나 악귀의 유혹에 넘어갔다. 아무리 사업 아이템이 좋고, 운이 좋으면 무얼 하나 악귀의 유혹에 넘어가면 끝인데, 나는 성공할 때 모두 돈 없이 시작했다. 그렇게 힘들게 성공하고도 매번 악귀의 유혹에 넘어갔다. 당신도 다음에 다시 성공했을 때 실패한 순간을 절대 잊어버리지 말고, 악귀의 유혹에 넘어가지 말아라. 나같이 뼈를 갈아가며 힘들게 5번 성공하고도 병신같이 6번이나 실패하지 말고 성공을 꼭 지켜내어 부자가 되길 바란다.

교도소 안에서는 사람들을 24시간 관찰할 수 있다. 24시간 감옥에 갇혀서 같이 생활하기 때문이다. 그중에 조금이라도 욕심부리거나 사람 없을 때 뒤에서 욕하는 사람들은 꼭 있다. 공통점은 관찰해보면 항상 벌을 받는다는 것이다. 여기서는 자기 계발하는 사람이 100명 중 1명 될까 말까다. "감옥에서 갇혀 지내는 것도 힘든데 무슨 자기 계발이냐"며 "자살 안 하는 것만 해도 다행"이라고 몸만 건강히 있다 출소하는 것도 힘들다 한다. 그러고는 밖에서 가족들이 힘들게 넣어준 영치금으로 식품 구매를 해서 많이 먹어 보통 10kg씩은 살이 쪄있다. 그리고 도박도 많이 한다. 이 사람들이 출소해서도 어떻게 살지 뻔하다. 그래서 나는 정말 보기 힘들지만 자기 계발하고 공부하는 사람에게 사업 관련하여 이런저런 조언을 많이 해준다. 어차피 돈 때문에 들어

온 징역인데 꼭 성공하라고 말이다. 불법은 처음엔 돈을 많이 버는 것 같아도 결국엔 다시 감옥 들어와 돈도 인생도 다 날린다. 법을 지켜가며 사업을 하면 돈이 적게 벌리는 것 같아도 시간이 지나면 당신도 모르게 돈이 눈덩이가 되어 돌아온다. 이것이 '스노우볼 효과'이다. '리그 오브 레전드'라는 게임이 있다. 소환사의 협곡이라는 맵에서 10명의 챔피언들이 5명씩 편을 먹고, 싸워 상대편의 넥서스를 먼저 파괴하면 이기는 게임이다. 이 게임에서 '스노우볼 효과'라는 용어를 자주 쓴다. 초반에 상대편 챔피언과 싸울 때 한 대를 더 때리거나 피하면 초반에는 티가 나지 않지만 스노우볼이 계속 굴러서 눈덩이가 되는 것처럼 시간이 가면 갈수록 확연하게 상대편의 챔피언보다 월등히 강해진다. 감옥에서도 노력하는 사람은 출소하고도 성공할 것이다.

세상의 이치를 많이 알면 알수록 조금만 잘못해도 신기하게 하늘에서 벌을 내리신다. 고위공직자나 사회의 영향력이 있는 사람, 연예인, 공인, 정치인 등도 조금만 잘못해도 여론이 벌을 내리는 것과 같은 이치이다. 나도 마찬가지다. 처음엔 잘못해도 아직 잘 모르고 그랬을 수도 있으니, 기회(용서)를 주셨는데 지금은 조금만 잘못해도 벌을 받는다. 그래서 옳고 바르게 진실하게 살려고 노력 중이다. 주위에서 당신에게 대한 충고(행동거지에 한함. 사업 관련된 충고 제외)가 쓴소리로 느껴진다면 당신의 사업이 망해가는 징조이다. 또 당신의 몸무게가 1kg씩 늘어날수록 당신의 사업은 점점 망해간다. 징조를 알면 미연에 사고를 방지할 수 있고, 미래를 내다볼 수 있는 혜안이 생긴다. 당신의 방심과 안일이 사고를 일으키는 경우가 많다. 당신이 징조를 깨달았으면 좋겠다는 바람이 있어 전달해주고 싶었다.

징조를 깨달으면 사람의 됨됨이를 알 수 있고, 앞으로 당신이 해야 할 일도 알 수 있다. 저 사람이 망할지, 벌을 받을지, 복을 받을지 등등도 알 수 있다.

징조를 깨닫는 제일 좋은 방법은 '역사'이다. 과거를 알면 미래를 알 수 있다. 역사는 수많은 선조들이 겪어온 소중한 기록이다. 어떤 행동을 하면 성공하고, 어떤 행동을 하면 실패하는지, 역사를 보고 배울 수 있다. 나라가 흥하고 성군이라고 추앙받는 역대 왕들은 모두 자신보다 백성들을 아끼고, 감사할 줄 알아 그 시대의 최고의 전성기를 누렸다. 반대로 폭군들은 백성들을 업신여기고 백성들의 고열을 짜내어 향락과 사치를 부려 항상 끝이 좋지 않았다.

나는 징조를 깨닫고 '설마', '그럴 리가' 하는 단어를 쓰지 않는다. 내기만 하면 당신만 걸리고 똑같이 나쁜 짓 했는데 왜 당신만 처벌받는지 알고 있는가? 그건 당신이 착하게 살아야 한다는 것을 깨달아서이다. 나쁘게 살면 왠지 벌 받을 것 같거든…. 당신이 남들보다 세상의 이치를 더 많이 알고 있기 때문이다.

자기 관리를
안 하는 당신에게

:

　부자들은 자기 관리가 철저하다. 일찍 자고 일찍 일어나며 아침에 운동을 한다. 저녁에 술 약속이 있어도 늦잠을 웬만해선 자지 않는다. 항상 단정하게 다니며 이미 모든 것을 이뤘음에도 항상 새로운 것을 배우려 한다. 책과 신문은 손에 놓지 않는다. 왜? 부자들은 자기 관리가 이렇게 철저할까? 모든 것을 이루고 다 가졌음에도 술 약속이 있어 늦게 집에 들어와도 늦잠을 늘어지게 잔다거나 남은 노후를 빈둥거리며 살지 않는다. 즉, 게으를 법한데 엄청 부지런하다. 눈치 볼 사람도 없는데 왜 이리 피곤하게 살까? 자기관리(부지런함)는 부자가 되는 마지막 관문이다. 당신의 사업이 계속 실패하고 잘 안되는 이유는 여기에 있다. 나는 정말 게으르고 잠도 엄청 많다. 하루에 10시간 이상은 자야 했고, 조금이라도 졸린 상태는 견디기 힘들어 피곤하면 시간 관계없이 바로 침대로 갔다. 그러고 있으니, 계속 누워있고 싶고 이불 밖으로는 일절 나가기 싫었다. 침대에 누워서 아무것도 안 하고 유튜브 시청, 드라마 정주행, 영화, 예능 등 보는 것이 정말 좋았다. 그러다 좀 지겨우면 컴퓨터를 켜고 배달 음식 시키고 게임만 주야장천 해댔다.

이 패턴은 항상 성공한 다음 하는 패턴이었다. 돈도 좀 벌었고 회사도 나 없이 알아서 잘 돌아가고 집에서 뒹굴뒹굴하고 싶어서 개 같이 일했던 지난날의 보상이라며, 자기합리화를 하고 더 열정적으로 그 누구보다 뒹굴거렸다. 나는 실패해서 성공할 때까지 몸무게가 70kg대였고, 성공만 하면 몸무게가 100kg까지 늘어난다. 죽어도 게으른 것은 고쳐지지 않더라. 성공하고 부자가 되려면 부지런해야 하고 자기 관리도 철저히 하며, 항상 책과 신문을 손에 놓지 말아야 한다. 당신도 성공하고 나처럼 뒹굴뒹굴하고 몸무게가 늘어난다면 무조건 망할 것이다. 성공하고도 게으름이 고쳐지지 않는 한 당신은 아직 멀었다는 것이다. 덜 절실하고, 덜 간절한 것이다. 당신의 게으름의 기준은 몸무게이다. 성공하고 잘 지켜서 부자가 꼭 되길 바란다.

초심을
잃지 않으려면

:

사람은 일만 하면, 현타, 매너리즘, 번아웃 등 일하기 싫어질 때가 온다. 초심만 잃지 않으면 성공은 누구나 한다. 그러나 우리 모두 사람이라 초심을 잃지 않을 수가 없다. 부자가 되고 싶은 갈망도 복수하고 싶은 마음도 현실 앞에서 무기력해진다.

어떻게 해야 초심을 잃지 않을까?

올림픽 선수들은 초심을 잃지 않게 하려고 몸에 문신을 하는 사람도 있다. 올림픽 문양이라든지 좌우명이라든지 몸에 새겨 초심을 잃을 때마다 몸에 새긴 문신을 보면서 다시 의지를 불태운다. 미국의 올림픽 금메달리스트 스키 여제 린지 본도 손가락 사이에 샤크(상어) 문신을 새겨 '샤크처럼 앞만 보고 가고 싶다'며 초심을 잃지 않도록 노력했다.

나도 마찬가지다. 문신은 하지 않았지만 초심을 잃지 않으려 내가 보이는 곳에 나의 꿈과 다짐을 써놓고 붙여 놓았다. 자기 전 벽면에 붙이고, 양치질할 때도 항상 볼 수 있게 화장실 거울에도 붙여놓고, 컴퓨터 모니터 등에도 붙여놨다.

사실 나는 저렇게 붙여놓고 얼마 지나지 않아 보지 않게 되더라. 귀찮았고 나의 꿈과 다짐을 적어 놓은 것을 읽으면, 과연 내가 달라질까? 하는 불신도 가득했다. 그래서 나는 갖은 유혹을 못 이겨 실패하고 나락에 빠졌다. 지금의 나는 나의 꿈과 나의 다짐을 구체적으로 화장실 거울에 써놓았다. 부정적인 생각과 나약해지고 귀찮고 게을러질 때면 거울에 써놓은 나의 꿈과 다짐을 읽었다. 한 달을 그렇게 읽으니 진짜 부정적인 생각과 나약해지고, 귀찮고, 게으름이 사라졌다. 내가 있는 곳은 교도소라 할 수 있는 것이 없어 초심을 자꾸 잃는다. 하지만 내가 효과를 확실히 봤다. 불안한 마음도, 우울한 생각도, 부정적인 태도가 긍정의 힘으로 바뀌었다. 당신도 세수할 때나 양치질할 때 화장실 거울에 적은 당신의 꿈과 다짐을 읽고, 거울에 비친 당신의 눈빛을 봐라. 흐리멍덩한 눈이 반짝일 것이다.

내가 화장실 거울에 써놓은 나의 꿈과 다짐이다.

1. 나는, 수천 억대 자산가가 되겠다.
2. 나는, 나를 괴롭히고, 배신한 자에게 내가 잘 사는 모습으로 복수하겠다.
3. 나는, 미래가 보이지 않는 청년이나 간절한 자를 위한 재단을 설립하겠다.
4. 나는, 49.99살까지 복근을 유지하겠다.
5. 나는, 나를 도와준 자에게 은혜를 꼭 갚겠다.

거울에 쓰여 있는 나의 꿈과 다짐을 볼 때면, 내가 제일 나락에 빠진 날을 기억하며 힘이 난다. 초심을 잃지 말아라 당연한 이야기고 누구나 알고 있는 이야기다. 그런데도 언급하는 것은 정말 중요해서이다. 다 알고 있으면서 왜 나태해지는가…. 왜 개구리 올챙이 때 생각 못 하고, 똥구덩이 구더기였을 적을 생각하지 않는가? 사업이 잘되기 전엔 제발 잘 되게 해달라고 간절하게 빌며, 영혼이라도 바칠 테니 지금의 지옥에서 꺼내달라 할 때의 당신의 모습은 어디 갔는가? 사업이 잘되고 있으면 초심을 잃는다. 연예인도 보면 초심 잃은 연예인들이 많다. 음주 운전, 마약, 도박 등 불법을 저지르면 바로 연예 생활이 끝나는지 알면서도 계속한다. 선배 연예인들이 음주운전, 마약, 도박 등을 해서 연예 생활 끝나는 것도 보고, 학습하고, 소속사에서도 신신당부하는데도 계속한다. 이제 좀 잘 나간다 싶고, 돈 좀 버니 '나는 안 걸려', '나는 괜찮아'하는 안일한 생각 때문에 초심을 잃는다. 옆에 사람의 충고(사업 방향의 충고 말고, 당신의 행동거지에 한함)가 쓴소리로 들리고 잔소리로 들린다면 당신은 초심을 잃었다는 적신호다. 그때를 제일 조심해라. 실패의 그림자는 소리 소문 없이 당신이 최고의 전성기에 도달했을 때 찾아온다.

사장은
외롭다

⋮

　당신이 사장이 되고 돈을 남들보다 많이 번다는 것은 평범한 사람이 많은 세상에서 평범하지 않은 사람이 되는 것이다. 모두 흰색인데 당신 혼자 검은색이면 왕따를 당한다. 모두 맞다고 하는데 당신 혼자 아니라고 하면 이상한 눈으로 당신을 쳐다볼 것이다. 회사도 마찬가지다. 회사에서는 사장은 한 명이고 직원은 사장을 뺀 나머지 모두이다.

　사장은 회사에서 흑색이라면 직원들은 모두 백색이다. 사장은 회색이 될 수가 없다. 그래서 외로울 수밖에 없다. 그리고 사람은 칭찬받는 것을 좋아한다. 칭찬받는 것은 직원이고 칭찬해주는 것은 사장이다. 직원이 일을 잘하면 칭찬해주지만 사장이 일을 잘해도 아무도 칭찬해주지 않는다. 사장은 부정적인 상황에서도 항상 힘내라, 긍정적인 힘도 줘야 하며, 직원이 우울해하면 상담도 해주고, 격려도 해줘야 한다. 사장이 힘들거나 우울해도 그 누구한테도 위로나 격려받을 수도 없고, 공감도 받을 수 없다. 회사에선 더욱이 티도 내면 안 된다. 회사 밖에서도 똑같다. 친구들 중에서나 가족 중에서도 사장인 사람이 없다. 잘되고 있는 사람은 사장인 당신뿐이다. 힘들다 우울하다 지친다고 털어놔도 그 누구도 당신을 이해해주질 않는다.

　나의 20대 때 오랜만에 10명 가까운 친구들과 술을 먹었다. 친구들은 군대 갔다 와서 이제 대학교를 막 졸업해 취준생이거나 아직 대학생인 친구도 있었다. 1차에서 거의 마무리될 때쯤 만 원씩 걷었다. 심지어 돈 없어 못 내는 친구도 있었다. 다들 만 원도 간신히 냈다. 나는 당시 사업을 하고 있었고 잘될 때라 돈이 좀 있었다. 오랜만에 친구들과 만난 술자리에서 만 원 내기도 그렇고 1차를 다 내기도 그랬다. 만원만 내면 돈도 잘 버는 사장님인데 쪼잔하다는 소리를 들을 것이고 1차를 다 내면 앞에서는 최고라 나를 치켜세울 것이지만, 뒤에서는 '돈잘 번다', '유세 부린다'고 욕할 것이다. 당신은 이럴 경우 어떻게 할 것인가? 답은 어떻게 해도 욕먹는다. 친구들은 만 원도 없어 1차 때 나온 술값도 계산 못 하는데 당신만 혼자 돈이 많아서 그렇다. 친구들은 당신을 배 아파 뒤에서 욕하는 친구와 당신에게 잘 보이려 아부를 떠는 친구로 나뉜다. 당신 친구들은 어릴 때부터 친구라 당신이 잘되는 것을 진심으로 축하해 줄 거라고? 이 답답아, 뉴스나 신문에서도 자주나오는 것이 재산 때문에 부모와 자식, 형제끼리도 싸우고 소송하는 것이다. 피를 나눈 사이도 아닌데 친구는 안 그럴 것 같은가? 친구도 당신처럼 같이 돈이 많으면 모르겠는데 당신 혼자 돈이 많으면 청개구리처럼 외톨이가 되는 게 세상이다. 당신 없을 때 돈 많이 버는 것을 배 아파하는 친구가 모든 친구들에게 당신은 사기꾼이고, 불법적으로 돈을 벌었다고 이간질할 것이다. 그러면 다들 동화될 수밖에 없다. 평소에 친구들은 당신을 얕잡아 보고 있었기 때문에 본인보다 돈이 많고 당신이 잘나가는 것을 마음 한편에서는 인정하기 싫은 것이다. 그만 사람들에게 상처받아라 친구는 당신 대신 죽어 줄 수도 없고, 당신을 위해 전 재산을 줄 수도 없다. 친구는 그냥 친구일 뿐이다. 옛 추억의 안주 삼으며 시간 있을 때 같이 노는 정도이다. 딱 그 정도만 생각해야 한다.

즉, 사장인 당신은 기댈 곳이 없다는 말이다. 그래서 무지 외롭고 고독하다. 이 외로움을 느낄 때 돈을 흥청망청 쓰게 될 것이다. '내 외로움을 달래주는 것은 역시 돈뿐이야'라면서… 사회에 불만도 많이 생긴다. 그러다 또 망할 것이다. 사장이 외로운 것은 당연한 것이다. 부자가 되려면 당연히 겪는 과정이라 생각하고 이겨내라. '사장은 외로움도 즐겨라' 하고 부자 되는 책에 많이들 쓰여 있지만 나는 차마 그 말을 못 하겠다. 당신은 '돈 없이 시궁창에 지금 살고 있어서 이렇게 살면 안 될 것 같아. 부자가 되려 하는데 외로움쯤이야'라고 생각할 수도 있다. 하지만 당신도 사람이다. 처음 사장되어 돈을 점점 많이 벌수록 점점 더 외로워진다. 후… 당신이 지금 살고 있는 시궁창보다 더 깊고 빠져나올 수 없는 하수구 밑바닥과 비교도 되지 않는 외로움이다. 그 외로움을 견디기 힘들 것이다. 돈을 많이 벌수록 세상의 이치만 깨닫는 게 아니라 세상의 이면도 깨닫게 된다. 지금이라도 당신에게 말하고 싶다. 부자 되는 것을 포기하고 직장 생활을 하며 평범하게 살아라. 나는 돌이켜 보면 힘든 직장 생활에서 받는 월급으로 나에게 주는 선물 사고, 휴가 날을 손꼽아 기다려 여행 가는 소소한 행복이 나는 살면서 제일 행복했던 것 같다. 부자가 되면 감탄과 감동은 사라지고 의심만 많아지고 간 보고 떠보고 너무 많이 알게 되어 너무너무 외롭다. 그래도 당신은 성공하고 부자가 되고 싶은가? 아직도 성공하고 부자가 되고 싶다면 당신의 정신력에 박수를 보내고 싶다. 외로움과 무기력이 성공하고 부자 되는 첫 번째 관문이다. 잘 통과하길 바라며 무운을 빌 겠다.

늙어서
포기하려는 분들께

:

    나이 50이 넘어가면 변화하는 시대와 트렌드를 따라가기란 솔직히 힘들다. 나도 20대들 보면 그렇게 생각한다. 그래서 그냥 남 밑에서 일하며 평범하게 살까… 생각한 적도 많다. 이제 삶이 너무 지쳤으니까 자꾸 약해진다. 옛날 말이 다 틀리지 않았다. 다 때가 있다고 말이다. 그런데 지금 세상은 100세 시대이다. 나이 50이면 인생에서 이제 절반밖에 살지 않았다. 왜 옛날옛적 속담과 말에 휘둘리는가? 옛날 같으면 50이면 노인이지만, 100세 시대인 현재의 50대면, 아직 반밖에 살지 않은 한창 때이다. 그리고 당신은 사회생활 한 지도 30년밖에 안 되었다. 아직도 사회생활이 50년이 더 남았다. 사회생활로 치면 3분의 1 정도밖에 지나지 않았다는 것이다. 인생을 지금 포기하기엔 너무 이르다. 나이 50에도 가진 게 아무것도 없다면, 분명 왕년에 잘 나간 적이 있었을 것이다. 생각해 봐라, 당신이 최고 잘 나갈 때 얼마나 노력해서 그 자리까지 올라갔을까? 기껏 해 봐야 몇 년 정도일 것이다. 성공하는 것은 사실 그리 오래 걸리지 않는다. 나도 사업만 한 것은 10년도 안 되는 것 같다. 10년 동안 실패 6번, 성공 5번을 했다. 그러면 2년에 한 번꼴로 성공한 셈이다. 당신도 2~3년 죽어라 노력하면 다시 성공할 수 있다. 글로벌 기업 켈리델리의 창업자이자 회장인 켈리 최는 10억의 빚더미에서 프랑스에서 초밥 도시락을 팔아 매출 5,000억이 되는 기업까지 5년 만에 이뤄냈다. 여태껏 쌓아온 경험으로 성공하여 다시는 실패하지 말고 성공을 지켜서 부자도 될 수 있다.

크라우드 펀딩 플랫폼 '와디즈'가 모금 프로젝트를 개설한 사업가의 연령대를 분석한 결과 2014년 2.4%에 불과했던 50대 이상 비율이 2024년 기준 25%로 10배 이상 늘었다(크라우드 펀딩이란? 온라인에서 불특정 다수의 네티즌에게 제품이나 서비스 출시 투자금을 모으는 펀딩).

2017년 58세였던 코아이 박○○ 대표는 1인 연구소 기업을 창업해 해양오염 방제 로봇을 개발했다. 인공지능(AI) 기술로 바다 위를 군집 이동하며 기름이나 플라스틱 같은 오염물질을 회수한다. 2024년 미국 라스베이거스에서 열린 세계 최대 IT 전시회 'CES'에서 혁신상을 받았다.

2011년 51세에 나이로 창업한 럭스나인 김○○ 대표도 CES에서 종합 헬스케어 웨어러블 기기 '바디 로그'로 혁신상을 받았다.

두 대표의 공통점은 중 장년에 창업했고, 왕년에 금송아지가 있던 시절 노하우(기술)로 사업 아이템을 생각했다. 남을 탓하지 말고, 부정적인 생각을 갖지 않으면 당신은 경험과 연륜이 있어 시작만 한다면 성공할 것이다. 젊은 놈들은 성공하면 허튼 짓을 많이 할 것이다. 그러나 당신은 다시 성공하면 유흥하러 다닐 것인가? 슈퍼카를 살 것인가? 바로 당신이, 다시 한 번이라도 성공한다면 부자 될 가능성이 제일 높다. 자녀가 있다면 이제 다 키웠겠다. 실패와 좌절이 무엇이 두려운가… '나는 자연인이다'라는 프로그램 보면서 '나도 다 버리고 산에서 살고 싶다'는 망상을 버리고, 사업 아이템을 구상해라. 앱이나 인터넷, 유튜브 등 이딴 거 못하는 것은 다 집어치우고 당신이 살아오면서 잘하는 것에 초점을 맞춰 생각해라. 음식점도 좋고 5일 장마다 열리는 시장에 가서 물건 파는 장돌뱅이도 좋다. 하다못해 길거리에서 꽃을 팔아도 좋다. 뭐라도 좋다. 일단 시작하고 현재 하는 일에서 잭의 사업 철학 5가지를 대입해 사업화를 시켜라. 음식점이면 가맹 사업하고, 장돌뱅이면 시장에 유통 사업을 하고, 길거리에서 꽃을 팔면 길거리에 꽃 파는 사람들을 모집해 수익률을 나눠 먹어라. 파인애플 장수나 찹쌀떡 장수처럼 말이다.

삭신이 쑤시고 몸도 안 좋아 일하는 것이 무리라고? 걱정하지 말아라. 장사는 몸 쓰는 일이고, 사업은 몸 쓰는 일이 아니다. 지팡이 짚고 다니는 회장들이 몸 쓰며 일하는 거 봤는가? 중년에 들어선 당신이라면 연륜이 있기에 사람 다루는 일을 잘할 것이다. 당신이 몸을 쓰지 않고 사람을 다루는 사업 아이디어를 생각해라. 잭의 사업 철학 5가지를 대입하여 사업 아이디어를 생각한다면 분명 당신 여건에 황금비율처럼 알맞은 사업 아이템이 있을 것이다.

그러니 다시 시작했으면 좋겠다. 내 책을 읽고 있는 당신은 아직 성공하고 싶고 부자 되길 갈망하는 것이다. 당신이 다시 시작해서 실패하면 당신은 괜찮은데 가족이 걱정이라고? 개 풀 뜯어먹는 소리 하지 마라. 이제 다 컸고 다들 본인 앞가림 다 할 수 있다. 가족들에게 다시 노력하는 모습을 보여 줘라. 그럼 가족들은 다시 생기가 도는 당신 모습에 당신을 응원할 것이다.

현재 하는 일에 만족을 느끼며 시를 읊거나 텃밭을 가꾸며 막걸리 한잔하며 '이것이 무릉도원이구나', '이 정도면 되었어', '이 정도 삶이면 만족해'라고 청승 떨지 마라. 어차피 돈 없이 할 수 있는 사업을 할 것이 아닌가? 리스크가 없으니 당장 시작해라.

나는 현재 교도소에서 책을 쓰고 있다. 교도소에서 책을 쓰면 글이 잘 써질 것 같은가? 옆 사람의 떠드는 소리, TV 소리 등 집중이 안 돼서 도저히 책을 쓸 수 없다. 심지어 내가 교도소에서 책을 쓰고 있으면, 다들 대단하다고 생각하기라도 할 것 같은가? 다들 꼴값 떤다고 생각해 오히려 나를 괴롭히지 않으면 다행이다. 그래서 남들 다 잘 때 나는 잠도 자지 않고, 쥐 죽은 듯이 책을 쓰고 있다. 나도 이 지옥 같은 곳에서 다시 성공하려 아등바등 노력하고 있다. 당신은 현재 나보다 조건이 더 좋지 않은가? 당신은 얼마든지 성공할 수 있고, 부자도 될 수 있다. 나도 하고 있으니… 당신도 다시 하길 바란다.

죽어도 사업 체질이 아니라서
사업하지 않고 성공하는 법

:

사업은 그냥 긍정주의자도 아니고 초초초 긍정주의자여야 한다. 즉 낙천주의자만이 할 수 있다. 실패해도 허허 웃으며 오뚜기처럼 다시 일어나야 하고 모두 안 된다고 하는 일도 한번씩 웃어주며 해야 한다. 사람은 혈액형, MBTI(성격유형검사)가 다 다르듯 초초초 부정적인 사람, 안전한 것을 좋아하는 사람, 계획적인 것을 좋아하는 사람 등 사업이 나에게 맞지 않는 사람도 있다. 그럼, 사업 체질이 맞지 않는 유형의 사람들은 어떻게 성공해야 할까?

사업 체질이 맞지 않는 사람들은 종잣돈(시드머니)은 잘 모은다. 그래서 옛날에는 부동산으로 부자가 된 사람이 많았다.

아파트 살 때도 대출을 전액 받고 사도 내일이면 아파트값이 가파르게 올랐다.

그럼 또 대출받아서 아파트를 샀다. 그것도 아니면 우리나라는 고속으로 경제 성장 중이라 주식만 사놓고 묻어놔도 주식이 어마어마하게 올라 주식으로 부자 된 사람도 많았다. 그래서 월급 타면 다른 데 투자 안 하고 삼성전자 주식만 사는 사람도 많았다.

그러나 지금 시대는 어떤가? 노력만 하면 부자가 될 수 있는 세상인가? 사고 싶은 거, 먹고 싶은 거 다 참아가며 한 달에 100만 원씩 8년간 모아야 1억이 된다. 요즘 1억으로 서울에 있는 아파트 하나 장만할 수 있을까?

그러니 YOLO(인생은 한 번뿐 즐기자), 3포 세대(연애, 결혼, 출산 포기) 더 나아가 5포 세대, 7포 세대, 9포 세대, 10포 세대까지 있다고 한다.

주위에 주식이나 코인으로 부자 된 사람 봤는가? 나는 유튜브(가짜일지 모르겠지만)에서만 봤지 실제로 부자 되었다고 한 사람은 아직까지 본 적이 없다. 다들 '얼마 날렸다', '고점에서 물렸다'하는 사람만 수두룩하다.

열심히 산다고 투잡까지 해서 한 달에 200만 원씩 8년 동안 뼈 빠지게 2억을 모았다고 치자. 2억으로 사업을 안 한다면 그 돈으로 무엇을 할 수 있을까? 이상한 데 투자해서 다 안 날리면 다행이다. 그럼 어떻게 해야 지옥 같은 헬조선에서 성공할 수 있을까? 그것은 바로~(갑자기 복면가왕 김성주가 생각나네) 초초초 긍정적이며, 추진력도 있고, 그릇이 크며, 큰 꿈을 가진 비전 있는 사장을 만나서 사장의 눈에 들어 같이 부자가 되면 된다.

그런 사장을 어디서 만나냐고? 이미 높은 곳에 계셔서 그런 회사에 들어가도 만나기도 힘들다고? 당신이 어떤 걱정하는지 안다. 그래서 이제부터 내가 알려주겠다. 책 잘 산 줄 알아라.

사장이 직원을 채용할 때 직원을 사장이 선택하는 것 같지만 조금 더 넓게 보면 직원이 사장을 선택하는 것이다. 사장이 채용공고를 내지만 수많은 채용공고를 보고 직원이 마음에 드는 회사나 사장을 선택해 지원한다. 그렇게 채용이 되면 사장은 취업규칙 또는 노동법 때문에 직원이 마음에 들지 않더라도 쉽게 해고하지 못하지만, 직원은 회사나 사장이 마음에 들지 않으면 오늘 당장이라도 인수인게도 안 하고 그만두어도 문제가 되지 않는다. 그래서 당신이 여러 사장 밑에 일해보고 당신의 미래를 맡겨도 되는 사장 밑에서 일하면 된다.

감성주점으로 유명한 프랜차이즈 '1943'과 '인쌩맥주'에서 한 번쯤 가서 술 한 잔씩은 먹어본 적 있을 것이다. 1943과 인쌩맥주는 같은 회사이며 연 매출 수백 억 원 이상 달성하는 요식업 중에 잘나가는 회사 중의 하나이다. 이 회사엔 3명의 공동대표가 있다. 이 중의 2명은 아직도 20대이다. 창업주가 1943을 처음에 오픈할 당시 1명의 아르바이트생을 모집했는데 일을 잘하여 친구를 데려오라 해서 1명을 더 채용해 3명이서 시작하였다. 사장은 MZ 감성에 뒤처져 2명의 아르바이트생에게 인테리어 컨셉, 메뉴 등 MZ 감성으로 꾸미라고 했고 2명의 아르바이트생은 시급도 잊은 체 밤낮으로 인테리어 컨셉도 잡고 메뉴구성도 만들었다. 이에 감동한 사장은 비록 '내가 지금은 돈이 없어 가게 하나 간신히 차리지만, 이 가게가 잘되고 성공하면 잊지 않겠노라' 다짐하였을 것이다. 오픈하자마자 줄 서서 먹을 정도로 장사가 잘되었고 2호점, 3호점을 내고 초반에 힘들고 어려울 때 도와준 어린 아르바이트생들에게 점장도 맡기고 매출에 일부 인센티브로도 지급해줬다. 아르바이트생들은 점장을 맡고도 자만하지 않고, 근면·성실하고, 가맹점 늘리는 것에 크게 기여하여 중견기업으로 성장했다.

사장은 본인이 잘해서 회사가 커진 게 아니라 창업 당시 2명의 아르바이트생의 도움으로 여기까지 왔다고 생각하였다.

그래서 경영도 같이 하자며 각각 대표 자리도 주었다. 1943과 인쌩맥주는 아직도 아르바이트생들이 잘하면 신규매장의 점주로 승진시킨다.

한 횟집 사장도 23살밖에 안 된 앳된 미모의 여사장이다. 여기 횟집도 장사가 잘되어 손님이 줄을 선다. "어떻게 어린 나이에 규모가 큰 횟집의 사장이 될 수 있었냐"고 물었다. 부모님이 부자도 아니고 오히려 흙수저 집안에서 태어나 지금 횟집에서 아르바이트를 했는데. 사장님이 좋게 봐주셔서 저한테 "순수익에 50%를 줄 테니 한번 맡아 볼 생각 없냐"해서 사장이 되었다고 한다. 원래 사장은 "수완이 좋아 벌써 이런 횟집을 여러 개 운행 중이다"고 했다. 아무리 그래도 그렇지 아직 이렇게 젊은데 이런 큰 횟집을 아르바이트생에게 맡기다니… 사장님의 그릇도 어마하게 크다고 생각했다. 사장님의 예상은 적중했고, 어린 여사장도 사장이 되자 본인만의 스타일로 횟집을 꾸몄다고 한다.

회사가 잘되면 직원들이 고생하여 회사가 잘 되었다고 생각해 다 같이 잘되게 하는 사장이 있는 반면에 아르바이트생과 직원은 일회용일 뿐, 본인 잇속만 챙기려는 사장도 있다.

그럼 어떤 사장을 선택해야 비전도 있고 잘 돼도 모른 척하지 않는 사장일까?

당신이 사회 초년생일 수도 있으니 제대로 된 사장을 선택하는 방법을 알려 주겠다.

제대로 된 사장
선택하는 방법

⋮

첫째, 이미 성공한 회사의 사장 밑에서 일하지 마라

이미 성공한 사장은 벌써 눈물 젖은 빵을 같이 먹은 직원들이 많다. 그래서 당신이 입사하여도 사장을 볼 수도 없고, 일을 열심히 해서 회사에서 인정받는다 쳐도 그저 연봉 많이 받는 직원일 뿐이다. 연봉 많이 받는 삶이 어느 방면에서는 성공한 삶이지만 부자가 되긴 힘들다. 또한 이미 성공한 회사에 입사하기도 힘들다. 회사가 좋을수록 경쟁자도 많고 더 많은 스펙을 요구한다. 승진할 때도 항상 경쟁자와 싸워야 한다. 경쟁자가 많을수록 일만 잘해야 하는 것도 아니다. 오죽했으면 사내 정치질이라는 말도 있고, 직장 내 괴롭힘이라는 말도 있을까…. 당신이 열심히만 해서 평가받는 것은 오직 공부뿐이다. 공부를 열심히 하면 성적은 배신하지 않지만, 직장생활은 열심히만 해서 되는 게 아니다. 내가 직업군인을 안 하고 전역한 이유도 여기에 있다.

나는 군대에서 자주포 정비를 할 때, 누구보다 열심히 정비교범도 보고 정비도 열심히 하여 내 기준으로 내가 누구보다 정비를 잘하였다. 지금도 그렇지만 내 성격은 몇 번 지켜보고 아니다 싶으면 그 사람이 좋은 행동을 해도 끝까지 아닌 성격이다. '사람은 고쳐 쓰는 게 아니다'라고 어릴 때부터 뼛속 깊이 느꼈나 보다 아무튼 선임 중에 말로만 군 생활을 하는 선임이 있었는데, 나는 그 선임을 좋게 보지 않아 그 선임이 부르는 모임이나 회식 자리는 참석 안 했다. 가봤자 좋은 꼴을 못 볼 것이기 때문이다. 또 그 선임은 본인보다 상관한테는 엄청 깍듯이 했다. 그러니 상관들은 그 선임을 좋아할 수밖에 없었고, 어느 날 그 선임이랑 다툰 적이 있었는데 누가 봐도 그 선임이 잘못한 것이다. 그런데 시간이 갈수록 내가 잘못한 게 돼 있었고, 상관들이 평가하기에 그 선임이 나보다 일도 잘한다고 평가하는 것이다. 지금은 이런 부조리가 많이 없어졌다. 하지만 어디를 가나 사람 셋 이상 모이면 정치질이 있기 마련이다.

둘째, 가족이 직원인 회사의 사장 밑에서 일하지 마라

가족이 구성원인 회사는 심심하지 않게 볼 수 있다. 당신도 사장이 된다면 직원을 채용할 때 모르는 사람은 믿지 못하기 때문에 가족을 채용하려 할 것이다. 회계업무는 사장 부인인 사모님, 부사장님은 사장 친동생인 경우가 있다.

가족이 아닌 사람은 믿지 못하기 때문에 요직은 주로 가족들이 꿰차고 있다. 아무리 개처럼 일해도 사장은 가족이 아닌 당신을 믿지 못해 요직을 맡기질 않을 것이다. 입장 바꿔 생각해 봐라. 돈 관리를 맡거야 하는데 당신이라면 생판 모르는 사람에게 맡길 것인가? 가족에게 맡길 것인가?

또한, 가족이 구성원인 회사는 발전하기 힘들다. 공과 사를 구별하기 힘들기 때문이다. 집에서도 편한 가족은 회사에서도 편한 법이다. 가족 구성원 회사치고 남들보다 일찍 와서 일하는 사람을 못 봤다. 지각이나 안 하면 다행이다. 그러다 보니 사생활이 먼저고 회사 일은 뒷전인 경우가 많다. 일하다가 친구 및 지인들에게 온 카톡, 문자를 먼저 보내야 하고, 맨날 어디가 그리 아픈지 병원에 자주 간다. 더 웃긴 것은 본인이 일을 엄청나게 잘하는 줄 안다. 사장은 어려울 때 도와준 가족들이 고맙고, 괜히 안 좋은 소리를 하면 가족 싸움으로 번질까 봐 크게 뭐라 하지도 못한다. 사장이 가져가는 돈은 귀신같이 알아서 월급 올려 달라고 떼쓰기까지 한다. 또 일 잘하는 직원을 경계한다.

나도 회사 창업할 때 회사가 잘 될지 안 될지 확신할 수도 없고 밤새워서 일할 사람이 필요해 집에서 놀고 있는 친척 동생을 일 시킨 적 있다. 일은 못 했지만 고양이 손도 모자라서 어쩔 수 없이 같이 일했다. 회사가 잘 되자, 친척 동생은 개국공신이 된 것처럼 으스댔고 일은 갈수록 못하고 성실하지도 않았다. 나도 가족이라 말도 제대로 못 했다. 때마침 지각도 많이 하고 회사에 손해를 끼쳐 단박에 해고했다. 그날부터 가족이면 일반인보다 더 깐깐이 보고 채용한다.

셋째, 비전 없는 회사의 사장 밑에서 일하지 마라

장사나 사업하는 사장 중에 하루 먹고 하루 사는 사장도 생각보다 많다. 대표적인 게 편의점이다. 물론 장사를 잘해 몇 호점씩 운영하시는 사장님들도 계시지만 요즘 편의점이 우후죽순 많이 생겨 인건비도 버거운 편의점이 대부분이다. 어릴 적 우리 집 앞 편의점 사장님이 있었는데 야간은 항상 사장님이 근무하고 주간엔 부모님이 돌아가며 근무하셨다. 주말, 주간 근무만 아르바이트생을 고용해 근무시킨다. 10년 후 언제 한번 그쪽 갈 일이 생겨 편의점에 음료를 사러 방문했었다. 저녁 시간이라 아직도 10년 전 사장님이 계셨고, 반가운 마음에 인사하고 요즘 장사는 어떠시냐 물어봤는데 "최근에 저 앞에도 편의점이 생겼다면서 매출은 점점 떨어지고 인건비는 계속 올라 사는 게 너무 힘들다 했다. 평일 주간에 아직도 연로하신 부모님이 교대로 편의점에서 일을 하고 있으며, 지금 우리 형편에 아르바이트생을 더 늘리는 것은 무리이고, 월급도 제대로 못 주고, 효도 한번 제대로 못 해 드린 부모님께 너무 죄송하게 생각하고 있다"고 했다. 편의점 특성상 24시간 영업을 해야 해서 아르바이트생이 항상 필요하다.

집 앞이라고, 시급이 높다고, 편하다고, 사장님 성격이 좋다고, 당신에게 맞는 아르바이트보다 당신을 부자로 만들어 줄 수 있는 사람 밑에서 일해라.

넷째, 오래된 회사이지만 비전이 없는 사장 밑에서 일하지 마라

사람마다 유형이 다르듯 사장마다 성공의 기준이 다 다르다. 더 발전할 수 있는데 지금에 만족하고 회사도 잘 나오지 않고, 여행을 자주 가고 놀기좋아하는 사장이 있다. '죽어서 돈을 가져갈 것도 아닌데 젊을 때 놀아야지, 다 늙어서 놀면 뭐하냐' 하고 인생을 즐긴다. 어떻게 보면 맞는 말 같기도 하다.

본인 인생인데 뭐라 하고 싶지는 않다. 본인 삶도 중요하므로… 하지만, 당신 입장에서는 중요하다. 저런 사장 밑에서 일하면 몸은 편하겠지만, 월급도 직급도 오르기 힘들고, '젊음은 다시 오지 않는다. 인생을 즐겨'라고 말하는 사장 말에 동화되기 쉽다. 누구를 위해 돈을 버는가? 돈 많이 벌어서 부귀영화 누릴 것도 아닌데… 젊음은 다시 오지 않는데… 생각하며, 성공하기를 포기할 수도 있다. 나도 궁금하다. 당신은 왜? 성공해서 부자 되려 하는가?(당신은 왜? 성공하고 부자가 되고 싶은가? 297p 참조) 부자가 되고 싶은 뚜렷한 목표가 없다면 포기하거나 돈을 조금 벌면 여태껏 못 해 봤던 것이 많아 놀러 다니거나 사고 싶은 것을 사러 다닐 것이다. 회사의 발전은 뒷전이고 놀러만 다니는 사장한테는 배울 것도 없을뿐더러 오히려 부자가 되고 싶은 당신의 마음을 흔들어 놓는다.

다섯째, 정당한 방법이 아닌 불법을 좋아하는 사장 밑에서 일하지 마라

사람들은 요행을 부리거나, 편법을 했을 때 잔머리가 좋다고 한다. 잔머리가 좋다는 말은 좋은 말일까? 안 좋은 말일까? 너무 잔머리만 굴리면 너무 잔머리만 굴린다며 욕을 먹고, 어쩌다 한번 잔머리를 굴려야 잔머리가 좋다며 칭찬한다. 장사나 사업도 마찬가지다 너무 잔머리(요행, 편법 등)만 굴려 돈을 쉽게 벌려는 사장들이 있다.

잔머리는 한번은 통할 수도 있어도 두 번은 통하지 않는다. 일을 열심히 하여 1등을 하기보다 경쟁자를 없애야 1등을 한다는 생각을 가진 사장들은 본인이 열심히 할 생각은 안 하고 남 탓만 한다. '저놈만 없으면 된다'는 식이다. 내가 온라인 쇼핑몰 하기 전에 온라인 쇼핑몰 하는 사장 밑에서 잠시 일한 적이 있다. 사장이 일도 잘 안 하면서 욕심만 많고 어떡하든 경쟁사 없애려고만 하여, 이 사장이랑 있다간 나도 문제가 될 수 있을 것 같아 그만두고 독립하였다. 독립한 후 우리 회사 매출이 전 사장보다 매출이 높아지자 전 사장은 우리 거래처와 고객들에게 내가 전 회사 퇴사 전에 노하우를 다 가져가고, 고객도 다 빼돌리고, 전형적인 사기꾼이라고 문자나 메일을 보냈다. 거래처와 고객들의 항의 전화가 빗발쳐 한동안 고생한 적이 있었다. 시간이 지나자, 우리 회사 제품이 훨씬 좋은 것을 알아본 고객들은 다시 우리 제품을 구매해 줬고, 오히려 고객들이 우리 제품이 좋으니 전 사장이 배가 아파서 나를 음해한 거라는 여론이 형성되었다. 나도 명예훼손으로 고소했지만 울면서 빌길래 용서해주고 고소는 취하했다.

시간이 지나면 요행은 티가 난다. 절대 열심히 노력한 자를 이길 수 없다. 요행은 요행일 뿐이다.

본인 사업보다 어떻게든 정부 지원금 및 정부 보조금을 받으려는 사장도 있다. 사업의 초점이 정부 지원금 및 정부 보조금 받는 것에 맞춰져 있어, 사업이 잘될 수가 없다. 정부 지원금 및 정부 보조금의 목적이 무엇인가? 사업을 잘되게 하려고 지원해주는 제도 아닌가? 정부 지원을 받는다 한들 잿밥에 관심만 많은 사업인데 그다음 스텝은 무엇을 할 수 있겠는가? 정부 지원받는 법은 배울 수는 있겠지만 당신의 비전은 없다. 세금을 어떡하든 안 내려는 사장도 있다. 사돈에 팔촌까지 동원하여 허위 직원등록 후 비용처리를 한다. 절세도 중요하지만 엄연한 불법이다. 이런 사장은 쪼잔하거나 짠돌이일 경우가 많다. 당신이 일을 잘한다고 하여도 사장은 본인 것을 나눠 줄 생각은 절대 없다. 또한 자칫 잘못하다 세금탈루로 엮일 수도 있다.

합법보다는 불법이 돈을 많이 번다고 생각하는 사장도 있다. 열심히 일하며 남들보다 노력하는 것은 생각보다 쉽지 않다. 그래서 불법을 하여 돈을 벌고 싶어 하는 사장들도 적지 않다.

당신이 사회 초년생이라면 법을 잘 모를 수 있다. 또 아무리 사회 경험이 많아도 모든 법을 알기란 쉽지 않다. 당신이 힘들게 면접 보고 들어간 회사가 불법으로 하는 회사인데 당신이 불법으로 하는 회사인지 합법인지 모를 수 있다.

내가 교도소에서 지내면서 정말 놀란 게 있다. 보이스피싱으로 엮여 들어오는 하범들은 하나 같이 억울하다 한다. 보이스피싱인지 모르고 한 일이라 다들 눈물을 흘린다. 왜냐하면 사회에서 정말 없어져야 할 보이스피싱은 서민들을 두 번 죽이는 범죄라 하범임에도 평균 징역 2년을 받는다. 보이스피싱 하범들이 하는 이야기는 알바몬이나 알바천국에서 지원공고를 보거나 지원하라고 메일 와서 일반 회사인지 알고 지원했다는 것이다. 어떤 곳은 필기시험이나 면접까지 보는 곳도 있다 한다. 회계 부서에서 일하면서 회삿돈을 옮기라 해서 옮겼는데 그게 보이스피싱에 사용된 돈이란다. 본인도 모르게 보이스피싱 인출책이 된 거다. 사회 초년생이 뭘 알겠나 싶다. 그리고 보이스피싱 회사는 꼬리를 자르려 갓 입사한 사람을 한두 번 이용하고 보이스피싱 인출책으로 신고한다. 나도 처음엔 안 믿었다. 근데 하나같이 모두 같은 말을 하니 믿을 수밖에 없었다. 그렇게 교도소로 들어온 사람이 셀 수 없이 많다.

불법으로 하는 곳은 가지도 말고 쳐다보지도 말라. 교도소 오면 인생 나락 중의 나락에 빠진다.

같이 일하지 말아야 할 다섯 유형의 사장을 알아보았다.
그럼 어떤 사장과 함께 일해야 성공도 하고 부자가 될까?

당신을
성공으로 이끌어 줄 사장

:

당신을 성공으로 이끌어 줄 사장은 누가 봐도 딱 나인데… 아직 교
도소에 있어서 안타깝다. 대신 당신을 성공하게 이끌어 줄 사장은 어
떤 사장인지 자세히 말해주겠다.

첫째, 창업한 지 얼마 되지 않은 회사의 사장을 선택해라

회사가 창업한 지 얼마 안 된 회사는 인재가 귀하지만 좋은 인재는
큰 기업이나 안정적인 기업을 원한다. 누가 언제 망할지 모르는 창업
한 지 얼마 안 된 회사에 가겠는가? 그럼에도 불구하고 당신이 간다면
사장은 너무 고마워서 회사가 커지면 당신을 잊지 않을 것이다.

또 창업한 지 얼마 되지 않는 회사에 취업하면 당신의 잠재력을
120% 발휘할 수도 있다. 창업한 지 얼마 되지 않은 회사이기에 당신
의 아이디어를 사장이 많이 물어보고 때론 의지도 많이 할 것이다. 그
렇기에 일 외적으로 공부도 하고, 주도적이고, 자동적인 사람이 될 수

밖에 없다. 그럼, 사장의 기대에 부응하기 위해 당신도 모르는 사이에 잠재력이 발휘된다. 잠재력은 곧 능력으로 바뀔 것이다.

큰 기업이나 하다못해 프랜차이즈에서 아르바이트 일이라도 해보면 알 것이다. 일하다 보면 '아니 왜 일을 어렵게 하지?' 뭔가 해보려고 하면 "온 지 얼마 되지도 않은 놈이 뭘 안다고 시키면 시키는 대로 해" 그러면 당신은 욕먹지 않으려 시키는 대로 하는 수동적인 사람이 될 수밖에 없다. 수동적인 사람이 되면 '이게 맞는 건가? 이렇게 하면 욕먹는 거 아냐? 어떻게 해야 하지?'… 등 어리바리하고 어벙한 사람이 된다.

카카오에서 카카오톡을 처음 출시하고 얼마 후 카카오톡 공지사항에 인재를 모집한다고 올라왔다(내 기억으로 학벌, 경력은 안 봤던 것 같다). 사람들은 다들 콧방귀를 꼈다. '무슨 인재를 채팅앱 공지사항에서 모집하냐'고 아무도 안 가는 별 볼 일 없는 회사라 생각했다. 그때 지원한 사람들이 아직도 근무한다면 임원이 다 되어 있지 않았을까…. 용의 꼬리보단 뱀의 머리가 되라고 했다. 혹시 아는가? 뱀인 줄 알았던 회사가 엄청나게 커져 용이 될지.

둘째, 직원에게 고마워하는 사장을 선택해라

일반적인 사장들은 직원들을 월급루팡이라 생각한다. 일도 못 하면서 월급날은 귀신같이 알고 받아 가며 회사 걱정보다 점심시간에 뭐 먹을지 걱정하는 직원들을 볼 때면 화가 치밀어 오른다.

하지만 실제 직원들은 일도 잘하고 점심시간에 뭐 먹을지 걱정하는 게 아니라 업무 걱정 중인데도 저렇게 오해하는 사장들을 말하는 것이다. 직원을 고마워하는 사장 중에 장사가 잘되거나 매출이 오르면 직원들 때문에 매출이 올라서 우리 회사 복덩이라며 칭찬을 아끼지 않는다. 직원을 고마워하는 사장은 그릇이 보통 큰 게 아니다 입장을 바꿔 봐라. 당신이 힘들게 창업한 회사고, 어찌 보면 당신이 거의 다해서 매출이 높아진 것을 당신의 돈으로 월급 주는 직원에게 공 돌리기는 쉽지 않다 그릇이 큰 사장은 포부도 크다. 반드시 성공할 것이다. 나도 직원 중에 지각을 자주 하는 직원이 있었다. 일찍 오라 해도 안 고쳐진다고 그의 상사가 나한테 보고한 적이 있었다. 알고 보니 지각이 잦은 직원은 일을 엄청나게 잘했다. 엑셀, 포토샵, 타자도 엄청나게 빨라 남들보다 2배는 일 처리가 빨랐다. 그래서인지 본인이 좀 늦는다 해도 남들보다 일을 빨리 끝내니 은연중에 좀 늦어도 문제없겠지, 하고 생각했나 보다. 그래서 한번은 그 직원이 늦게 오길래 나는 손뼉을 크게 치며 "회장님이 입장하고 계십니다. 앞으로도 잘 부탁드린다"며 내가 그 직원에게 90도로 인사했다. 내 모습에 다른 직원들과 지각한 직원 모두 웃었다. 그리고 그 직원은 두 번 다시 늦지 않았다(사실 나는 직원이 잘못했을 때 위의 사례처럼 칭찬으로 잘 갈군다ㅋㅋㅋ).

셋째, 꿈이 말도 안 되게 큰 사장을 선택해라

사장은 갖은 시련이 와도 포기하지 않고 꿈이 커야 한다. 직원들에게도 입버릇처럼 말한다. '비록, 지금은 작고 보잘것없는 회사지만 내가 꼭 대기업으로 만들 거야… 그땐 너희 안 잊을게' 물론 말뿐인 사장도 있지만 사장의 행동을 보면 안다. 매일 일에 묻혀 살고 집에는 안 들어갔는지 옷은 매일 똑같고 주말도 없이 일한다. 꿈이 크기에 지금의 회사에 만족하지 않기 때문이다.

하지만 사장의 꿈이 너무 크기에 사장의 말을 다들 안 믿고 허풍이라 생각하는 경우도 많다. 나도 사업을 시작할 때 먼저 직원들에게 큰소리부터 친다. 그래야 그 말을 지키기를 위해서라도 더 노력하게 된다. 여기서 꼭 알아 둘 점이 있다. 이런 사장의 유형은 목표는 대기업으로 같으나 과정과 계획이 수시로 바뀐다. 갑자기 화장품 사업을 한다던가, 한 번도 안 해본 앱을 만든다거나, 이랬다저랬다 한다. 사장은 대기업을 만든다 했지, 어떤 대기업을 만든다고 하지 않았다. 한 우물만 파서 부자가 되기 힘들다. 시대와 트렌드는 항상 변한다.

그때마다 대처를 잘하고 기회를 잡느라 그런 것일 뿐 오해하면 안 된다. 사업의 방향성이 이랬다가 저랬다가 수시로 바뀌어서 당신은 사장을 믿지 못하겠다며 다른 사장을 찾는다면 인생 일대에 큰 기회를 놓친 것이다. 변화하는 시대와 트렌드를 읽고 계속 해왔던 일도 과감히 바꿀 수 있는 사장이야말로 당신에게 성공을 안겨 줄 것이다.

지금까지 당신에게 성공을 이끌어 줄 사장을 알아보았다. 여기서 짚고 넘어갈 게 있다. 당신의 성공을 이끌어 줄 사장을 찾아 같이 일한다 해도 사장이 당신을 마음에 들지 않아 하면 말짱 도루묵이다.

당신이 일을 열심히만 하면 과연 사장은 당신을 좋아할까? 남의 밑에서 일할 때 항상 일 잘한다고 칭찬받았는가? 열심히 한다고 했는데 사장에게 일 못한다는 소리를 들어 본 적 없는가? 나는 어릴 때 홀서빙 아르바이트를 한 적이 있었다. 나는 내 나름대로 열심히 일했는데 손이 느리다 욕먹고, 대충한다고 욕먹고, 청소 못 한다고 욕먹고, 일머리 없다 욕먹었다. 그나마 성실하고 열심히 했기에 잘리지는 않았다. 내가 아무리 열심히 해도 사장이 중점적으로 보는 시점이 나와 달랐다. 사장은 홀서빙할 때 속도를 중점으로 봤다.

나는 워낙에 손이 느렸으므로 이미 눈 밖에 나서 아무리 다른 것을 열심히 해도 다 미워 보였을 것이다.

이렇듯 당신이 최종 선택한 사장이 중점적으로 보는 것을 잡아 사장의 눈에 들어야 회사가 성공할 때 당신도 성공할 수 있다.

당신이 선택한 사장이
당신을 선택하게 만드는 법

:

첫째, 긍정적인 사람이 되어라

창업한 지 얼마 되지 않은 사장은 겉으로 긍정적이지만 사실 사장도 속으로 매우 불안하다. 그렇기에 자주 "할 수 있다", "될 수 있다"고 외친다. 그럴 때마다 당신은 더 큰소리로 "할 수 있습니다", "될 수 있습니다", "저는 사장님을 믿습니다"고 외쳐라. 용기를 북돋아 주는 당신의 믿음에 감동을 받을 것이다. 그러다 성공하면 분명 사장은 '당신 덕에 성공할 수 있었다'며 잊지 않을 것이다. 창업을 이제 시작한 회사들은 초기에 불안 요소들이 많다. 그래서 짜증도 많이 날 때도 있고, 갑자기 야근할 때도 있다. 그럴 때마다 긍정적인 말만 해라. "사장님 덕분에 많이 배운다", "일이 재미있다", "사장님과 평생 일했으면 좋겠다"고 해라. 그럼 사장은 생각한다. '지금은 회사가 작아 월급도 적게 주고 일도 많이 시키지만 성공하면 당신을 임원 자리에 앉히겠노라'고…. 또 긍정적인 사람으로 보이려면 인사를 크게 하는 것이 제일 좋다. 나도 창업 초기에 3명의 직원과 같이 일을 했었다. 이제 막 생긴 회사이고 연봉도 작아 좋은 스펙의 인재가 지원하지 않았다.

우여곡절 끝에 3명을 채용했는데 그중 1명은 학교 후배였고, 2명은 공개 채용했다. 다행히 회사가 잘되어 일이 많았다. 일이 많아지자, 학교 후배가 제일 불만이 많았다. 어느새 대가리가 커져서 내가 경영하는 방식이 마음에 들지 않는다며 상당히 부정적이었다(이래서 지인을 채용할 때 주의해야 한다. 무슨 사장이랑 동급인지 안다). 나도 평소에 부정적인 말만 하는 학교 후배가 싫어졌다. 학교 다닐 때는 내가 한참 선배라 말을 잘 들어서 같이 일해보자고 데리고 왔더니… 대가리가 굵어지자 변할 줄은 몰랐다. 그 후배가 나랑 대판 싸우더니 인수인계도 하지 않고 그만두었다. 신입 2명 중 1명도 분위기에 휩싸여 덩달아 그만두었다. 당장 내일까지 해줘야 할 일이 산더미였다. 남은 신입직원 1명에게 미안하지만, 오늘은 밤을 새야 될 것 같다고 미안한 얼굴로 말했다. 그 남은 신입직원 1명은 웃으며 괜찮다며 다 할 수 있다고 너무 걱정말라고 하는데 얼마나 고맙던지 눈물이 핑 돌았다. 나이는 어렸지만 회사가 잘되고 임원 대우를 해주었다. 내가 갑자기 재판에 휘말려 회사가 망해 그 직원과 연락이 끊겼다. 내 마음이 전달될지 모르겠지만 이 책을 빌어 다시 한번 고맙고 감사하다 말하고 싶다.

"회사가 힘들 때 든든하게 옆에 있어 줘서 고마웠다. 경아야."

옛 추억이 떠올라 잠시 울컥한다. 흑흑….

둘째, 자동적인 사람이 되어라

창업 초기의 회사는 체계도 없고, 점심시간, 퇴근 시간 등도 정해지지 않았다. 그리고 사장은 맨날 혼자 바쁘다. 입사한 지 얼마 안 된 당신에게 사장이 일을 알려주고 시키면서 할 시간도 없다. 대충 아무거나 시키고 한가할 때(언제가 될지 모르겠지만)마다 일을 알려 줄 것이다.

입사한 지 얼마 되지 않은 당신은 난감할 것이다. 시킨 일을 다하면 의자에 앉아 있기만 할 뿐 제대로 된 일도 알려주지도 않아 가시방석일 것이다. 그때 당신이 할 수 있는 일을 찾아서 해야 한다. 일에 대해 아직 아무것도 모른다면 분리 수거통부터 만들어라. 창업 초기의 회사 대부분 분리수거할 정신이 없어 100리터짜리 봉투에 커피 용기, 이면지 등 한 번에 버릴 것이다. 다이소 같은 데서 분리 수거통을 사서 사장이나 직원들이 깔끔하게 쓰레기를 분리수거하고 버릴 수 있게 해라. 사장은 쓰레기를 하루에도 몇 번씩 버려, 당신이 한 행동을 단박에 알 수 있을 것이다. 그리고 사무실도 정리가 되어 있지 않을 것이다. 여기서 중요한 것은 눈치 보지 말고 주도적으로 정리하는 것이 좋다(창업 초기의 회사라 체계가 하나도 잡혀 있지 않았을 것이다. 체계를 하나씩 잡아나가라). 정리하다 보면 정리해야 할 것 하지 말아야 할 것도 사장이나 상사가 알려줄 것이다.

사장이나 상사 말에 맞춰 정리하면 된다. 일이 좀 적응되면 회사 업무도 체계를 잡는 게 좋다. 문서 정리, 양식 보완 등 사장은 앞만 보며 잘나갈 수 있게 보조해 줘야 한다. 체계 잡는 일은 일과 외적인 시간에 해야 더욱 인정받을 수 있다. 그리고 한 번씩 사장에게 아이디어 제안도 하고, 일도 한번 진행해 보고 검토도 해달라 해라. 분명 일 잘하는 사람이라고 각인이 될 것이다. (갑자기 어머니께서 면회를 오셔서 책 쓰는 것을 잠시 멈추고 면회를 다녀왔다. 내가 없어 그나마 있던 회사도 망해간다고 한다. 또 하루가 다르게 안색이 안 좋아지시는 어머니께서 "안에서 많이 힘드냐"며, "고생이 많다"며 눈시울이 붉어지신다. 내 심장에 또 가시가 박힌다. 이번에 박힌 가시는 좀 큰 모양이다. 아프다. 실패야, 더 큰 가시로 찔러 봐라. 나는 절대 죽지 않는다. 실패라는 자식이 찌른 가시만큼 나는 더 크게 성공하리라…. 당신도 절대 포기하지 말아라. 나는 이런 악조건 속에서도 성공하리라. 나를 보며 힘을 내라. 성공해 보면 실패는 술 한 잔짜리 안줏거리에 지나지 않는다.)

셋째, 당신의 시간을 성공에 투자해라

회사가 아무리 바빠도 사장은 당신을 퇴근시켜 줄 것이다. 회사는 사장의 것이고, 당신은 월급받는 직원이기 때문이다. 그때 사장에게 말해라 "저는 이 회사가 정말 좋고, 잘 되었으면 좋겠습니다. 회사가 잘 돼야 저도 있습니다. 추가 근무 수당이니 야근 수당이니 그런 거 생각하지 마십시오. 저도 사장님이랑 같이 회사가 잘 될 수 있게 끝까지 일하고 싶습니다. 제가 못 받은 수당은 회사가 잘 되고 받아도 늦지 않습니다" 사장 눈에 들려면 당연한 거 아니냐고? 글쎄… 나도 실패하고 성공한 사업이 한두 개가 아니라 직원들을 많이 채용해 봤는데 회사가 바쁠 때 자발적으로 야근하는 사람을 거의 못 봤다. 다 타의에 의해서 "오늘은 바쁘니 야근입니다"라고 해서 한숨을 쉬며 야근

했으면 했지…. 물론 처음 입사하면 누구나 열심히 일한다. 하지만 초심은 잃어버리는 순간은 그리 길지 않다. 그리고 주말엔 사장이 항상 출근해 있을 것이다. 혹여 출근하지 않더라도 당신이 출근해 일하고 간다면 분명 눈치챌 것이다. 사장과 성공하려면, 주말도 반납할 각오를 해라. 주말까지 반납할 필요 있냐고? 당신은 사업을 하기 싫어 성공할 사장을 선택해 성공하려는 것이다. 당신이 사업을 직접 하는 사장이라면 주말이 어디 있을까? 회사에서 잠자며 일해야 한다. 직원이 회사를 위해 시간을 투자하기란 쉽지 않다. 퇴근 후에 자신의 생활이 있고, 회사에서 일을 많이 하면 이상하게 힘들고 피곤하다. 술 먹고 놀 땐 24시간도 모자라는데 말이다. 그 이유는 주인의식이 없어서이다. 회사는 은연중 내 것도 아니고 월급받는 만큼만 일한다는 마인드가 생긴다. 근데 그것은 어쩔 수 없다. 실제로도 내 회사가 아니지 않는가? 남들은 월급받는 만큼만 일할 것이다. 오히려 기회이다. 생각해봐라, 회사에 시간을 투자하는 경쟁자가 없어 사장의 눈에 더욱 잘 띌 것이다. 당신의 시간을 회사에 투자해도 하나도 아깝지 않은 키포인트는 당신에게 성공을 가져다줄 내 회사라고 생각해라. 실제로 회사가 잘되면 사장이 공로를 인정해 지분도 줄 수도 있다. 원래 성공하는 것은 힘이 든다.

그러니 힘든 것은 성공하는 길이라 생각하면 편하다.

넷째, 사장의 의중을 파악해라

창업 초기의 회사는 업무시간이 들쭉날쭉이라 사장과 같이 보내는 시간이 많다. 그래서 저녁도 먹고 야식도 먹는다. 그리고 술도 한 잔씩 한다. 그때 사장에게 물어봐라. 어떤 직원의 상을 좋아하냐고 사장마다 성향과 유형이 다르듯 직원에게 바라는 점이 다르다. 그러니 사장의 의중을 정확히 파악한다. 성실하고 열심히만 해서는 안 된다. 사장의 바로 옆자리에서 같이 성공하는 것이 당신의 목표이다. 죽 쒀서 개 줄 수는 없다. 그러니 사장이 원하는 직원상의 표본이 되어야 한다. 그렇기 때문에 사장에게 직접 물어보는 게 최고다. 아부라 생각해도 좋다. 하지만 사장은 절대 아부라고 생각하지 않는다. 오히려 당신에게 호감을 느낄 것이다. 그러나 이미 성공한 회사의 사장에게 그런 말을 한다면 아부로 들릴 수도 있을 것이다(나는 그래도 기특하던데…). 지금은 회사 초기이고 회사가 너무 바빠 다들 불만이 쌓여 있는 시기이다(직원들의 불만에 감정에 휩쓸려 동병상련의 아픔을 느끼며, 같이 동화되는 우를 범하지 말아라. 오히려 당신이 사장에게 더 다가갈 기회라 생각해라). 너무 걱정하지 말아라, 망설이고 후회할 바에 저지르고 후회하는 쪽이 더 좋지 않은가? 사장이 바라는 직원의 상을 말해주면 포커스를 거기에 맞추면 돼서 당신도 훨씬 편할 것이다. 그리고 술자리 및 당신과 사장이 단둘이 있을 때, 사장이 당신에게 조언할 상황이 올 것이다. 잘 경청하고, 사장님과 끝까지 가고 싶다고 진지하게 말해라. 사장도 당신이 말을 해야 안다.

사람의 첫인상은 매우 중요하다(나는 첫인상에 절대 속지 않지만… 첫인 상까지 안 좋으면 아웃이다). 첫 단추를 채우는 것이기 때문에 첫인상부 터 사장의 눈에 들어야 한다. 머리가 좋거나 일을 잘해야 한다는 부담 을 갖지 말아라. 사람마다 할 수 있는 일이 정해져 있다. 머리가 좋고 일을 잘하면 경영 관련된 일을 하면 되고, 머리가 좋지 않고 일을 잘못 한다면, 신의가 있고 믿을 수 있는 사람이 되면 된다. 결국엔 사장은 머리 좋은 사람보다 신의 있는 사람을 더 좋아하고, 요직에 앉힌다. 그 러나 너무 일을 못 해서도 안 된다. 옛말에 "능력이 있고 신의가 없으 면 리더형이고, 능력도 있고 신의가 있으면 참모형이고, 능력도 없고 신의도 없으면 쓸모가 없다."고 하였다. 능력은 뛰어나도 신의가 없는 자는 독립하여 새로운 회사를 창업해 사장이 될 것이다. 사장들도 다 안다. 신의가 있는지, 없는지 말이다. 당신이 사장에게 신의를 보여 준 다면 당신을 최측근으로 둘 것이다. 비서실장(실세 또는 이인자), 돈 관 리, 인사관리 등 당신에게 맞는 방향으로 가면 된다.

부자는 몇 살에
되는 게 좋을까?

:

내가 생각한 부자가 되는 좋은 시기는 빠르면 40대이고, 제일 좋은 시기는 50대이다. 돈은 하루라도 빠르게 가지고 부자 되는 게 좋은 것이 아니냐고 생각하지만, 부모님이 부자가 아닌 한 젊을수록 돈을 많이 가지고 있으면 그보다 해로운 것이 없다. 당신 집이 원래부터 부자가 아니었다면 어릴 적 친구들은 가정 형편들이 모두 고만고만할 것이다. 그리고 40~50대가 되면 고만고만한 친구들도 잘사는 놈, 못사는 놈으로 정해질 것이다. 회사를 어릴 때부터 대기업에 취직하여 아직까지 다니는 친구들은 은행에 대출이 있어도 아파트가 2~3채는 될 것이며 장사하는 친구들은 부자까지는 아니지만 어느 정도 잘 사는 친구도 있을 것이며, 매번 실패를 거듭하여 빚덩이에 시달리는 친구도 있고, 자기 앞가림도 못하는 한량인 친구도 있을 것이다. 그래도 40~50대 친구들은 살아온 세월이 있어 자기 분수들도 알고 허황한 꿈도 꾸지 않을 것이다. 이럴 때 당신이 부자가 된다면 친구들도 당신을 배 아파하지 않고, 자랑스러워할 것이다. 그리고 당신은 겸손하지 않으면 반드시 망한다는 것을 알기에 허세도 부리지 않을 것이다. 그러나 당신이 20~30대에 돈이 많아지면 부모님 빼고, 주변 사람 모두 배 아파할 것이다. 당신은 인정해주지 않는 주변 사람들에게 '주제도 모르고, 능력도 없는 것들이 부러우니 시기 질투하네'라며 더 배 아파죽으라며 더욱 허세를 부릴 것이다. 당신은 힘들게 노력하여 돈을 벌었는데 불법으로 벌었다는 둥, 실력이 아니라 운이 좋았다는 둥 인정해주지 않아 당신은 더 삐뚤어질 것이다. 그리고 주변에서 가만히 두질 않고, 당신도 깨달음이 부족해 어떻게 대응할지 몰라 휘말릴 것이다. 내가 든 예는 망하는 수많은 예 중의 하나이다. 내가 말하고 싶은 요지는 20~30대에 많은 돈을 벌면 반드시 망한다는 것이다.

주변에서 가만히 두질 않고, 당신도 깨달음이 부족해 어떻게 대응할지 몰라 휘말릴 것이다. 당신이 지금 나이가 많은 것 같은데 이뤄놓은 것이 하나도 없다고 자책하지 말아라. 월급쟁이들은 평생 저축해야 집 한 채 살까 말까이다. 실패해서 빚 많다고 자책하지 말아라. 실패라는 경험은 돈 주고도 못 산다는 말이 있다. 그만큼 실패라는 경험은 당신의 돈주머니를 듬뿍 채워줄 당신의 책사이며, 장군이며, 군사들이다. 성공하면 돈은 물밀듯이 들어온다. 그러니 나이가 많다고 빚이 많다고 자책하지 말아라 아직 안 늦었다. 포기만 하지 말아라. 실패를 많이 해도 성공은 단 한 번만 하면 된다(성공해도 망하지 않으려면 잘 지키는 것이 중요하다. 잘 지키면 부자가 된다). 주위에서 "이제 그만해", "할 만큼 했어", "이제 당신이 힘들어하는 것을 볼 수가 없어"라고 하는 놈들은 성공을 안 해본 놈들이다. 그런 놈들의 조언은 조언이 아니다. 정… 조언을 듣고 싶거든 성공한 자나 부자에게 들어라. 그들은 모두 "나약해지지 말고 정신 차리고, 포기하지 말고, 다시 시작해라"고 할 것이다. 그러니 조급해하지 말고 성공할 때까지 포기하지 말길 바란다.

당신은 왜?
성공하고 부자가 되고 싶은가?

:

성공해서 부자가 된다는 것은 수천 억대 자산가가 된다는 것이다.

돈을 다 써보지도 못하고 죽고, 아까운 젊은 시절이나 어쩌면 당신의 인생을 다 바쳐야 할지도 모르는 건데 왜? 성공하고 부자가 되고 싶은가? 막연하게 부자 되면 좋을 것 같아서? 돈이 많으면 남들이 부러워하니까? 돈 있으면 편하니까? 등등 이유야 많겠지만 확실하고 뚜렷한 목표가 없다면 중간에 힘든 일이 있을 때 포기할 가능성이 높다. 뚜렷한 목표 없이 부자가 되고 싶다면 돈을 좀 벌고 나서 샛길로 빠지기 쉽다. 살아오면서 해보고 싶은 것이 많기에 유혹에 빠지고 말 것이다. 유흥에 빠져 클럽에서 하루 수천만 원을 쓴다거나. 도박에 빠진다거나, 못 타본 차를 사는 등 계속 돈이 벌릴 줄 알고 돈을 물 쓰듯 쓴다. 나이가 어릴수록 유혹을 이기기란 쉽지 않다. 그러니 왜? 성공하고 부자가 되고 싶은지….

꼭 한번 생각해봐야 한다. 목표가 뚜렷하지 않다면 사업 초기에 돈 버는 재미에 낮과 밤도 없이 일했던 초심은 진작에 사라져 그동안 고생한 것에 대해 보상심리가 발동하여 보상이라도 받듯, 일을 등한시하고 놀기 바쁠 것이다. 성공하고 부자가 되려면 보통 정신력으로 될 수 없다. 참고, 참고 또, 참아야 한다. 고통에 고통 끝에 가야 간신히 붙잡을 수 있다. 보통의 부자들은 어릴 때 집이 찢어지게 가난하여 나는 그렇게 살기 싫어 이 악물고 독기를 품어 부자가 된 케이스가 많다. 어릴 때부터 막연하게 돈을 벌겠다는 것이 아니라 강남에 내 이름을 건 빌딩을 짓겠다는 둥, 1조를 벌겠다는 둥, 뚜렷한 목표를 세웠다. 당신도 성공하고 부자가 되고 싶다면 목표부터 세워라. 그 목표를 이룰 때까지 딴짓(유흥, 도박, 은퇴 등)할 생각하면 안 된다. 지금 책 읽고 있는 당신 자신을 한번 되돌아봐라. 당신 모습이 현재 비참하지 않은가? 독기, 분노, 배신감, 억울함, 당신을 조롱하거나 우롱하는 사람들 등등 복수하겠다는 마음이 성공과 부자 되는 큰 원동력이 된다. 나도 다시 성공하여 부자가 되기 위해 이악물고 나를 나락에 떨어트린 놈들을 생각하며 책을 쓴다. 사람의 3대 욕구는 식욕, 수면욕, 배설욕이다. 여기는 사람의 3대 욕구도 빼앗아 가는 무서운 곳이다. 밥도 주는 것만 먹어야 하고 잠도 정해진 시간에 불편하게 자야 한다. 보통 한방에 5~15명 정도 함께 생활한다. 화장실을 가고 싶어도 화장실이 하나뿐이라 원하는 시간대에 갈 수 없어 변비 생기는 일이 다반사이다. 정말 아무것도 못 하고 아무것도 할 수 없는 곳에서 출소날만 기다려야 하는 곳이다. 아무것도 없는데 뭘 어떻게 하라는 건가? 나는 정말 간절하다. 기필코 부자가 되겠다. 나를 이렇게 만든 놈들을 생각하며 나도 노력하고 힘내고 있다. 당신도 당신을 그렇게 만든 놈들을 생각하며 포기하지 말고 노력하여 기필코 부자가 되어라.

그리고 나에게 도움을 준 분들에게도 부자가 되어, 꼭 은혜를 갚고 싶다. 나는 실패도 많이 해서 사명감도 생겼다. '나와 똑같은 실패를 하지 말라'고 말해주고 싶다.

성공하고 부자가 되는 목표에 따라 단계가 있다.

남부럽지 않게 살고 돈이 많으면 좋을 것 같은 목표는 '수십 억'이다. 더 벌고 싶어도 수십 억을 벌게 되면 초심도 사라지고, 현재의 삶에 만족하며 하루빨리 Fire족이 되어 평생 놀고먹고 싶어진다.

복수를 다짐하며 독기를 품은 목표는 '수백 억'이다. 수백 억 정도 벌면 큰 부자 소리는 못 들어도 웬만한 부자 소리는 듣는다. 주변에 수십 억 가지고 있는 사람은 종종 봐도 수백 억 가지고 있는 사람은 거의 없다. 이제는 주위에서 동경하고, 존경 어린 시선으로 보는 사람만 있을 뿐 그 누구도 어릴 적 비참하게 살았던 모습을 조롱하는 사람은 없다. 그래서 더 이상의 돈을 의미가 없다 생각한다. 마지막으로 사명감으로 부자가 되려는 목표는 '수천 억'이다. 의령 강어귀 강물 반쯤 잠긴 솥바위가 우뚝 솟아 있다. 반경 20리 안에 큰 부자 여럿 나온다는 전설이 있었다. 전설을 반증하듯 삼성의 이병철, LG의 구인회, GS의 허만정, 효성의 조홍제가 태어났다. 어릴 때부터 나라를 구할 사명감으로 창업하고, 전 세계에서 알아주는 대기업이 되었다.

어릴 적 찐따들이
성공할 확률이 높다

:

어릴 적 학교 다닐 때 공부도 못하고, 싸움도 못 하고, 집안도 가난하고, 소심하고, 외모도 못생겼고, 빵서틀로 떠밀리고, 삶에 목표와 낙이 없는 사람들을 찐따라 부른다. 당신은 어떤가, 혹시 학교 다닐 때 찐따였나?

그럼 축하한다. 성공할 기본기를 아주 탄탄하게 갖추었다. 성공을 하려면, 죽음의 문턱까지 갔다 와야 한다. 찐따들은 매일 밤마다, 죽고 싶다는 생각을 가지며 자기 전 아침에 일어나지 않으면 좋겠다는 생각도 가지며 살아간다(굳이 찐따가 아니라도 죽고 싶다는 생각을 가진 적이 있다면 성공할 기본기를 어느 정도 갖춘 셈이다). 내 모습이 싫고, 내 삶을 부정해야 진정한 환골탈태가 일어난다. 이렇게 살고 싶지 않다며 각성하고, 성공을 갈망한다. 그 순간 세상의 이치를 깨닫게 된다. 자신의 모든 것을 버리고 성공하기 위해 독기로 노력할 것이다(여기서 부작용은 자신을 학대하거나, 범죄를 일으키거나, 자기 자신을 포기할 수도 있다는 것이다. 하지만 성공하기 위해 갖은 유혹을 뿌리치고 내 책을 읽은 당신은 분명 성공할 것이다. 내가 진심으로 돕겠다).

현재 찐따인 당신은 하늘을 원망했을 것이다. 왜? 부잣집에서 태어나지 않고, 가난한 집에서 태어나 이런 시련과 아픔을 주냐며… 외모도 보잘것없고, 잘하는 것 하나 없는 당신의 몸을 저주하며 살았을 것이다. 그렇지만 찐따들은 누구보다 배려심이 많고, 착하다. 학교에 일진처럼 나쁜 마음을 먹고 못되게 살만도 한데 정작 본인은 힘들어 죽었으면 죽었지 절대 남을 해치지는 않는다. 그래서 하늘은 당신을 기특하게 본다. 하늘은 착한 당신에게 빠른 깨달음을 주기 위해 진정한 환골탈태를 하길 바라는 마음에, 하루라도 빨리 깨달아 성공하는 길로 안내했던 것이다. 불행과 실패는 성공할 수 있는 하늘이 주신 기회이다. 즉, 터닝포인트가 되는 절호의 찬스란 말이다. SNS를 보며 어릴 적 당신을 괴롭힌 애가 더 멋있고, 잘생겨져 예쁜 여자친구와 함께 찍은 사진을 보고 있노라면, 나는 왜 이 모양 이 꼴로 태어나 못된 놈들이 잘되는 세상에 살고 있는지 세상 탓도 많이 했을 것이다. 하지만 신기하게도 부자들 대부분 어릴 때 찐따였다. 세상은 남들과 다르게 생각하는 찐따들이 바꾼다. 애플 창업자인 스티브 잡스도 찐따였다. 어릴 적 학교 다닐 때 입양아라고 놀림을 당하고, 왕따를 당했다. 꼴통으로도 취급을 받아 차고에서 혼자 무언가를 만드는 일에 몰두했다.

테슬라 CEO인 일론 머스크도 어린 시절 몸이 허약한 데다 내성적이고 직설적인 성격 때문에 따돌림을 당했고 자주 맞고 다녔다. 계단에서 밀려 굴러떨어진 뒤에도 맞는 바람에 의식을 잃은 적도 있다.

오픈 AI 창업자인 샘 올트먼도 고등학교 때 자신이 동성애자라고 공개적으로 밝혀 주변 사람들에서 조롱거리가 되었다. 스티브 잡스, 일론 머스크, 샘 올트먼 3명의 공통점은 모두 찐따였고, 세상을 바꿨다.

어릴 때부터 잘 나갔던 놈들의 최후를 보면, 보험을 팔러 다니거나. 돈을 빌리러 다니는 등 결말이 좋지 않다. 자신의 외모와 머리가 좋았다는 생각에 사로잡혀 노력을 하지 않는다. 당신이 현재 20대나 30대 초일 땐 잘 느끼지 못할 수도 있다. 30대 중반이 넘어가면서 학교 다닐 때 찐따들을 괴롭힌 자들은 별 볼 일 없게 산다. 사람들 등이나 안 처먹고 살면 다행이다. 간혹 30대 중반에 어릴 때 잘나가던 자신을 버리고, 세상의 이치를 깨달아 성공하는 사람도 있지만, 당신과 출발선이 다르다. 착하게 살고 남에게 해를 끼치지 않으려 하는 행동을 악용해 당신을 괴롭힌 놈들을 계속 잘나가는 것 같고, 당신은 아직도 나락인 것 같은가? 당신이 싱글맘이고, 싱글대디라 삶이 고되고 힘든가? 혼자서라도 아기를 끝까지 지키며, 키우는 정성이 하늘에서 감동할 것이다.

그러니… 남 탓, 세상 탓하지 말고, 사업을 시작해라. 하늘에서 분명 당신이 성공하길 도와주실 것이다. 나를 믿어라. 나도 사업을 시작하니 하늘이 도와 신기하게 별 노력 없이 손대는 것마다 성공하고 대박이 났다.

이제부터 찐따들을 '신의 가호를 받아 성공할 사람'이라 하여 '신성'이라고 부르겠다. 신성들이여 각성해라. 온몸에 덕지덕지 붙어 있는 비곗덩어리를 걷어내고 똥으로 가득 찬 머리를 비우고 성공하는 지식으로 가득 채워라. 내 글을 보고 꼭 성공하길 진심으로 빌겠다.

나는 무협지, 판타지 소설인 『나 혼자 레벨 업』을 다들 극찬하길래 한번 읽어보았다. 기존 판타지 소설보다. 너무 획기적이고 신선했다. 그래서 생각했다. 신성들이 잘 읽지 않는 자기 계발서에만 성공하는 길을 쓰는 것보다. 신성들이 많이 보는 판타지 소설에 나의 피땀어린 노하우와 비법을 정말 재미있게 글을 써서 힘들어하는 신성들에게 알리고 싶다. 신성들은 의리가 정말 좋다. 나도 그랬던 것처럼 은혜를 입으면 갚을 줄 안다. 나와 같이 착하고 선한 신성들을 위해 판타지 소설로 신성들의 입맛에 맞게 성공하는 법을 더욱 쉽게 쓸 예정이다. 더 이상 힘들어하지 말고 내 책을 꼭 보며, 꼭… 꼭 성공하길 바란다.

　내 책을 보고 성공하게 되면 나를 잊지 말길 바란다. 나는 아직도 나락의 끝, 감옥에 있으니….

운

:

 사람들은 중요한 결과를 기다릴 때, 신께 빈다. '운칠기삼'이라며 제발 이기게 해달라고 한다. 또… 성공한 사람들의 인터뷰를 보면 하나같이 모두 '운'이 좋았다고 이야기한다. 죽다 살아난 사람들도 '천운'이 따랐다며 정말 다행이라고 기뻐한다. 또한 길 가다 500원짜리 동전을 주우면, 오늘 '운'이 좋은데? 라고도 한다. 즉 부자가 되려면 운이 있어야 할 수 있다. 여기서 운이 무엇인지 의문점이 생길 것이다. 운이란 무엇일까? 운이란 게 존재할까? 운은 어떻게 생기는 걸까? 등등… 의문점이 생기길 마련이다. 그럼, 의문점을 하나씩 해결해 보자.

운이란 무엇일까?

 운이란 국어사전에서는 재수 좋은 사람, 행운이 따르는 사람, 상서로운 사람을 뜻하며, 이미 정해져 있어 인간의 힘으로 어쩔 수 없는 천운이라 한다. 즉, 운은 하늘(신)의 힘이고, 운은 하늘이 주관하는 업무이다.

운이라는 게 존재할까?

운은 아직 과학적으로 밝혀지진 않았지만 대부분 사람들은 운이 있다 믿고 있다. 그래서 신장개업을 하면 고사도 지내고 떡도 돌린다. 사업이 잘되게 해달라고 하늘에 제사도 지낸다.

이탈리아 카타니아 대학의 경제학자 알레산드로 플루치노 연구팀이 컴퓨터로 생성한 가상 인물 아바타를 수천 명을 만들고 컴퓨터 시뮬레이션으로 40년 동안 자산 변화를 관찰했다. 각 아바타는 지성, 능력, 성실성이 각각 다르지만 경제 자본(자산)은 정확히 똑같이 설정했다. 그 외 조건들은 운명에 맡겼다.

시뮬레이션 결과 상위 20%의 아바타들이 전체 자산의 80%를 소유했고 고소득자 대부분의 능력은 그저 평균에 가까웠다. 시뮬레이션을 여러 번 반복해도 결과는 비슷했다. 알레산드로 플루치노는 다음과 같은 결론을 내렸다. "행운과 우연은 과소평가 되지만 실제로 개인의 성공에 많은 영향을 미친다" 컴퓨터 시뮬레이션에 따르면 행운 없이는 막대한 경제 자본을 얻을 수 없다. 물론 지성, 노력, 능력도 없어서는 안 되는 요소이다.

위에 내용을 요약하면 능력이 다른 수천 명의 아바타의 자산을 똑같이 설정하고, 40년간 시뮬레이션했을 때 상위 20%가 전체 자산의 80%를 소유했다. 20%에 해당하는 고소득 아바타의 능력이 꼭 우월한 것도 아니다. 능력치가 보통도 있었다. 운이 부자가 되는 많은 영향을 미친다고 보면 된다(경제학자 알레산드로 플루치노의 자료는 사회에 있는 지인에게 힘들게 얻은 자료이다. 나 때문에 고생한 지인께 감사함을 표한다).

운은 어떻게 생기는 걸까?

나는 수많은 실패와 성공을 하며 '세상의 이치'를 깨닫고, 운을 경험했다.

이미 많은 부자들도 운을 믿는다. 부자들은 운이 생기는 법을 알기에 운을 많이 쌓아 부자가 되었다. 운은 인간의 힘이 아니라 하늘(신)의 힘이다. 그래서 하늘에게 잘 보이면, 하늘의 힘 즉, 운을 줄 것이 아닌가?

그럼 어떻게 하늘에게 잘 보여 운을 생기게 할까? 운이 생기는 방법은 2가지가 있다. 작은 운과 큰 운이다. 작은 운은 착하게 살면 된다. 남의 것을 탐하지 않고 불의와 타협하지 않으며 옳고 바르게 살면 작은 운이 쌓인다. 당신은 어린아이가 착한 행동을 할 때 그 모습이 이쁘게 보여 아이스크림이라도 사주고 싶을 것이다. 같은 이치라 보면 된다.

큰 운은 선량한 사람 및 간절하고 절실한 사람들을 도와줄 때 큰 운이 쌓인다.

착한 아이가 엄마를 잊어버려서 울고 있는데 옆에 있던 아이가 착한 아이의 엄마를 찾아 주었다면, 착한 아이의 엄마는 자신의 아이를 찾아 준 아이에게 고맙다며 보답을 해줄 것이며, 착한 아이의 엄마를 찾아 준 아이에 엄마도 자신의 아이가 기특해 선물을 줄 것이다. 어린아이의 착한 행동을 보면 아이스크림을 사주고 싶은 마음이 들 뿐이지 아이스크림을 사주지는 않았지만, 착한 아이의 엄마를 찾아 준 아이는 확실한 보답(운)을 받았다.

또한, 간절하고 절실한 사람은 항상 신에게 기도한다. '제발 한 번만 살려달라'며 기도하고 '제발 성공하게 해달라'며 기도한다.

이런 간절하고 절실한 사람을 도와줄 때도 큰 운이 쌓인다. 운은 은행의 적금처럼 쌓였다가 당신이 간절하고 절실할 때 효과가 나타난다. 그래서 성공했거나 부자인 사람들이 강연에 나와 강의하는 이유도 마찬가지다 강의를 듣는 사람 대부분은 성공하거나 부자가 되고 싶은 간절하고 절실한 사람들이 강의를 듣는다. 간절하고 절실한 사람이 부자의 강의를 듣고 돈 버는 방법을 깨닫고 열심히 살아 성공하거나 부자가 된다면 그 감사함은 이루 말할 수 없을 것이다. 간절하고 절실하게 신에게 기도한 것에 성공한 자나 부자가 신을 대신해 기도를 들어준 거나 다름없기에 신은 성공한 자나 부자에게 운을 줄 것이다.

그리고 성공한 자나 부자들은 운이 좋다. 성공하고 부자가 되었음에도 베풀지 않으면 운이 없어져 종국엔 망할 수도 있어, 선량하고 간절한 자를 도와주거나 과거의 자신 모습을 보는 것 같아서 도와준다. 간절한 이와 선량한 사람을 도와줄 때 쾌감 및 도파민이 발생한다. 사람은 기분이 좋을 때 창의력 및 아이디어가 샘솟는다. 반대로 운을 없애는 행동도 있다.

운을 없애는 행동

나쁘고 못되게 살면 운이 없어진다. 거짓, 자만, 허세, 욕심, 위반 등이다.

노자는 "당신이 나쁜 짓을 하면 하늘에 있는 그물은 크고 엉성해 보여, 빠져나갈 수 있을 것 같지만 결코 그물에서 빠져나갈 수 없다. 악행을 저지르면 언젠가는 반드시 벌을 받게 된다"고 하였다. 착한 사람은 복을 받고 나쁜 사람은 벌을 받는 것은 옛날부터 전해 내려오는 진리이다. 특히 선량한 사람의 것을 탐하거나 괴롭히면 큰 운이 없어진다.

일본의 괴물 투수이며, 최고의 타자이기까지 한 '오타니 쇼헤이'는 "쓰레기를 줍는 것은 남이 떨어뜨린 운을 줍는 것이다"라고 했다. 쓰레기 줍기, 청소, 책 읽기, 인사하기는 그가 운을 모으려고 실천하는 행동이다.

나는 종교는 없지만 신은 있다고 믿고, 신을 두려워한다.

세상의 이치와 운이 생기는 방법을 몰랐고, 믿지도 않아 어리석을 때가 있었다. 그때의 나는 항상 잘 돼서, 내가 최고이고, 내가 신이라 생각했다. 눈에 보이지도 않는 신을 믿기란 어려웠다. 하지만 세상의 이치와 운이 생기는 방법을 하나씩 깨닫게 될수록 신이 있다 믿게 되었고, 내가 잘못하면 반드시 벌을 받아왔다. 그래서 신이 두렵다. 나쁘게 살고 싶어도 착하게 살 수밖에 없게 되었다. 내가 지금 쓰는 책도 정성을 다하여, 진심으로 쓰고 있다. 돈에 눈이 멀어 거짓으로 책을 쓰면 반드시 신에게 벌을 받을 것을 알기 때문이다. 나는 성공할 때는 성공 확률이 적은데도 말도 안 되게 성공한 적도 있었다. 하지만 내가 조금만 자만하면 바로 망했다. 신을 두려워해야 당신도 부자가 될 수 있다.

당신도 앞이 안 보이고 막연하고 잘 될 확률이 매우 낮은데 안될까 봐 걱정되기는커녕, 마음 깊은 곳에선 뭔가 잘 될 것 같은 느낌(심장이 간지럽거나, 온몸에서 엔돌핀, 도파민 등이 생겨 잘 될 것 같은 기분)을 받은 적이 있지 않은가?(운동경기, 시험, 면접 등) 그동안 쌓아둔 운이 발생하는 현상이다. 사업할 때 나는 그 느낌이 들면 항상 성공했다.

　당신은 실패했다고 운이 없다 생각하는가? 아니다. 실패는 운이 있는 자에게만 생기는 현상이다. 단 한 번의 성공을 하기 위해 수많은 실패를 겪어야 한다. 에디슨도 전구를 발명하기까지 2,000번의 실패를 했지만 "2,000번의 실패가 아니라 성공을 하기 위한 단계"라고 했다. 실패는 성공하기 위한 당연한 과정이라 생각하고 성공할 때까지 운 없다 자책하지 말고 포기하지 말길 바란다.

　운 관련해서 책에 넣을까 말까 고민을 많이 했다. 내 책을 보고 있는 사람은 성공하거나 부자가 아니라 성공하거나 부자가 되고 싶은 사람이기에 이해하기 상당히 힘들 것이라고 생각된다. 그렇지만 부자가 되려면 운을 꼭 알아야 부자가 될 수 있다. 그래서 책에 넣기로 결정했다. 나는 이렇듯 진심을 다해 책을 쓰고 있다. 나는 이 책으로 성공할 것을 믿어 의심치 않는다.

정의와 부자는
성립될 수 없다

:

    사업에서 당신이 정의를 찾는다면 절대 부자가 될 수 없다.

    내가 정의 관련하여 글을 쓸지 말지 심각하게 고민했다. 정의를 모독하는 것은 내 책을 보는 모든 사람이 '돈에 눈이 먼 놈', '감정도 없는 냉혈한', '파렴치한 놈' 등등 무수히 많은 부정적인 말로 나를 욕할 것이 뻔하다. 내가 본 부자 되는 책 모두 좋은 말만 하고, 정의는 절대 모독하는 책이 없었다. 나도 책을 쓸 때 좋은 말만 하고 이미지 메이킹하여 책으로 인해 다른 파생 사업(유튜브, 강연, 회사 이미지, 회사 제품 홍보 등)을 하여 더 많은 돈을 벌 수도 있었다. 모든 부자들은 정의로우면 반드시 망한다는 것을 알 텐데… 그 누구도 책에 실제로 적지 않았다. 나는 당신을 진심으로 부자를 만들어 줄 것이다. 내가 욕먹는 한이 있어도 나는 내 책을 진심을 다해 쓸 것이다. 다시 한번 말하겠다. 사업에서 당신이 정의를 찾는다면 당신은 반드시 망하거나 나처럼 철창신세가 될 것이다. 나의 3번째 사업은 정의 관련 사업이었다. 나의 정의 관련 사업은 변호사와 변리사가 필요한 서민들에게 저렴한 비용으로 서민에게 알맞은 변호사와 변리사를 중개해주는 사업이었다. 내가 사업할 당시 변호사와 변리사 업무가 어렵지도 않음에도 서민들은 변호사와 변리사 업무가 어렵다는 고정관념이 있어 이것을 이용하여 변호사와 변리사는 전공 분야(변호사와 변리사라고 해서 모든 법을 다루는 것이 아니다. 형사 분야에서는 폭행, 음주 운전, 마약, 사기 등 세부적으로 나눠진다. 민사 분야도 이혼, 재산, 기업 등으로 나눠지고, 특허 분야도 전기·전자, 화학, 기계, 음식 레시피 등으로 나뉘고, 디자인 특허, 상표권으로도 나뉜다)도 아니면서 사건을 맡고, 해당 사건을 부실하게 처리하고, 막대한 수임료를 챙겼다. 예를 들어 변호사가 고소장, 경고장, 내용증명 등 작성해주는데 300만 원 정도 든다. 하지만 법무사가 고소장, 경고장, 내용증명 등을 작성해주는 것은 10만 원 내외로 작성해 준다. 똑같은 고소장, 경고장, 내용증명인데 법무사가 작정해주는 것보다 변호사가 작성해주는 것이 10배에서 많게는 30배까지 비쌌다. 차이가 너무 심했다. 어차피 양식(폼)이 다 있어 인적 사항이랑 사건 내용만 수정하면 돼서 시간도 그리 오래 걸리지 않는다. 또, 변리사는 상표를 출원하는데 5분(내가 직접 초시계로 재봤다)도 걸리지 않았고, 상표 상담도 쓸데없는 잡담 빼면 10분 정도 소요되었다. 디자인 특허 출원하는 것(디자인 제품 사진이나 도면이 준비되어 있다는 가정하고, 어차피 디자인 제품의 사진과 도면은 변리사가 하지 않고 외주 맡긴다)도 10분 정도 소요된다. 5분에서 10분 내외하는 업무를 변리사 자격증이 있다 하여 50만 원씩 받았다.

소송도 마찬가지다. 양식이 다 있어 어렵지 않게 작성할 수 있다. 그런 것치고, 소송비용을 몇백만 원에서 몇천만 원 받는 것은 너무 과했다. 어차피 소송이란 게 맨날 똑같은 사건의 반복이고 판례, 사례가 다 있어서 누구나 조금만 배우면 할 수 있다. 우리나라 현행법상 단지 변호사 및 변리사 자격증이 있는 사람만 소송을 대리할 수 있어 자유 시장의 가격 경쟁이 될 수가 없었다. 서민들은 선임 비용이 비싸도 울며 겨자 먹기로 많은 돈을 주고 대리인을 선임해야 했다. 송사를 하는 사람들은 대부분 돈이 없는 분들이 많았다. 법을 모르고 조금 하게 장사하다가 기업에서 고소장, 경고장, 내용증명 등이 날아와 급하게 변호사 및 변리사를 찾는 사람들이었다. 이런 서민들을 상대로 전공 분야도 아니면서 마구잡이식으로 수임 받은 변호사와 변리사가 많아 정의감에 두고 볼 수 없었다. 그래서 나는 올바르고 정직한 비용으로 전공 분야에 맞게 서민들에게 중개해주는 사업을 했었다. 사업을 시작하자 당연히 반응도 폭발적이었다. 그러자 변호사 협회 및 변리사 협회에서 반발이 심했다. 새파랗게 어리고 자격증도 없는 놈이 엘리트 집단인 변호사 및 변리사 업계의 머리 꼭대기에 앉아 밥그릇을 넘본다며, 나를 고발했고, 나는 재판장에서 서민들을 위한 사업이었다며 그놈의 정의를 외쳤지만, 2번째 사업인 변호사 및 변리사의 컨설팅 사업도 불법이라 매도하여 변호사법 및 변리사법 위반으로 묶어서 가중 처벌받아 현재까지 교도소에서 수감되어 있다.

현재 '로톡(변호사 중개 플랫폼)'이 출시되었지만, 변호사가 로톡의 대표임에도 불구하고, 변호사 협회는 로톡 대표를 고발하여 지금(2023년 기준)까지도 재판 중이다.

선의와 정의는 다르다. 착각하지 말아라. 선의는 대부분의 사람들이 선의의 기준이 정도의 차이만 있을 뿐 대부분의 기준이 동일하다. 하지만 정의는 다르다. 사람마다 정의의 기준이 흑과 백처럼 너무 다르다. 변호사 협회 및 변리사 협회에서도 정의로 나를 처단해 달라고 고발했을 것이다.

정의의 사례를 살펴보자. 어떤 것이 맞는지는 정답은 없다.

아프가니스탄이 내전 중일 때 미군이 파병을 나간 적이 있다. 정찰조로 미군 4명이 정찰을 나갔는데, 정찰 중 아프가니스탄 시민 2명에게 발각되어 사로잡았다. 아프가니스탄 시민을 묶어 놓고 고민을 했다. 풀어주자니 적군한테 우리가 정찰 나온 걸 발설하면 우리 모두 죽을 수도 있었고, 입막음으로 선량한 시민을 다 죽이자니 정의가 용서치 않았다. 결론이 나질 않아 미군 4명이 투표했지만 2 대2로 결과가 나와 정찰대 대장이 결정해야 했다. 정찰대 대장은 정의감에 사로잡혀 포로로 잡힌 시민들에게 우리를 발설하지 않으면 풀어주겠다. 약속받고 풀어 주었다. 잠시 후 포로들(아프가니스탄 시민)은 정의감과 사명감으로 목숨 걸고 적군(아프가니스탄 시민들 편인 반군)에게 곧장 발설하여 정찰대는 적군에 둘러싸였고, 정찰대 대장만 간신히 살아남았다. 얼마 전 인터뷰에서 장애인이 된 정찰대 대장이었던 사람은 그날의 결정은 "내 인생에서 제일 멍청한 최대의 실수였다"고 말했다.[1]

16세의 어린 나이에 노벨 평화상 후보로 언급되었던 스웨덴의 환경 운동가로 유명한 그레타 툰베리는 2023년 7월 24일 환경을 보호한다는 명목하에 불법시위를 하여 기소되어 벌금형을 받고, 전과자가 되었다. 또, 정치인들은 선거에 출마할 때는 나라를 구하겠다는 정의감으로 거짓쯤이야 별거 아니라 생각해 당선되기 위해 공약을 남발하는 공수표를 던진다. 막상 당선되면 공약을 제대로 지키는 정치인이 많이 없다.

---

1 『정의란 무엇인가』, 마이클 샌델

위 사례들은 정의가 가져온 불법행위다. 정의를 위했다고는 하지만 그렇다고 법을 어겨가며 정의를 울부짖는다면 범법자가 될 것이다. 정의의 가치관이 사람마다 달라 정의 대 정의가 충돌하면 걷잡을 수 없는 유혈사태에 휘말리고 결국 고소, 고발, 소송까지 이어진다.

정의의 이름으로 싸워서 이겨야 자신의 정의가 맞는다는 것을 증명할 수 있기 때문이다. 동물보호단체가 동물을 죽여서 먹는 행위는 야만적인 행위라 하고, 반대로 생각하는 사람은 현 사회는 약육강식의 사회라 강자가 약자를 잡아먹는 것은 순리라면서 우리가 고기를 먹지 않고, 순리를 거스르면 사회는 무너지고 경제는 파탄이 난다고 한다. 또한, 길거리 고양이 문제로도 충돌이 많다.

모두 맞는 말이다. 정답은 없다.

넬슨 만델라 대통령도 인종차별 문제로 시위하다 감옥에 갔다. 당시 남아프리카 공화국은 백인 우월주의 인종차별이 극심한 시기였다. 넬슨 만델라 대통령은 40대에 종신형을 선고받았고 27년 뒤 70살이 넘어 다 늙어서 간신히 석방되었다.

백제의 계백장군은 신라와의 마지막 황산벌 전투에서 정의라는 명목하에 병사들을 사지로 내몰았고 단 500명의 군사를 이끌고 결사 항전을 했지만 신라군에게 져서 모두 목숨을 잃었다. 계백장군은 전투에 나서기 전에 본인도 전투 중에 정의롭게 죽을 것이라며, 처자식도 정의롭게 죽으라며 처자식을 모두 죽이고, 전장에 나섰다. 정의를 우선시하면 범죄가 정당화된다. 그럼 당신도 나처럼 감옥에 오게 될 수도 있다. 여기서 당신은 선택해야 한다. 선의로 이루어진 부자는 있을지 모르나 정의로운 부자는 없다. 당신이 아직도 정의를 찾는다면 말리지는 않겠다. 나처럼 겪고 가는 것도 나쁘지는 않다. 결국엔 당신도 정의를 선택하면 부자가 되지 못한다는 것을 절실히 깨닫는 날이 올 것이다.

나는 정의보다, 선의를 가진 부자가 되라고 말해주고 싶다.

선의와 정의는 다르다는 것을 깨닫게 해주고 싶다. 나는 정의를 운운하는 사람치고 원수가 없는 사람을 못 봤다. 사업에서 원수는 독약이다. 정의는 당신이 죽고 난 후에 위인전에 실릴 순 있겠지만 평생 가난하게 살게 할 것이다. 흔들리지 마라. 정의로운 사람보다 선의를 가진 부자가 되어라. 빌 게이츠는 정의롭지 못했어도 재벌이 되어 그 많은 돈으로 정말 많은 사람을 살렸다. 정의는 당신의 마음을 떳떳하게 할 수 있어도 사람을 살릴 수는 없다. 당신도 큰 부자가 되어 많은 사람을 살리는 선의에 찬, 고귀한 사람이 되었으면 좋겠다.

악귀
이놈!

⋮

    성공하려면 '자신과 싸워 이겨야 한다'라는 말을 많이 들어 봤을 것이다. 자신과의 싸움에서 이기기란 쉽지 않다. 당신의 자신은 아침에 일어날 때면 5분만… 아니 1분만 더 자자고 당신을 꼬드길 것이다. 운동할 때는 오늘은 이만 쉬자고 하고 친구와 이성이 술 한잔 하자. 하면 술 약속을 뿌리치기 힘들 것이다. 매사, 매 순간 당신을 항상 나약하게 만든다. 당신의 자신이라면서 왜 당신이 잘되라고 응원을 해주지 못할망정 나락에 빠지라고 밀어 넣는 걸까? 그래서 나는 이런 현상을 이렇게 정리하였다. 운을 주는 착한 신이 있는 반면에 나를 나락으로 밀어 넣는 나쁜 신도 존재한다 믿고 나를 나약하게 만들거나 안 좋은 길로 유혹을 할 때면 내 안에 잠들어 있는 나쁜 신을 '악귀'라고 부르기로 했다. '악귀, 너가 아무리 나를 나락으로 빠트리려 유혹을 해 봐라! 절대 너의 농간에 넘어가지 않는다'고 속으로 되뇐다. 나는 일을 마치고 피곤하여 침대에 누웠을 때 핸드폰이 보여 나도 모르게 유튜브를 켰다. 유튜브를 켜자마자 너무 궁금한 썸네일들이 즐비했다. 그 순간 '아차 악귀의 유혹에 또 넘어갈 뻔했네… 내일 일찍 일어나야 하는데…', '이놈의 악귀 녀석 나를 계속 유혹해 봐라, 네가 그럴수록 나는 네가 싫어하는 행동만 할 거야' 하고 바로 잠들었다. 그러니 당신도 악귀가 당신을 나락에 빠트리려 유혹할 때면 '악귀 녀석 또 나를 유혹하네'라고 되뇌이며 재빨리 뿌리쳐야 한다. 당신 마음속으로 '이러면 안 될 것 같은데'라는 생각이 들면 악귀가 유혹하는 당신의 좋은 신이 마지막으로 당신을 나락으로 가지 않게 도움의 손길을 내미는 것이다. 그러니 도움의 손길을 잡고 악귀의 유혹으로부터 빠져나오자. 악귀는 특히 좋아하는 것이 있다.

첫째는 입(口)이다. 예를 들어 모임에서 G라는 사람이 없을 때면 너도나도 G라는 사람 흉을 보고 싶다. 또 G와 H가 친하다면, 둘 사이를 갈라놓으려 이간질을 하고 싶은 마음이 들 것이다. 연인이나 부모님한테도 당신 마음과 다르게 자꾸 가슴에 비수가 꽂히는 말만 한다. 구(입) 업으로 쌓인 죄는 절대 용서받지 못한다고 한다. 그러니 막말이 나오기 전에 항상 좋은 신이 그러지 말라고, 당신의 마음속으로 도움의 손길을 내밀 것이다. 도움의 손길을 무시한 채 분을 못 이겨 막말을 내뱉는다면 반드시 벌을 받게 된다.

두 번째는 게으름이다. 아침엔 일어나기 싫고 더 자고 싶고, 이불 속에서 나가기 싫다. 그래서 딱 5분만 더 잔다는 것을 30분이나 더 자서 씻지도 못하고, 옷도 대충 입고 학교 또는 회사로 헐레벌떡 뛰어간 적이 있을 것이다. 그때 당신의 모습을 보고 악귀는 뒤에서 배꼽 빠져라 웃고 있을 것이다. 주말이 되면 평일에 일을 해서 너무 힘들어 자기 계발은커녕 집에서 한 발짝도 나오기 싫고, 밥해 먹는 것도 귀찮아 씻지도 않고 배달 음식만 시켜 먹고 싶을 것이다. 그럼 점점 성공과는 멀어

저 간다. 그래서 게으른 생각이 들 때면 '이놈의 악귀 놈'이라고 욕을 하며, 이불을 걷어차고 일어나라. 당신이 악귀의 유혹을 뿌리치고 게으름을 이겨내면 좋은 신을 당신에게 '운'과 '보람'을 선물로 줄 것이다.

세 번째는 책임감(신뢰)이다. 사람들은 새해만 되면 "올해엔 술도 끊고, 금연도 하고, 책도 많이 읽고, 돈도 많이 모아 꼭 부자가 되겠습니다"라고 지키지도 못할 약속을 내뱉는다. 목표를 세웠으면 꼭 지키라는 말은 아니다. 술을 끊었는데 어쩔 수 없는 상황은 술 한 잔도 할 수 있다. 그런 상황이 오면 당신 마음속에서 좋은 신이 된다, 안된다 알려줄 것이다. 오늘은 술 먹으면 후회할 것 같다고 생각이 들면 마시지 말아야 하고, 친구가 어머니를 여의고 무척 힘들어하여 위로해 줘야 한다고 마음속으로 생각이 들어 후회하지 않을 것 같으면 마셔도 된다는 말이다.

또, 내일까지 일을 마무리해야 하는데 좋아하는 이성이 바다가 보고 싶다고 가자 한다고 해서 회사에 거짓말까지 해가며, 일도 내팽개치고 당신도 '아, 몰라. 내일 일은 내일 생각해! 가즈아!'를 외치면 운도 빠져나가고, 성공과도 멀어진다.

좋은 신은 항상 당신에게 도움의 손길을 내밀며, 경고한다. 분명 후회한다고 하지 말라고 말이다. 하지만 당신도 사람이기에 악귀의 유혹에서 벗어나기 힘들다. 내 말은 당신이 운동을 한다 해서 닭가슴살만 먹으라는 것은 아니다. 치킨에 맥주를 먹었으니 '오늘은 30분 더 뛰어볼까'라며 악귀의 얼굴에 허탈감을 줘라. 당신이 살면서 입도 나불대고 싶고, 아무것도 하기 싫어 누워있고 싶고, 오늘은 왠지 일하기 싫어 거짓말을 하고 약속도 어겨가며 놀고 싶을 때도 있을 것이다. 그럴 때면 '내가 악귀에 씌었구나, 정신 차리자. 이놈의 악귀. 내가 성공해도 그렇게 계속 웃을 수 있을지 두고 보자'라며 당신의 자신과의 싸움에서 항상 승리하길 바란다.

경찰서에서 출석하라고
연락이 왔을 때

:

사업을 하다 보면 수많은 송사에 휘말리고 당신이 무슨 잘못을 했는지도 모른 채, 경찰서에서 연락이 와 조사받을 것이 있다며, 출석을 요구할 수도 있다. 그럴 경우 당황할 수 있기 때문에 대처법을 알려주겠다(보이스 피싱일 경우도 있겠지만 그런 경우는 제외하도록 하자).

경찰서에서 전화로 무슨 일 때문에 출석까지 해서 조사를 받는지 물어봐도 답변을 해주지 않는다. 출석하면 알게 될 것이라고 한다. 경찰에서 전화가 오면 제일 먼저 어떤 사건인지 파악하는 것이 중요하다. 알아보는 방법은 다양하나 쉽고 빠르고, 정확하게 돈이 들지 않는 방법 2가지가 있다.

첫째, 경찰에서 연락이 왔을 경우 가까운 경찰서 민원실이나 가까운 검찰청 민원실로 가서 당신이 현재 무슨 사건에 연루가 되어 있는지 자세히 문의하면 답변해 준다.

둘째, 시간이 없거나 경찰서나 검찰청에 가기 껄끄러운 분들도 있다. 그럴 경우 인터넷이나 스마트폰으로 당신의 사건이 무엇인지 간편하게 조회할 수 있다. 인터넷으로는 형사사법포털(https://www.kics.

go.kr)로 접속하면 되고, 스마트폰으로는 앱스토어 또는 플레이스토어에서 형사사법포털 앱을 다운받을 수 있다. 형사사법포털에 접속 후 로그인하면 된다.

이용 방법은 1588-4771(평일 9시~18시)로 전화해서 문의하면 된다(교도소 안에 있으면서 웹사이트 주소 및 대표전화는 어떻게 아냐고? 내가 현재 교도소에서 쓰고 있는 부채가 법무부에서 여름에 쓰라고 나누어 줬었다. 부채에 형사사법포털 관련 안내되어 있더라ㅋㅋㅋ. 실제로도 밖에 있을 때 자주 이용했다). 경찰이나 검사는 당신에게 참석 요구하여 조사하기 전에 미리 수사한다. 그래서 형사사법포털에서 미리 수사하는 것을 조회할 수 있다. 고소, 고발을 언제 어디서 당할지 모르니 최소 한 달에 1번 조회하여 형사사건을 사전에 대비하자. 경찰서 민원실이나 형사사법포털에 조회해도 사건 내역이 없으면 당신이 관련된 사건이 아니고 당신과 관련된 사람의 사건이어서 당신을 참고인 조사로 출석을 요구할 수 있다.

참고인 조사는 당신의 결정에 따라 출석하지 않아도 된다. 참고인은 영장이 없기에 경찰이 강제로 조사할 수 있는 권한이 없다. 형사사법포털에서 사건을 조회해도 사건이 조회되지 않는다면 당신 사건이 아니라 다행인데, 사건조회가 되면 당신이 연루된 사건이다. 사건 조회 시 내용은 나오지 않지만, 무슨 죄명으로 사건이 되었는지는 나온다. 죄명을 알면 어떤 사건인지 당사자가 더 잘 알 것이다. 사건에 따라 다르겠지만 만약 구속이 되어 징역도 받을 수 있다고 판단되면, 그 즉시 변호사를 알아봐라. 조사받을 때 변호사와 대동하고 조사받는 것과 변호사 없이 조사받는 것은 천지 차이다. 경찰서에서 조사받을 때 변호사를 대동하면 실제로 변호사가 하는 것은 많이 없다. 형사가 질문하면 모든 답변은 오롯이 당신의 몫이다. 그러나 변호사가 옆에 있는 것만으로도 심적으로 안정되고 든든하다. 그리고 변호사는 형사가 불법으로 조사를 하지 못하게 할 수 있고, 중간에 변호사에게 자문도 구할 수 있다. 불법 조사의 종류는 함정 조사, 억압 조사, 협박성 조사 등이 있다.

만약에 변호사 없이 조사를 받게 되면, 조사하는 형사가 윽박지르면서 "내 말대로 진술하지 않으면 무슨 수를 쓰더라도 당신을 징역 10년을 받게 해주고, 공권력의 힘을 보여주겠다"고 한다면 누구나 제대로 된 진술을 하지 못할 것이다. 그렇다고 묵비권을 행사하면, 재판장에 가서 상당히 불리하니 묵비권은 웬만하면 행사하지 말아라. 당신의 억울함을 토로할 기회인데 무슨 묵비권이냐? 그래서 조사받을 땐 필히 변호사를 대동해야 한다. 사건 수임을 맡기지 않고 대동만 부탁해도 된다. 변호사 선임 비용도 비싸고, 어떤 사건인지 내용도 잘 모르는데 아무 변호사를 선임할 수는 없었을 것이다. 조사를 받아보고 사건에 맞는 변호사를 선임해도 늦지 않는다. 조사받을 때 변호사 대동하는 비용은 20만 원 정도 수준이다. 조사받을 때 대동하는 변호사는 앞서 말한 듯이 하는 일이 거의 없으므로 아무 변호사랑 가도 된다. 숨고 앱에 있는 변호사가 비용도 저렴하고 일도 잘하니 참고해라.

경찰서에 출석하여 조사받을 경우 대처 방법도 알려주겠다.

경찰서에서 조사받을 때, 경찰서에서 형사가 바로 체포하지 않고 출석하라고 연락이 왔다면 일단 안심해라. 그리 중한 사건이 아니다. 잘못되더라도 구속될 가능성은 적다고 볼 수 있다. 조사받을 때도 형사는 인간적으로 대해주고 조사도 그리 강도가 높지 않다. 뉴스에서 보는 10시간 넘는 밤샘 조사 이런 것도 없다. 웬만하면 퇴근 전에 조사가 다 끝난다. 그리고 경찰 단계가 제일 중요하다. 혹시 피해자가 있다면 무슨 수를 쓰더라도 합의해 고소 취하를 하게 해라. 사실 경찰 단계보다 더욱 중요한 단계는 피해자가 경찰에 신고하지 않도록 합의하는 것이다. 당신이 만약 운전하다가 주차되어 있는 차를 살짝 박아 아무도 못 본 줄 알고 뺑소니하였는데, 경찰서에서 연락이 와 피해자와 합의하는 것보다, 피해자가 경찰서에 신고하기 전에 피해자와 합의하라는 말이다. 경찰서에서 조사받을 때 최대한 당당하게 행동해라 그래야 의심을 안 받는다. 형사가 질문을 하면 자신 있게 대답하고 조금이라도 불명확하거나 정확하지 않으면 없는 것을 지어내지 말고 그냥 "잘 모르겠다" 답해라. 한번 진술하면 번복할 수가 없다. 그래서 형사가 질의하면 바로 대답하지 말고 불리하다고 생각되는 것은 충분히 고민 후 대답하거나 "기억이 나질 않는다"고 대답해라. 변호사는 조사 시 녹음도 할 수 없고, 변호사가 당신 답변을 대신 답변해줄 수가 없기에 당신과 형사가 나눴던 조사 내용을 조사가 끝나면 정리해서 당신에게 줄 것이다. 변호사가 준 자료를 토대로 조사 시 추가해야 할 내용이나 잘 모르겠다고 했거나 기억나지 않았다고 답변한 내용도 당신에게 유리하게 서류로 작성 후(증거 자료도 있으면 좋다) 변호사에게 검토받고 서면으로 경찰서에 보내라 사건이 중대하면 변호사 선임하고 변호사에게 의견서를 써달라 하고 맡기면 된다. 경찰 단계에서 끝내야지. 검찰로 사건이 이첩되거나 기소되어 재판에 넘겨지면 걷잡을 수가 없다.

구속되어 검찰청에서
조사받을 때

:

    어느 날 갑자기 당신이 일하는 도중 시커먼 승합차에서 사람들이 내려 검찰청에서 왔다며, 구속영장을 내밀고 수갑을 채워 잡혀갈 일이 생길지도 모른다. 이렇게 사업은 무섭다. 잘되면 경쟁자가 어떻게든 꼬투리 잡고 있는 죄, 없는 죄 다 해서 신고해 버린다. 구속되면 그냥 끝이라 생각해라 검찰이 죄 없는 사람 구속부터 하는 경우가 거의 없다. 검찰이 죄 없는 사람 구속하면 요즘 같은 시대에 큰 파장이 일어나기 때문에 당신의 혐의가 거의 확실하기에 구속하여 조사하는 것이다. 구속되면 집에 갈 생각하지 말고 변호사도 선임하지 말아라. 돈 아깝다. 무조건 검찰에게 협조해라. 물건을 훔치지도 않았는데 검찰이 당신이 훔친 거 아니냐고 하면 확실히 안 한 것은 안 했다고 하고 죄를 지은 것은 인정하고 차라리 선처를 구해라. 증거를 못 찾을 줄 알고 부인하지도 말아라. 어떻게든 찾아낸다. 사돈에 팔촌 계좌까지 싹 다 조회하고 당신과 조금이라도 연관된 사람들 모두 다 조사한다. 그중에 1명은 무조건 자백한다. 그러니 적극 협조할 테니 구형을 낮춰 달라고 빌어라. 피해자가 혹시 있다면 무조건 합의해라. 그래야 검사가 구형을 확

낮춰준다. 구속되면 형이 확정될 때까지 구치소에서 지낸다. 구치소에 가면 당신과 똑같이 구속되어 재판받는 사람들이 모여있다. 자연스레 재판 관련 이야기들을 한다. 자기들이 다 변호사고 검사고 판사인 줄 안다. 구속되어 있는 사람 말 듣지 말아라 검사가 기소하면 이제 검찰 청에서 법원으로 사건이 이첩된다. 구속된 순간 모든 것을 내려놔 라⋯. 석방 후에 다시 시작할 수 있게 돈을 최대한 아껴라.

구속 상태에서
재판받을 때

⋮

  구속이 되면 말도 안 되게 힘든 정신적 고통으로 일상 생활하기도 힘든 상태가 온다. 영혼을 팔아서라도 하루빨리 석방하고 싶어 수단과 방법을 가리지 않고 전 재산을 다 쓰더라도 비싼 변호사를 선임하려 한다. 당신의 사건을 수임하러 당신에게 접견 오는 변호사들은 이때를 놓치지 않고 변호사를 선임을 안 하면 마치 큰일 날 것처럼 분위기를 조성한다. 그런 다음 지나가는 말로 툭 던진다. 당신의 사건을 맡은 재판부의 판사가 내 동기의 선배라는 둥, 연수원 시절부터 알고 지낸다는 둥, 당신의 사건을 맡은 재판부의 판사랑 은근히 친하여 재판 결과가 마치 본인 덕에 잘될 거라는 뉘앙스를 풍긴다. 이미 멘붕 상태인 사람들이라면 변호사의 꿀 발린 말에 넘어가 많은 비용을 주고 변호사를 선임하려 할 것이다.

  꿈 깨라. 어떤 판사가 친하다는 이유로 재판 결과를 바꾸겠는가? 또, 그 변호사에게 수임 맡긴 모든 사람을 위해 판사가 재판 결과를 몽땅 바꾸겠는가?

  로비도 마찬가지다. 만약 잘못되면 판사는 옷을 벗어야 하고, 뇌물 수수로 징역도 살 수 있다. 그 모든 것을 책임질 돈은 있고? 상식적으로 생각하면 답이 벌써 나와 있다. 그러나 일부 변호사들은 사람의 심리를 교묘하게 잘 이용해 돈을 번다. 당신이 지옥에 떨어졌는데 천국으로 가는 밧줄이 내려온다. 당신이라면 그게 썩은 동아줄이라도 일단 잡고 보지 않겠나? 그리고 같이 구속된 사람들도 변호사 선임을 안 하면 당신이 판사에게 예우도 차리지 않고 당신 사건에 의지가 없는 것으로 판단한다고 한다. 그리고 판사가 안 좋게 봐 괘씸죄가 추가될 수 있다고 말들을 한다. 한 사례를 말해주겠다. 중고 거래 사기로 구속되어 재판받은 사람이 있었는데 변호사와 같이 구속되어 지내는 구치소 안에 사람들 말을 듣고 변호사를 선임했다. 변호사 선임비로 인하여 피해자들과 합의를 보지 못하였다. 그럼, 재판부 판사는 뭐라 생각하겠나 '변호사도 선임하고 재판에 임하는 자세가 좋구먼'이라고 생각할 것 같냐. 대놓고 말하는 판사도 있다. "변호사 선임할 돈으로 피해자들과 합의를 보지 그랬느냐?"고, 웃긴 건 생각보다 위 사례처럼 재판받는 사람들이 많다는 것이다. 변호사를 선임하면 일단 심리적 안정감이 든다. 변호사가 접견을 자주 와 좋은 이야기도 많이 해주고 재판도 걱정하지 말라고 해주는 데 구속된 입장에서 썩은 동아줄이라도 잡고 있어야 마음이 편할 것 아닌가? 당신의 마음이 편해지고자, 가족들을 힘들게 하지 마라. 그리고 당신의 미래를 위해 한 번 더 말해주겠다. 출소 후 당신의 새로운 사업을 위해 돈을 아껴라. 그리고 구속되어 있는 사람들이 변호사 추천도 많이 해준다. 절대 믿지 말아라 변호사랑 짜고 소개해주면, 소개비를 받는 것이다. 그런 변호사가 변호를 제대로 할 수나 있을까? 구속되었다는 것은 당신의 혐의가 어느 정도 인정된다는 것이다. 억울해하지 마라. 억울해도 어쩔 수 없다. 모두 당신의 욕심과 자만 때문이다. 그러니 변호사를 선임하지 말고, 피해자와 합의를 주력해라. 그리고 사선 변호사를 선임 안 해도 재판부에서 국선 변호사를 선임해 준다.

차라리 국선 변호사에게 진심 어린 말로 재판에 좀 더 신경 써 달라 사정해라. 원래 국선 변호사들은 재판이 워낙 많아서 신경을 잘 써주지 않는다. 그런데도 신경을 써준다면 재판부의 판사도 달리 본다. 판사는 원래 '저 국선 변호사는 신경을 잘 쓰지 않는 변호사인데 이번 재판은 열심히 하네'라고 생각할 것이며 국선 변호사가 당신의 사건을 신경을 쓴다는 것은 억울함이 있거나 양형 사유가 있다는 것으로도 판단할 것이다. 그리고 간혹 권위주의가 있는 판사도 있다. 변호사를 선임 안 하면 본인을 무시한다고 생각하는 판사도 있기에 '변호사를 선임 안 하면 성의 없이 보인다'는 말이 나온 것이다. 그런 불식을 잠재울 수 있도록 탄원서나 반성문을 재판부에 아주 성의 있게 작성해서 보내라. 구치소에서 법원에 보내는 서류는 대부분 무료로 전달해주니 우편 값 걱정은 하지 않아도 된다. 진심 어린 탄원서와 반성문을 본 판사는 정말 많이 죄를 뉘우치고 있다고 생각해 형량을 감형해주거나 집행유예 이하의 형량을 주어 석방해주는 사례가 적지 않다. 구속되면 금방 석방되기는 힘들다고 생각하고 사선 변호사는 절대 선임하지 말고 미래를 위해 돈을 아껴라. 진심 어린 탄원서 및 반성문이 사선 변호사보다 100배는 좋다고 생각한다. 재판은 한 번에 끝나는 것이 아니라 총 3번을 한다. 변호사 수임료도 총 3번이 별도로 발생하고, 추가로 조사받을 때 변호사 비용, 구속 적부심(구속 후 3일 내 구속이 타당한

지에 대한 재판) 때에도 변호사 비용도 각각 따로 발생한다. 당신 재판에 사용되는 변호사 선임할 때 총비용은 수천에서 수 억이 든다. 재산이 많으면 변호사를 선임해도 상관없겠지만 변호사를 선임한다 해도 이미 구속되어 있는 당신의 재판은 바뀔 일이 거의 없다고 생각하면 마음이 편하다. 그리고 사선 변호사를 선임하면 재판이 한도 끝도 없이 길어진다. 그만큼 당신이 받는 고통만 늘어갈 뿐이다. 재판을 하루 빨리 끝내고, 형이 확정되면 재판이 끝나 오히려 마음이 편해진다. 기결수(형이 확정되어 징역형 또는 금고형 받는 자)가 되어 교도소에서 일을 해서 가석방을 하루라도 더 빨리 받는 게 훨씬 낫다. 그래도 2심까지는 해야 한다. 2심에서 변동 사항이 없어도 탄원서 및 반성문을 꾸준히 제출한다면 형량이 줄어들 가능성도 있다. 3심(대법원)은 해봤자이니 웬만하면 하지 말아라. 범죄의 유무죄를 다투는 것이다. 양형 사유로 인해 형량이 2심처럼 줄어들거나 하지 않는다.

경찰서에서 조사부터 구속된 상태에서 검찰청 조사 및 재판받는 요령을 알아봤다. 구속되지 않는 상태에서의 검찰청 조사는 경찰서에서 받는 조사와 비슷하고, 구속되지 않는 상태에서 재판은 사회에서 자유롭게 재판받는 것이니 자문 구할 곳이 많을 것이다. 그래서 책에는 쓰지 않았다.

사업하다가 송사에 휘말리지 않는 것이 제일 좋지만, 송사에 휘말리면 억울하고 분해 고소나 소송 건 사람에게 먼저 사과하거나 합의하려 하지 않을 것이다. 나도 그랬다. 똥구덩이에서 허우적거리고 있어 꺼내줘서 사람을 만들어 놨더니 은혜는커녕 내 재산, 내 사업을 탐내더라. 그래서 내 것을 빼앗으려 나의 약점을 잡고 고소, 고발했다. 너무나 괘씸했다. 그러나 사소한 송사로 인하여 당신의 기반이 뿌리째 뽑힐 수가 있다. 당신의 기반이 흔들릴 정도가 아니라면 힘(부자)을 갖기 전까지는 당신의 허벅지를 꼬집어 가며, 그냥 져주고 먼저 사과하고 화해해라. 상대가 법적인 것까지 물고 늘어진다는 것은 당신의 잘못이 크기 때문이다. 돈 자랑을 했거나, 허세를 부렸거나, 욕심을 부렸거나, 싹수가 없다거나, 겸손하지 못했거나, 상대 흉을 봤거나 등등 그런데도 당신이 잘나가는 모습을 보이면 상대는 배알이 꼴려 법적으로까지 물고 늘어지는 법이다. 그렇다고 잃을 것 없는 놈들에게 끌려다닐 수도 없는 노릇이니, 집 밖에서 나오지 말아라 혹시나 나올 일 있으면 거지꼴로 다녀라. 그럼 똥파리들도 안 꼬인다. 거지에겐 누구나 관대한 법이라.

실패하고
다시 시작하기

:

사업을 시작하고 단 한 번에 성공하고 부자가 되는 법은 없다. 그러니 실패했다고 너무 자책하지도 말고, 낙담하지 말아라. 부자 되기 위한 실패는 당연한 것이고, 누구나 겪는 과정이다. 당신이 실패했다는 것은 부자가 되는 길이 가까워지고 있다는 증거이다. 그러니 실패는 부자가 되는 과정이라고 오히려 행운이라 생각해라. 나도 현재 실패해서 교도소에 있어 정말 짜증이 나고 힘들다.

그렇지만 부자가 되는 과정이라 생각한다. 나는 당연히 부자가 될 것이기에 실패한 과정도 내가 잘못하여 실패했다 생각 후 다시 시작했을 때는 실패한 것을 교훈 삼고 시작하면 된다.

여자 테니스 세계 랭킹을 기록하기 시작한 1975년 이후 역대 최저 랭킹에서 최초로 우승한 여자 선수가 있다. 2023년 윔블던 여왕으로 거듭난 체코의 마르게타 본드루소바이다. 본드루소바는 2019년 프랑스 오픈에서 준우승한 데 이어 2021년 도쿄 올림픽에서 은메달을 따냈다. 당시 일본 테니스의 간판 오사카 나오미를 꺾어 스포트라이트를 받기도 했다. 하지만 왼쪽 손목 부상으로 인하여 수술을 2번이나 받고 6개월 동안 라켓을 잡지 못했다.

그녀는 당시 자신의 상태에 대해 "뼈가 몸속에서 떠다녔다"고 말했다. 세계 랭킹은 100위 밖으로 떨어졌고, 4년간 그녀를 후원했던 나이키는 계약을 끝내고 더 이상 후원을 하지 않았다. 재기할 가능성이 낮다고 본 것이다. 그 이후 그녀는 오른쪽 팔꿈치에 'No rain, No flowers(비 없이는 꽃도 없다)'를 새겼다. 실패 없는 성공도 없다는 뜻이다. 매일 오른쪽 팔꿈치를 보며 그녀는 초심을 절대 잊지 않도록 이를 악물었다. 윔블던 결승전에서 지난 해 준우승자 자베르를 만났다. 현장은 '사상 첫 아랍계 우승'을 따내려는 자베르를 응원하는 구호로 가득했다. 1세트와 2세트 모두 자베르가 서브 게임을 따내며 앞서갔지만 결국 본드루소바가 마지막 공격을 네트 앞 발리로 마무리하며 우승이 확정되자 필드에 누워 눈물을 쏟아내며 오열하였다.

당신이 실패하고 다시 시작한다면, 아마 실패하기 전 단계까지 금방 갈 것이다. 그러니 실패하기 전 누렸던 외제 차, 명품, 대우, 시선 등을 하루빨리 버리고, 밑바닥부터 다시 시작하자.

물론, 밑바닥부터 다시 시작하기란 과거의 누렸던 영광이 계속 생각나고 주위에 시선 때문에 다시 시작하기 어려울 수도 있다. 그래서 실패가 주는 교훈이 크다는 것이다. 더욱 간절해지고, 실패하는 날을 기억하며, 초심을 잃지 말라는 것이다. 남의 시선이 두렵다면, 오히려 더 큰 성공을 해서 당신이 더 잘나가는 모습으로 복수해라. 당신이 잘나갔을 때 봤던 사람들이 지금 당신의 초라한 모습에 다들 등을 돌려 당신은 죽고 싶다는 충동이 들 것이다. 죽고 싶다는 충동이 든다는 것은 신의 가호이다. 당신이 이겨내면 더 크게 성공하게 될 것이다. 당신은 실패를 해 봐서 다시 시작해도 노하우가 있기 때문에 단기간에 더 크게 성공할 것이다.

나도 첫 번째 성공했을 때보다 두 번째 성공했을 때가 첫 번째 사업보다 더 크고 빠른 시간에 성공했다. 세 번째, 네 번째, 다섯 번째, 실패 후 성공할 때도 마찬가지였다. 실패를 거듭할수록 사업의 규모는 더 커지고, 훨씬 빠르게 성공했다. 내 마지막 사업은 프랜차이즈 사업이었다. 단기간에 200개 가까운 가맹점을 모집했다. 그것도 한 번도 해본 적 없는 사업 분야에서 말이다. 사업의 분야는 방식만 다르지, 가는 방향, 가는 길은 동일하다(매우 중요). 당신이 다시 시작만 한다면 실패했던 노하우를 토대로 금방 더 크게 성공할 수 있다. 다시 시작할 때 중요한 것이 있다. 모든 것을 비워야 한다는 것이다. 당신이 실패한 이유는 사람 때문일 가능성이 크다. 억울하고, 괘씸해도, 당신에게 실패를 안겨준 사람에게 복수를 하고 싶다고 싸울 생각하지 말아라. 다 줘버리고 털어버려라. 비우지 못하면 모든 신경이 온통 과거에 사로잡혀있어 다시 시작할 수도 없고, 사업을 시작해도 사업이 손에 잡히지도 않는다. 비워야 더 좋은 것으로 채울 수 있다. 그래야 머리가 맑아지고 당신이 더 크게 성공하기 위해 더 좋은 아이디어를 생각하고 부자 되기 위해 더 악착같이 열심히 살게 된다. 실패하면 모든 것을 비워야 다시 시작할 때 성공할 수 있다.

내가 정말 글을 마치리라고는 상상을 못 했다. 지금 나는 교도소에 수감 중이고, 인터넷도 핸드폰도 없다. 책을 쓰려면 어느 정도 참고할 만한 정보가 있어야 하는데 나에겐 있는 것은 종이와 펜, 그리고 여태 껏 살면서 수많은 실패와 성공한 나의 경험뿐이었다. 글 한번 제대로 써본 적 없는 내가 과연 책을 쓸 수 있을까? 다 망가져 폐인이 된 내가 교도소에서 돈을 벌 수 있는 방법이 책밖에 없다고 생각해 이틀에 걸 쳐 15페이지를 썼다. 그리고 글을 멈췄다. 교도소에서 책을 쓴다는 것 은 아무나 쓰는 것이 아니구나! 깊은 깨달음을 얻었다.

교도소에서는 방에 혼자만 있는 것이 아니라 한 방에 수형자들이 많게는 15명씩 생활한다. 내가 방 한구석에서 조용히 글을 쓰고 있으 면, 수형자들이 뭐 하고 있는지 궁금해서 많이들 물어본다. 처음엔 책을 쓰고 있다고 대답했지만 몇몇 사람들을 겪고 나니 일기를 쓰거 나 편지를 쓴다고 대충 얼버무린다. 책을 쓰고 있다고 대답했을 때는 처음엔 신기해하더니 방이 좁다는 이유로 글을 쓰지 말라고 라면 박 스를 걷어차는 사람도 있었고, 눈에 거슬린다며 사사건건 나를 괴롭히는 사람도 있었다. 그래서 다들 잠자는 시간을 이용하여 잠을 아껴가며, 새벽에 한 자, 두 자 책을 썼다. 어쩐지 출소 후 책을 출판한 사람이 있는지는 몰라도 교도소 안에서 책을 쓰고, 출판까지 한 사람은 손에 꼽혔다. '과연 내가 글을 마칠 수 있을까?'라는 생각이 책을 쓰는 내내 머릿속에서 지워지지 않았다. 그렇게 힘들고, 간절하게 완성된 책이다. 사회에 있을 때 미리 책을 출판할 것을… 매일 후회했다.

수많은 실패와 성공을 겪으며 남들과 달리 초인적인 정신력이 있다고 자부하던 나인데도, 아무것도 없고 책 쓴다고 꼴값 떨지 말라며, 괴롭힘만 있는 교도소 안에서 책을 쓰기란 너무 막막했다. 하지만 현재의 나는 그 누구보다 간절했고 절실했다. 정말 오랜만에 느껴보는 간절함과 절실함이다. 이 두 개의 감정이 생긴다면 못 할 것이 없고, 두려운 게 없어진다는 것은 예전부터 알았기에 계속 시작할 수 있었다. 나는 교도소 안에서 성공하기로 마음먹었다. 여기는 제약만 많을 뿐 할 수 있는 게 거의 없다. 당신도 나를 보며 나보다 좋은 조건에서 시작하는 것에 대해 감사해라. 불평, 불만, 남 탓은 당신이 능력이 모자란다는 반증이다.

우여곡절이 많았지만 책을 완성하고 나니 책을 더 쓰고 싶은 마음이 생겼다. 내가 출소(2025년 10월경)하려면 아직 시간이 더 남았다. 부자가 되는 자기 계발서 책은 지루하고 딱딱하여, 부자가 되고 싶지만 아직 나이가 어려 갖은 유혹을 못 이겨, 자기 계발을 소홀히 하거나 나쁜 길로 빠지려는 청년들을 교도소 안에서 너무 많이 봐왔다. 또한, 찐따들은 어린 나이부터 흙수저, 외모, 머리가 나쁘다는 등의 이유로 이르게 인생을 포기하고 게임과 판타지 소설에 빠져 사는 사람들이 많다. 조금만 올바르게 부자 되는 길로 인도해주면 불법해서 돈을 버는 것보다, 일확천금을 노리는 것보다, 가상 세계의 게임과 판타지 소설보다 현실에서 부자 되는 것이 훨씬 쉽다는 것을 알려주고 싶다. 그래서 여건이 된다면 부자 되는 길을 판타지 소설로 만들어 재미있고, 읽기 쉽게 만들어 나처럼 멋모르고 사업하다 인생의 나락에 빠지지 말고 옳고 바르게 부자로 만들어 주고 싶다. 책 중간에 찐따들아 부자 돼서 나를 도와 달라고 쓴 것은 당신의 현재 모습이 찐따(당신을 찐따라 해서 기분 나쁜가? 부자가 되기 전에 더 내려놓고, 더 배우길 바란다)인 것이 분명하기에 당신의 잠재되어 있는 투지를 끌어올려 각성하길 바랐다. 나는 내 책을 쓰면서 눈물이 난 적이 한두 번이 아니다. 나는 다른 사람이 감동을 주는 모습에 간혹 눈물을 흘린다. 그리고 다른 사람에게 감동을 줄 때 눈물이 난다. 내 기운을 당신에게 주려고 책에 글을 쓸 때마다 눈물을 흘렸다. 내 책을 읽고 꼭 부자가 되길 바란다. 당신이 부자가 되는 모습을 기대하며 글을 마친다. 나도 자료를 찾아가며 멋진 사례를 들고 싶었지만 아무 정보가 없어 사례를 든 것이 내 머릿속에 있는 기억이라 내용이 잘못될 수도 있고, 컴퓨터가 없어 손으로 글을 쓴 거라 맞춤법도 틀릴 수 있다. 감안해서 읽길 바란다.

또한, 범죄 및 불법 등을 하면 교도소로 온다는 것을 너무 과격하게 글을 쓴 것 같아 미안하다. 내가 교도소에 와서 놀란 것이 있다. 정말 별거 아닌 것으로 교도소에 들어온 사람이 생각보다 많았다. 부자 되는 것도 좋지만 교도소에 들어오면 인생 끝이다. 당신은 나처럼 교도소에 절대 들어오지 말라는 뜻에서 더욱 경각심을 주고 싶었다. 이해하기를 바란다.

그리고 교도소에서 나를 사칭하는 사람이 있을까 봐 노파심에 말한다. 변리사법 위반으로 교도소로 온 사람은 나밖에 없다. 혹시 나를 사칭하는 사람이 있다면 죄명이 변리사법 위반인지 확인해라.

내 책을 보고 있는 당신에게

출소하면 나는 다시 밑바닥부터 시작해야 한다. 당신은 나보다 시작점이 빠르다. 그렇기에 나보다 빨리 어엿한 사업가가 될 것이다. 당신이 어엿한 사업가가 된다면 내가 밑바닥부터 다시 시작하여 성공하는 것을 지켜봐다오. 나는 반드시 더 크게 성공할 것이다.

— 교도소 어딘가에서, 잭(Jack) 올림

감사의 글

내가 하던 사업을 재판부에서 합법으로 인정해주지 않고 차디찬 감옥에 수감되었을 때 이 세상에 대한 분노가 극심했다. 그리고 아무것도 할 수 없는 나약한 내 자신이 너무 비참했다. 감옥에서는 아무것도 할 수 있는 게 없어 내가 사업하면서 힘들게 배운 모든 것들이 모두 쓸데없이 느껴졌다.

나는 실패를 했어도 사업이나 장사가 되지 않아 망한 적은 단 한 번도 없었다. 생각을 고쳐먹자, 안개처럼 뿌옇던 머리가 다시 맑아졌다. 정신을 차리고 감옥에서도 성공할 수 있는 방법을 생각하기 시작했다. 그 첫 번째가 책을 쓰기로 한 것이다. 감옥에서는 빛을 보지 못하는 내 모든 노하우를 책에 담기로… 진심을 담은 내 책은 분명 빛이 날 거라 믿는다.

코로나 때 힘들게 일궈낸 회사의 가장 중요한 시기에 제가 갑자기 구속되어 저 없이 고군분투하는 분들께도 감사합니다. 제가 구속이 되어도 저를 잊지 않고 먼 곳까지 저를 보러 찾아와 주시는 분들께, 제가 교도소에 있을 때 많은 깨달음과 가르침을 주신 분들께, 제가 구속이 되어도 저를 계속 지지해주시는 가족분들께 감사드립니다.

마지막으로 『잭의 가르침』이 세상에 나올 수 있게 도움을 주신 분들께 감사 인사를 올립니다.

모두 너무 감사합니다. 이 은혜는 죽을 때까지 잊지 않겠습니다.